W0344859

AtV

BARRY TURNER arbeitete nach seinem Studium der Wirtschaft und Politikwissenschaft als Lehrer, bevor er als Korrespondent zur britischen Tageszeitung »The Observer« ging. 1975 wurde er Lektor und später Marketingdirektor. Er ist Autor und Koautor pädagogischer und historischer Sachbücher und Lexika.

Am 1. Dezember 1938 startete der erste Kindertransport aus Berlin nach England. Bis zum unmittelbaren Ausbruch des Zweiten Weltkrieges folgte Gruppe um Gruppe mit Kindern zwischen drei und siebzehn Jahren. Etwa zehntausend Kinder konnten mit dieser dramatischen Aktion, organisiert von jüdischen und anderen Hilfsgruppen, allen voran die Quäker, vor den Nazis gerettet werden. Zehntausend Schicksale, die Barry Turner anhand persönlicher Interviews, Dokumente und Berichte aufgezeichnet hat, zehntausend schreckliche Momente der Trennung, als die Eltern ihre Kinder ins Ungewisse schicken mußten, während auf sie selbst der sichere Tod in den Vernichtungslagern wartete. Die wenigsten Kinder sahen ihre Eltern jemals wieder.

Turner beschreibt die beispiellose Hilfsbereitschaft, mit der Familien die bedrohten Kinder aufnahmen, wie Unternehmen Schuhe, Mäntel, Unterwäsche, Nahrung zur Verfügung stellten. Er berichtet aber auch, wie manche der Kinder als billige Arbeitskräfte mißbraucht wurden, denn nicht immer konnten die Behörden ihre Unterbringung auch lückenlos kontrollieren.

Dabei versteht es Turner, immer wieder die Porträtierten selbst zu Wort kommen zu lassen und in ihren Schilderungen die Not der Kinder nachvollziehbar zu machen, die nicht verstanden, daß die Trennung von den Eltern ihre einzige Chance zur Rettung war.

Barry Turner

Kindertransport

Eine beispiellose Rettungsaktion

Mit einem Vorwort
von Lucie Kaye

Aus dem Englischen
von Anna Kaiser

Aufbau Taschenbuch Verlag

Die Originalausgabe erschien unter dem Titel »... and the Policeman smiled« bei Bloomsbury Publishing Limited, London

ISBN 3-7466-8073-5

1. Auflage 2001
Aufbau Taschenbuch Verlag GmbH, Berlin

Einbandgestaltung Preuße & Hülpüsch Grafik Design unter Verwendung des Fotos »Wien, Rothschild Hospital, 5. und 6. November 1947« von Henry Ries
Druck Elsnerdruck GmbH, Berlin
Printed in Germany

www.aufbau-taschenbuch.de

Danksagung

Selten schuldet ein Autor so vielen für so vieles Dank. Zuerst seien die noch lebenden Augenzeugen der Kindertransporte genannt, die sich für stundenlange Interviews zur Verfügung gestellt haben. Ihre Erinnerungen, zusammen mit den Akten der *Refugee Children's Movement (Kinder-Flüchtlingshilfe)* im *Central British Fund for World Jewish Relief* (»Britischer Zentralfonds des Jüdischen Welthilfswerks«, CBF), sind die Hauptquellen dieses Buches.

An Stellen, an denen ich nur Vornamen verwende, geschieht dies entweder, um die Anonymität der Befragten zu wahren oder weil ich die Identität einzelner Betroffener aus den Akten nicht ermitteln konnte.

Mein Dank für großzügige Unterstützung gilt außerdem Cheryl Mariner, Verwaltungsdirektorin des CBF, ihrer ehrenamtlichen Archivarin, Dr. Amy Zahl-Gottlieb, sowie allen Mitarbeitern des CBF.

Dank für ihr langjähriges Engagement zur Erhaltung der CBF-Akten gebührt Simone Prendergast, Vorsitzende des Komitees für jüdische Flüchtlingshilfe im CBF. Die dramatische Geschichte des CBF, der weltweit führenden Hilfsorganisation für jüdische Flüchtlinge, reicht bis in die frühen Jahre des Nationalsozialismus zurück.

Wichtiges Quellenmaterial fand ich außerdem beim *Board of Deputies of British Jews* (Delegiertenrat der britischen Juden), in den Archiven des Oberrabbinats und des *Lambeth Palace* (Sitz des Erzbischofs von Canterbury), in der *Wiener Library* und im *Londoner Museum für Jüdisches Leben.*

In den Niederlanden konnte ich mich auf das *Rijksinstituut voor Oorlogsdocumentatie* (Staatliches Institut für Kriegsdokumente) stützen, wo Madelon d'Aulnies de Bourouille nicht nur so liebenswürdig war, als Fremdenführerin und Übersetzerin zu fungieren, sondern mir auch Material zugänglich machte, das sie für ihre Doktorarbeit gesammelt hatte.

Die Anregung zu diesem Buch kam von Eva Mitchell, der früheren Verwaltungsdirektorin des CBF, von der vor zehn Jahren die Idee ausging, die Geschichte der Kindertransporte zu erzählen. Während der gesamten Vorbereitungszeit blieb sie eine begeisterte Anhängerin des Projekts und unterstützte es engagiert mit Rat und Tat.

Unvermeidlicherweise – aber, wie ich hoffe, freiwillig – wurde Evas Mann Felix in die Arbeit mit einbezogen. Durch seine beneidenswerten Kenntnisse der deutschen und holländischen Sprache sowie durch seinen Blick fürs Detail konnten viele Irrtümer im Manuskript ausgemerzt werden. Ich brauche kaum hinzuzufügen, daß der Autor für die restlichen verantwortlich ist.

Alan Dein und Mark Burman danke ich für ihre sachkundigen Interviews und Lucie Kaye für ihre wertvolle Forschungsarbeit und Beratung in den Abschnitten, die sich mit Religion und Erziehung beschäftigen. Bei Thea Bennett bedanke ich mich für Sichtung und Straffung des Materials, bei Jill Fenner für die Übertragung meiner fast unleserlichen Handschrift in ein lesbares Manuskript.

Der größte Dank gebührt aber der verstorbenen Margot Pottlitzer, Journalistin im Vorkriegsdeutschland und selbst Flüchtling und Internierte, die sich später der CBF-Hilfsorganisation zur Unterstützung Überlebender des Holocaust in Deutschland anschloß. Margot hinterließ den größten Teil ihres Vermögens dem CBF. Mit der Finanzierung der Forschungsarbeit und der damit verbundenen Reisen für dieses Buch haben Margots Testamentsvollstrecker ihrem Andenken einen angemessenen und hoffentlich würdigen Tribut gezollt.

Barry Turner

Vorwort

Es war ein ungewöhnliches Klassentreffen, zu dem sich im Juni 1989 fast tausend Frauen und Männer aus aller Herren Länder in Harrow, einem kleinen Londoner Vorort, zusammengefunden hatten. Wer waren diese Menschen, meist älteren Jahrgangs, die sich hier für vier Tage versammelt hatten, um Kindheits- und Jugenderlebnisse auszutauschen, ihren Werdegang zu erzählen und über ihre Lebensanschauungen zu diskutieren? Was waren die Hintergründe, die sie an diesem Tag Dank für ihre Errettung abstatten ließen?

Es handelte sich um ehemalige Flüchtlingskinder, von denen 1938 zehntausend mit Kindertransporten aus Deutschland, Österreich und der Tschechoslowakei den schützenden Hafen Großbritanniens erreicht hatten. 50 Jahre – ein willkommener Anlaß, an die Ereignisse zu erinnern, die das Leben dieser Flüchtlinge entscheidend beeinflußt haben.

> Ich sende Ihnen meine wärmsten Wünsche zum 50. Jahrestag Ihres Wiedersehens. Ich bin stolz und glücklich, daß die damalige Regierung Ihnen nach der furchtbaren Verfolgung, die Sie in Deutschland und Mitteleuropa erleiden mußten, Zuflucht und Hilfe bot.

Mit diesen Worten erinnerte die frühere Premierministerin Margaret Thatcher an die schwere Zeit, in der die gewaltsame Trennung von Eltern und Kameraden einen dunklen Schatten auf das Leben der Kinder warf.

Die meisten Kinder sahen ihre Eltern nie wieder. Der Ausbruch des Krieges verhinderte deren rechtzeitige Flucht und führte schließlich zu Deportation und Vernichtung in den Gaskammern. Der Schmerz und die Trauer über den gewaltsamen Tod haben die Erinnerung getrübt und peinigen die Betroffenen heute noch mit Schuldgefühlen.

Der englische Autor Barry Turner geht der Geschichte der Kindertransporte nach: Er skizziert die politische Vorgeschichte dieser denkwürdigen Hilfsaktion und schildert die verzweifelte Suche nach einem Auswanderungsziel für diejenigen, die in Nazideutschland keine Zukunft mehr hatten – in erster Linie Juden, aber auch viele politisch und religiös Verfolgte.

Der Juden-Boykott am 1. April 1933 hatte »das Ende der tausendjährigen Geschichte der deutschen Juden« (Leo Baeck) signalisiert und den Klarsichtigen unter ihnen bewiesen, daß sich die Prophezeiung auf tragische Weise erfüllen sollte. Die nationalsozialistische Gesetzgebung, die in planvollen Phasen schrittweise zur »Endlösung« führte, ließ den Opfern nicht genug Zeit, um noch vor Kriegsausbruch auszuwandern. Trotz konzentrierter Anstrengungen seitens jüdischer Vereine und Quäker-Organisationen, ausländische Regierungen und internationale Flüchtlingskonferenzen von der Dringlichkeit einer Massenauswanderung zu überzeugen, war die Reaktion der meisten Länder zögerlich. Innen- und außenpolitische Erwägungen, die Furcht vor Antisemitismus, Arbeitslosigkeit und Krisen im eigenen Staat dämpften die Bereitschaft, der hoffnungslosen deutsch-jüdischen Wirklichkeit mutig entgegenzutreten.

Die einzige Ausnahme bei den internationalen Einwanderungsbestimmungen betraf junge Leute zwischen sechzehn und achtzehn Jahren, die in kleinen Gruppen nach Palästina auswandern konnten. Dank der Phantasie und Tatkraft eines kleinen Kreises der zionistischen Bewegung war 1933 die Jugend-Alijah ins Leben gerufen worden, eine Organisation, unter deren Obhut Jugendliche die Möglichkeit bekamen, in landwirtschaftlichen Gemeinschaftssiedlungen zu leben und zu arbeiten. So entstand eine Bewegung, die Tausenden von

Jugendlichen vor und nach dem Krieg eine neue Heimat in Israel bot.

Die Pogrome der »Kristallnacht« am 9. November 1938 enthüllten der ganzen Welt das volle Ausmaß der hoffnungslosen Situation. »Rettet die Kinder!« lautete das Gebot der Stunde. In wenigen Tagen gelang es einer kleinen Gruppe führender Engländer, darunter Juden und Quäker, mit dem britischen Innenministerium zu verhandeln. Nach einer Debatte im englischen Parlament am 21. November verkündete die Regierung ihren Entschluß: Eine unbegrenzte Zahl von Kindern bis zu siebzehn Jahren aus Deutschland und Österreich (später auch aus der besetzten Tschechoslowakei) erhielt die Einwanderungserlaubnis nach Großbritannien.

Die Einzelheiten der Rettungsaktion sowie die finanzielle Verantwortung lagen in den Händen eines Komitees, das der Öffentlichkeit bislang noch unbekannt war: der Bewegung für die Fürsorge von Flüchtlingskindern aus Deutschland und Österreich.

Lola Hahn-Warburg, seit 1933 aktives Vorstandsmitglied der Reichsvertretung der Juden in Deutschland sowie der Jugend-Alijah, war eng mit den Problemen organisierter Auswanderung elternloser Jugendlicher vertraut. Obwohl erst seit September 1938 in London ansässig, war sie aufgefordert worden, sich der Delegation zum Innenministerium anzuschließen. 1989 in London, beim Treffen der damals mit Kindertransporten nach England gekommenen Flüchtlinge, erinnert sie sich:

> Als Emigrantin, erst kürzlich aus Deutschland eingewandert, besaß ich einschlägige Informationen, die geeignet waren, das Innenministerium über die Not der Kinder aufzuklären. Endlich war ich in der Lage zu helfen. Es gab niemanden im Flüchtlingskomitee, der sich über das ungeheure Ausmaß der Hilfsaktion Illusionen machte. Eine beispiellose humanitäre Aufgabe, die nur mit

fast generalstabsmäßiger Planung gelingen konnte, mußte in enger Zusammenarbeit mit deutschen und britischen Behörden durchgeführt werden. Es lag in der Natur der Sache, daß dies zwangsweise Verzögerungen verursachen würde.

Und wie sollten wir die Gefühlsprobleme der Kinder lösen, die so plötzlich von ihren Eltern getrennt worden waren? Welchen Weg mußten wir beschreiten, damit sich ein Kind bei fremden Leuten zu Hause fühlt, deren Sprache es nicht versteht? Es gab nur eine Antwort: Wir mußten vorwärtsdrängen, so gut wir eben konnten, und jegliche Hilfe akzeptieren, die uns geboten wurde.

In der kurzen Zeit, die uns zur Verfügung stand, mußten wir zuerst an die Rettung der größtmöglichen Anzahl Kinder denken. Anfang 1939 konnte niemand mehr die Tatsache verkennen, daß wir gegen die Zeit arbeiteten. Die Zeichen an der Wand waren bedrohlich genug – und der Kriegsausbruch würde die Kindertransporte endgültig vereiteln.

Ein Appell des früheren Premierministers, Lord Baldwin, traf nicht auf taube Ohren:

> Ich bitte euch, den Opfern dieser Katastrophe beizustehen, die keine Naturkatastrophe ist, kein Erdbeben und keine Überschwemmung, sondern eine Katastrophe vom Ausbruch von Unmenschlichkeit der Menschen gegen ihre Mitmenschen.

Nach sechs Monaten hatte der Baldwin-Fonds 500000 Pfund gesammelt. Aber die britische Öffentlichkeit fühlte sich angesprochen und ergriff private Initiativen, die für die jungen Flüchtlinge von entscheidender Bedeutung werden sollten: Sie nahmen sie in ihren eigenen Häusern auf!

Christen und Juden, Einzelpersonen und Familien erklärten sich bereit, die elternlosen Jungen und Mädchen, manche nicht älter als drei Jahre, in ihre Obhut zu nehmen und es ihnen so zu ermöglichen, im Familienkreis in die Fremde hineinzuwachsen und in der neuen Umwelt heimisch zu werden. Für diejenigen, die keine Pflegefamilien fanden, wurden in einigen Städten und auf dem Land Wohnheime eröffnet, während eine geringe Zahl in Internaten Aufnahme fand.

Wenn schon die Organisation der Transporte fast militärische Planung erforderte, so war die geeignete Unterbringung und Erziehung der Jugendlichen nicht weniger problematisch. Die volle Bereitschaft der Komiteemitglieder und ihrer freiwilligen Helfer genügte nicht immer, den an sie gestellten Anforderungen gerecht zu werden. So war es zum Beispiel unvermeidlich, daß die jüdisch-religiöse Erziehung der Kinder eine Ursache von ernsthaften Konflikten innerhalb des Komitees und der jüdischen Gemeinschaft wurde.

Die Führung des Komitees lag hauptsächlich in den Händen von Männern und Frauen der religiös-liberalen Richtung des Judentums. Obzwar bewußte Juden, fühlten sie sich im angelsächsischen Kulturkreis verwurzelt und akzeptierten dankbar die Angebote christlicher Briten, ihre Schützlinge aufzunehmen.

Die Vertreter des orthodoxen Judentums verlangten hingegen, daß alle jüdischen Kinder in jüdischer Umgebung erzogen werden sollten, ungeachtet der Tatsache, daß die Gastfreundschaft der jüdischen, insbesondere der streng orthodoxen Kreise, vom Ansturm der Kindertransporte überfordert war. Ihre Fürsprecher, besorgt um die Erhaltung jüdisch-orthodoxer Identität, befürchteten, daß die Kinder in nicht-jüdischer Umgebung ihre Herkunft vergessen könnten.

Die Mehrheit des Komitees war jedoch keineswegs bereit, Einwände gelten zu lassen, welche die Rettung der Kinder gefährdeten.

> Wir sind uns bewußt, daß ein Kind aus orthodox-jüdischer Familie, wenn irgend möglich, in jüdischer Umgebung leben sollte; aber in jedem einzelnen Fall müssen alle Gesichtspunkte berücksichtigt werden. Wir sind prinzipiell nicht gewillt, ein jüdisches

Kind aus einer nicht-jüdischen Familie zu entfernen; genau so wenig wie ein katholisches Kind aus einem protestantischen Heim; vorausgesetzt, daß Religionsunterricht im eigenen Glauben erteilt werden kann.

Auf der Grundlage von authentischen Dokumenten, Interviews mit Betroffenen, Pflegeeltern und Erziehern zeichnet Barry Turner das Schicksal der jungen Einwanderer bis in die Gegenwart. Sie erzählen von ihrem Alltag, von Schul- und Berufsproblemen, von der allmählichen Eingewöhnung und von den schwierigen Verhältnissen für »feindliche Ausländer« im Krieg (die für manche zur Internierung und Deportation geführt haben). Beiläufig erwähnen viele auch den Preis, den sie zahlen mußten, um in Großbritannien heimisch zu werden.

Im vergangenen halben Jahrhundert sind die Kindertransporte nach Großbritannien Geschichte geworden. Es gehört zur Tragik der Gegenwart, daß internationale Flüchtlingsprobleme von neuem auf der Agenda der Politiker stehen. Vielleicht trägt die Geschichte der Kindertransporte zu der Erkenntnis bei, daß Privatinitiativen, humanitäre Beweggründe und individuelle Einsatzbereitschaft wesentliche Voraussetzungen für die Lösung der Probleme sind.

Lucie Kaye

1. Anfänge

In der Schule standen wir nicht mehr auf und sagten im Chor: Guten Morgen, Fräulein Ratchen!, wenn die Lehrerin hereinkam; statt dessen mußten wir den Arm ausstrecken und Heil Hitler! schreien. Ich wußte nie recht, ob ich einstimmen sollte oder nicht. Ich wußte, daß Hitler böse und an all unseren Sorgen schuld war; aber ich hatte Angst davor, die Hand nicht hochzuheben.

Hannele Zürndorfer

Die frühesten Erinnerungen gehen zum Bahnhof zurück. Nur wenige Kinder erinnern sich noch an Begebenheiten aus den Tagen und Wochen vor der Reise. Man gewinnt den Eindruck, daß die Eltern ganz bewußt ihr gewohntes Leben weiterführten wie vorher im vergeblichen Bemühen, das unvermeidliche Trauma zu erleichtern, oder einfach als Flucht vor der Realität.

Sie versammelten sich in kleinen Gruppen, meist in der Frühe, wenn nur wenige Reisende unterwegs waren: die Jungs zappelig in schweren Tweedanzügen, die Mädchen ruhiger in Wollkleidern und bis zum Hals zugeknöpften langen Mänteln. Jedes Kind hatte einen Koffer.

Gesprochen wurde kaum. Den Eltern schnürten Gefühle die Kehlen zu, die Kinder waren sprachlos vor Verwirrung. Nur die Jugendlichen wußten Genaueres über den Grund der Reise. Den Jüngsten war ihre Phantasie Trost: vielleicht ging es in die Ferien oder für einige Wochen zu Verwandten. Manchen hatte man gar nichts gesagt: für sie war es am schlimmsten. Sie waren böse auf ihre Eltern, die sie so einfach wegschickten, und wollten sich zum Abschied nicht einmal umarmen lassen. Dies haben sie später niemals verschmerzt.

Der Kampf um einen Fensterplatz nahm die letzten Minuten

in Anspruch. Die am Bahnsteig Zurückgebliebenen winkten und schrien durch die Dampfwolken hindurch. Als die Lokomotive sich endlich in Bewegung setzte, reckten sie die Hälse, um einen letzten Blick zu erhaschen.

In den überfüllten Abteilen verbreitete sich ein bitteres Gefühl von Einsamkeit, und es flossen viele Tränen. »Nehmt es nicht so tragisch«, sagten die Älteren, »ihr werdet eure Familien bald wiedersehen.« Doch das erfüllte sich nur für sehr wenige.

Diese Szene wiederholte sich im letzten Vorkriegsjahr, zu Beginn eines jeden der mehr als hundert Kindertransporte: eine zusammengewürfelte Schar von Kleinkindern bis Jugendlichen, die von ihren Eltern nach Großbritannien geschickt wurde als letzte Zuflucht vor der Naziverfolgung. Auf diese Weise wurde mehr als zehntausend Kindern das Leben gerettet. Sie kamen aus Berlin, Hamburg, München, Düsseldorf, Wien und Prag. Nur wenige hatten Verwandte in Großbritannien. Die meisten wurden in Wohnheimen untergebracht oder fanden bei Pflegeeltern oder in Landschulheimen Unterkunft. Es war ein Neubeginn in einer neuen Sprache; der Anfang ständig wachsender gewaltiger und oft verwirrender Forderungen an ihre Anpassungsfähigkeit und Begabung zu überleben.

Die ersten Transporte trafen in den frühen Dezembertagen 1938 ein. Am 2. Dezember ging in Harwich die *De Praag* vor Anker, an Bord über 200 Überlebende eines Berliner Waisenhauses, das von der SA niedergebrannt worden war. Zehn Tage später brachte ein Transport 200 Kinder aus Wien. Danach legten Flüchtlingsschiffe mindestens zweimal pro Woche an, bis die Aktion ihren Höhepunkt im Juni und Juli 1939 erreichte.

Bea Green aus München erinnert sich an ihre Flucht:

Ich bin vierzehn Jahre alt, trage ein Kostüm, einen Regenmantel, einen Hut und Handschuhe. Ich komme mir ziemlich erwachsen vor und bin aufgeregt. Ich habe mich schon im Zugabteil mit zwei

Mädchen angefreundet: eines älter als ich, das andere ein hübsches Waisenkind. Rufen und Winken, dann setzt sich der Zug langsam in Bewegung. Ich sehe, wie sich meine Mutter hinter meinen Vater stellt, damit ich ihre Tränen nicht sehe. Ich sehe, wie sie ihr Taschentuch herausnimmt und es sich vors Gesicht hält, und plötzlich habe ich ein flaues Gefühl im Magen und in den Knien. Aber ich kann nicht weinen. Und schon sind wir weg. Auf Wiedersehen, München!

Als nächstes Reisefieber und Ankunftserwartung. Meine große Reisegefährtin erzählt, daß sie von einem Ehepaar abgeholt wird, das ihr bereits vorgeschlagen hat, sie Vati und Mutti zu nennen. Das wundert mich, denn sie hat doch ihre eigenen Eltern. Ich weiß nicht, wer mich abholt, ich weiß nur, daß ich zu einer Dame komme, bei der schon Margot Alsberg aus München wohnt.

Den Rest der Nacht verbringen wir in einer großen Halle in Frankfurt. Dort stoßen noch viele andere Kinder zu uns. Dann geht's los, Richtung Hoek van Holland. Vor der Ausreise aus Deutschland müssen wir unsere Pässe mit dem roten J an der holländischen Grenze vorzeigen. Ich habe auch einen zusätzlichen Namen bekommen. Ich heiße jetzt Maria Beate Sara Siegel. Es gefällt mit gut, daß alle anderen Mädchen auch Sara heißen. Die Grenzbeamten sehen sich unsere Pässe an. Ich bin etwas nervös, denn meine Mutter hat noch einige Zehnmarkscheine in einem Butterbrot versteckt. Aber der Grenzbeamte interessiert sich nicht dafür. Die Lokomotive schnauft und schnaubt, dann sind wir in Holland. An der ersten Station kommt eine Gruppe von großen, sehr netten Damen an den Zug. Sie bringen uns frischen Orangensaft und helles Brot mit Butter. Das Brot ist weich und schmeckt gut. Ich bin überrascht, daß die Frauen so nett sind, obwohl ich sie doch gar nicht kenne. Der Zug fährt weiter, und ich sehe meine erste Windmühle. Ich freue mich, daß es sie nicht nur in Märchenbüchern gibt. Das muß ich meiner Mutter erzählen, denke ich. Plötzlich trifft mich die Gewißheit – ich werde sie nie mehr wiedersehen, um ihr all dies erzählen zu können.

Als wir zum Schiff kommen, ist es bereits Nacht. Wir schlafen in Kojen, und im Morgengrauen kommen wir in Harwich an. Ich kann nicht mein ganzes Gepäck finden. Ich habe mehr dabei, als eigentlich erlaubt ist. Jetzt muß ich auf englisch versuchen, einen Beamten nach den Koffern zu fragen. Schließlich findet sich mein Gepäck in der anderen Halle, und ich fühle mich glücklich und müde zugleich. Ich lege meinen Arm um ein kleines Mädchen, das weinend nach seiner Mutter ruft, und sage, daß es sie bald wiedersehen wird. Dann müssen wir in den Zug nach London, Liverpool Street, einsteigen. Liverpool Street, komischer Name, denke ich: *Leberteich*.

Der Exodus aus Deutschland begann wenige Wochen nach Hitlers Machtergreifung im Januar 1933. Das äußerte sich allerdings zunächst nur in der steigenden Nachfrage nach ausgedehntem Auslandsurlaub. Die meisten Deutschen, einschließlich der Juden, unterschätzten die nationalsozialistische Rassenpolitik als reine Propaganda eines wiedererwachenden Nationalismus. Sogar nach dem Boykott jüdischer Geschäfte im April und zahlreichen Berichten über unprovozierte Gewalt herrschte in jüdischen Kreisen noch immer eine hoffnungsvolle Stimmung.

Philip Urbach, der damals nicht ahnen konnte, daß er nur vier Jahre später seine Heimat für immer verlassen und auf dem Weg nach England sein würde, erinnert sich noch heute an Gespräche seiner Eltern mit Freunden und an die allgemeine Überzeugung, daß »die Schande der Niederlage ausradiert sei und den Deutschen nun eine glänzende Zukunft mit ökonomischem und politischem Aufstieg winke«. Diese Meinung fand ihr Echo im Ausland, wo jüdische Führer zu Geduld und Zurückhaltung mahnten.

Einer der »Aristokraten« des englischen Judentums, Leonard Montefiore, der bald darauf eine der tragenden Kräfte im Komitee der Kinder-Flüchtlingshilfe werden sollte, bezweifelte noch in seiner Ansprache bei einer öffentlichen Kundgebung, daß »Nationalsozialismus aus Haß und Vorurteil zusammengesetzt sei«. Er griff einige positive Elemente des Nationalsozialismus heraus, wie »eine gewisse Enthaltsamkeit und Bereitschaft zu Aufopferung sowie patriotischen Geist«, und schloß seine Rede mit den Worten: »Wenn der Nationalsozialismus nicht den Antisemitismus zur Folge hätte, so würde sich zweifellos ein großer Teil deutscher Juden der Bewegung mit Begeisterung anschließen.« (Naomi Shepard: *Wilfrid Israel,* 1984)

Die bei deutschen Juden populäre Ansicht, die wilden Auswüchse des Nationalsozialismus irgendwie im Zaum halten zu können, wurzelten im starken Verlangen nach nationaler Identität. Man konnte sich nicht vorstellen, als Jude grundsätzlich anders beurteilt zu werden als alle anderen Deutschen. Hatte man nicht eine tausendjährige Geschichte miteinander geteilt? Und war jüdisches Talent nicht überall in der deutschen Industrie, in Recht, Medizin, Wissenschaft, Literatur und Kunst stark präsent? Die Niederlage des Ersten Weltkriegs hatte zwar, wie vorauszusehen war, zur Jagd auf den Sündenbock geführt, aber in der Weimarer Republik waren alle Schranken gefallen und die Juden bis zum höchsten Rang deutschen Beamtentums vorgedrungen. Es war unvorstellbar, so folgerte man, daß die Nazis auf diese nachgewiesenen Leistungen verzichten würden.

Doch das nationalsozialistische Dogma sprach eine andere Sprache. Im März 1933 berichtet Sir Horace Rumbold, der britische Botschafter in Berlin, von zunehmenden Feindseligkeiten gegenüber führenden jüdischen Bürgern.

Die Zeitungen von heute schreiben, daß Professor Einsteins Haus von SA- und SS-Einheiten nach Sprengstoff durchsucht wurde. Der berühmte Dirigent Bruno Walter wurde daran gehindert, Konzerte in Leipzig und Berlin zu dirigieren – unter dem inzwischen klassischen Vorwand einer Störung der öffentlichen Ordnung. Im Haus von Feuchtwanger, dem Autor von *Jud Süß,* führten SA-Truppen eine Hausdurchsuchung durch und beschlagnahmten ein Romanmanuskript. Einer der bedeutendsten Ärzte jüdischer Herkunft, Chefarzt eines bekannten Krankenhauses, wurde gezwungen, ein Dokument zu unterzeichnen, in dem er sich bereit erklärt, Deutschland zu verlassen. Seine jüdischen Assistenten mußten gleichfalls ihren Dienst quittieren. Es gibt viele Beispiele von Orchestermusikern und Theaterangestellten jüdischer Herkunft, die entlassen wurden. In einer schlesischen Stadt drangen Nazis in Gerichtshöfe ein und zwangen alle jüdischen Anwälte, ihre Ämter niederzulegen.

Euphemistische Gespräche über verlängerte Auslandsaufenthalte als Mittel gegen den Nationalsozialismus waren verstummt. Diejenigen, die ihre Auswanderung ernsthaft in Erwägung zogen, wußten, daß sie langfristig planen mußten. Ein Zeuge berichtet: »Noch mit einem Bein in Deutschland stehend« war es den Menschen, die in immer länger werdenden Schlangen auf ihr Visum warteten, doch klar, daß eher Jahre als Monate bis zu ihrer Rückkehr vergehen würden.

Den Wohlhabenderen wurde die Entscheidung erleichtert. Sie mußten die voraussichtliche Dauer der Naziherrschaft abwägen gegen die gesetzliche Vorschrift, 25 Prozent ihres Kapitals zurückzulassen, um den Rest ins Ausland mitnehmen zu dürfen. Die »Reichsfluchtsteuer«, die 1931 eingeführt wurde, um den Zusammenbruch der deutschen Währung zu verhindern, zählte nur so lange als Argument gegen die Emigration, wie man den Nationalsozialismus für ein vorübergehendes Phänomen hielt. Sobald diese Illusion zerstört war, erschien die »Reichsfluchtsteuer« als gutes Tauschgeschäft.

Die Reichen, besonders diejenigen mit Geschäftsbeziehungen im Ausland, hatten die besten Chancen, Deutschland ohne große Schwierigkeiten zu verlassen. Genau wie führende Akademiker, berühmte Schauspieler, Sänger und Schriftsteller waren sie in der Lage, sich neu zu etablieren, ohne ihrem Gastland finanziell zur Last zu fallen.

Weniger vielversprechend waren die Aussichten für den jüdischen Durchschnittsbürger. Europa und Amerika waren noch mitten im Kampf gegen die Wirtschaftskrise. Ein unabsehbarer Zustrom deutscher Flüchtlinge war das letzte, was sich irgendeine Regierung wünschte. Emigranten, die nicht auf eigenen Füßen standen, bedeuteten eine zusätzliche Belastung für die ohnehin knappen Geldquellen; durch ihre Bereitschaft zu harter Arbeit stellten sie außerdem eine Bedrohung für die Arbeitsplätze der Einheimischen dar. Eine dritte Möglichkeit, daß nämlich der Fleiß jüdischer Einwanderer neue Arbeitsstellen schaffen könnte, wurde stillschweigend ignoriert.

Ein weiterer Faktor, der gegen auswanderungswillige Juden sprach, war die Furcht, mit ihnen Antisemitismus zu importieren. »Wenn es in Deutschland passieren kann, warum nicht auch hier«, lautete die Begründung. Wenn dieser Einwand auch nicht ganz unberechtigt war, wie spätere Ereignisse beweisen sollten, so hätte er doch nicht zur Ignorierung des Problems führen dürfen. Aber genau das geschah. Ein Land nach dem anderen schloß seine Grenzen.

Das britische Einwanderungsgesetz erlaubte einen Sonderstatus für Immigranten, deren Einreiseantrag ausschließlich aus Gründen religiöser oder politischer Verfolgung gestellt war. Das Ausländergesetz von 1905 versprach, daß »die Einreise nicht auf Grund von Mittellosigkeit oder möglicher Inanspruchnahme der öffentlichen Fürsorge verweigert werden darf«. In den frühen dreißiger Jahren war die Regierung jedoch nicht bereit, diese Bestimmung auf deutsche Juden anzuwenden. Statt dessen galt für alle europäischen Einwanderer pauschal, daß sie nur dann eine Einreiseerlaubnis erhielten, wenn sie in der Lage waren, sich und ihre Angehörigen zu ernähren, oder wenn sie Stellen annahmen, die von Briten nicht beansprucht wurden. Dies bedeutete in der Praxis Hausarbeit und Krankenpflege für Frauen, Arbeitsplätze in der Landwirtschaft oder den Bergwerken für Männer.

Deutsche Juden in Mittelstandsberufen wie Lehrer, Mediziner und Juristen, die als erste aus dem Staatsdienst entlassen worden waren, weigerten sich natürlich, körperliche Arbeit anzunehmen. Statt dessen versuchten sie, die Einwanderungsbehörden davon zu überzeugen, daß sie über ausreichende finanzielle Mittel verfügten. Sie hofften, in ihrem alten Beruf unterzukommen, wenn sie erst einmal im Lande wären. In den frühen Jahren des Naziregimes, als die wenigen Flüchtlinge noch leicht absorbiert werden konnten, war diese Taktik erfolgreich. Als jedoch der Flüchtlingsstrom so zunahm, daß chauvinistische Politiker die Gefahr einer heimlichen Invasion an die Wand malen konnten, wurden die Vorschriften verschärft. Jeder Immigrant, der behauptete, auf eigenen Füßen stehen zu können, mußte stichhaltige Beweise dafür liefern.

So hielt man es in ganz Europa. Der einzige Lichtblick waren die Niederlande, wo eine liberale Politik über ein freundliches Willkommen hinaus Ansiedlungshilfe in Form von Ausbildungsstätten für praktische Berufe bot. Aus der starken Position heraus, mit gutem Beispiel vorangegangen zu sein, forderten die Niederländer konzertierte Aktionen zur Lösung des Flüchtlingsproblems. Sie wandten sich an den Völkerbund in Genf, der unter dem Einfluß einer starken jüdischen Lobby einen Hochkommissar ernannte. Dieser wurde beauftragt, im Namen der Flüchtlinge mit der deutschen Regierung zu verhandeln, um eine Wiedereingliederung in die Wege zu leiten. Um das drohende Veto der Deutschen zu verhindern – noch waren sie Mitglied im Völkerbund –, gab man dem Hochkommissar keinen offiziellen Rang innerhalb der Verwaltung. Man beabsichtigte, ihm ein Büro im Palace-Hotel in Lausanne einzurichten, das hauptsächlich aus jüdischen Fonds finanziert werden sollte. Die Mitarbeiter sollten Erfahrung in internationaler Politik haben, jedoch nicht dem Völkerbund unterstehen.

Im gleichen Augenblick, als der endgültige Plan vorlag, war er bereits überflüssig geworden: die Deutschen waren aus dem Völkerbund ausgetreten. Theoretisch war der Weg nun frei, den Hochkommissar offiziell einzusetzen. Allerdings hätte dies zeitraubender Verhandlungen bedurft. Im September 1933 wurde beschlossen, das Amt des Hochkommissars in der Schwebe zu halten – einer Position mit Prestige, jedoch ohne eigentliche Machtbefugnis. Der Mann, den man mit dieser unlösbaren Aufgabe betraute, war der sehr unjüdische James Macdonald, ein blonder, blauäugiger Amerikaner, Direktor einer privat finanzierten Organisation für internationale Verständigung. Einer seiner wichtigsten Mitarbeiter war der Jurist Norman Bentwich, Stütze der englisch-jüdischen Gesellschaft, ein Zionist, der sich in Palästina als hoher Beamter engagiert hatte.

Inzwischen war ein großer Teil der deutschen Juden bereit, jede Möglichkeit zu ergreifen, die einen Ausweg aus der furchtbaren Notlage versprach. Die Zahl der Auswanderungswilligen stieg parallel zur Zunahme von Arbeitsverboten und anderer, grausamer Formen von Diskriminierung. Diejenigen, die weder Verwandte noch Freunde in hohen Stellen im In- oder Ausland hatten, wandten sich an die von Dr. Leo Baeck gegründete Organisation, einen frühen Befürworter der organisierten Emigration. Ihm war es gelungen, die verschiedenen sozialen, religiösen und politischen jüdischen Gruppen unter einem offiziellen Dachverband, der neugeschaffenen »Reichsvertretung der Juden in Deutschland«, zu vereinigen. Autorisiert, mit den deutschen Behörden zu verhandeln und gleichzeitig Kontakt zu ausländischen

Sympathisanten zu knüpfen, stand im Zentrum der Organisation ein »Komitee für Hilfe und Wiederaufbau«, das besonders junge Menschen auf einen Neuanfang vorbereiten sollte.

Von Leo Baecks Initiative sprang der Funke auf andere europäische Länder über. In England wurde ein seit dem Ersten Weltkrieg erprobter Pionier mit der Organisationsleitung betraut: der in Deutschland geborene Londoner Börsenmakler Otto M. Schiff, der viel in das jüdische Übergangswohnheim *Whitechapel* investierte. Dieses Wohnheim, gegründet am Ende des vorherigen Jahrhunderts für Tausende von mittellosen jüdischen Familien, die den russischen Pogromen entkommen waren, genoß hohes Ansehen bei den Beamten des Innenministeriums, in deren Händen das Schicksal der Einwanderungswilligen lag. Otto Schiff war ein äußerst praktisch denkender Mann, der sehr wohl zwischen Idealvorstellung und tatsächlich Realisierbarem unterscheiden konnte. Sein erster Schritt bestand darin, den Beamten in *Whitehall* klarzumachen, daß die deutschen Juden mehr als nur kleinen, lokalen Schwierigkeiten ausgesetzt waren. Noch unter dem Eindruck eines gewonnenen Deutschlandbildes, mußten viele Politiker und hohe Beamte erst überzeugt werden, daß Hitler mehr war als nur ein zäher Taktiker mit der Fähigkeit, Deutschland wieder auf die Beine zu helfen.

Noch immer gab es jüdische Führer, die glaubten, Hitler sei offen für Argumente. Sir Herbert Samuel, der ehemalige Hochkommissar für Palästina und 1931 Innenminister der »Nationalen Regierung«, der Parlamentsabgeordnete Lionel de Rothschild, aus der Bankiersfamilie, die man die sechste Großmacht Europas nannte, und Lord Reading (um nur einige Namen zu nennen) trafen sich häufig mit dem deutschen Botschafter in der vagen Hoffnung, die harte nationalsozialistische Linie aufweichen zu können. Im April 1933 sprach man davon, eine Delegation jüdischer Parlamentarier nach Berlin zu schicken – ein Vorschlag, der beim englischen

Außenministerium auf wenig Zustimmung stieß, da man dies für eine Einmischung in Angelegenheiten außerhalb britischer Zuständigkeit hielt.

Es verging kaum ein Tag, an dem nicht eine bekannte Persönlichkeit Hitler als einen »Mann des Friedens« und seine Partei als eine »starke stabilisierende Kraft« bezeichnete. Die einzige englische Zeitung, die die Naziverfolgungen ständig anprangerte, war der *Manchester Guardian*. Alle anderen Zeitungen fanden viel Bewunderungswürdiges.

»Was immer man von seinen Methoden halten mag«, meinte die *Times*, »Hitler bemüht sich ehrlich, revolutionären Eifer in gemäßigte und konstruktive Bahnen zu lenken und den öffentlichen Dienst auf hohes Niveau zu bringen.«

Als Fürsprecher der deutschen Juden, denen die Zukunft ihres Landes in weniger rosigen Farben erschien, gründete Otto Schiff das Jüdische Flüchtlingskomitee.

Als erstes bemühte sich Otto Schiff um die Sympathien der Beamten im Innenministerium. Er war sich im klaren, daß er seine Argumente nicht allein auf humanitäre Gesichtspunkte stützen durfte. Die Leiden der deutschen Juden mußten in Relation gesetzt werden zu den Forderungen der britischen Arbeitslosen – ganz zu schweigen von den lauten Protesten der britischen Steuerzahler.

Konzessionen an die Flüchtlinge aus Deutschland mußten unproblematisch erscheinen, damit die Freude von Beamten und politischen Verantwortlichen über ihre eigene Großzügigkeit nicht durch den Eindruck getrübt wurde, zu viele finanzielle Opfer erbracht zu haben. Im März 1933 fand Schiff die Lösung dieses Problems: Als Gegenleistung für eine großzügige Handhabung der Einreisebestimmungen bot er die Übernahme einer finanziellen Garantie durch das Komitee an, die ausschließen sollte, daß Flüchtlinge zu Wohlfahrtsempfängern wurden. Im Prinzip war das nur eine Neuformulierung bestehender Vorschriften mit der Schwerpunktverlagerung von individueller zu kollektiver Verantwortung, die den Behörden einen größeren Ermessensspielraum ließ, Immigranten, die nur notdürftige Beweise ihrer finanziellen Unabhängigkeit erbringen konnten, aufzunehmen.

Tatsächlich bedeutete Schiffs Angebot, daß die jüdische Gemeinschaft die alleinige Sorge für ihre Mitglieder übernahm. Welch schwere Bürde man sich damit auflud, konnte Schiff in diesem Augenblick noch nicht abschätzen. Er rechnete mit vier- bis fünftausend Flüchtlingen, die im Laufe der nächsten Jahre nach Großbritannien kommen würden und von denen ein hoher Prozentsatz eigenes Kapital mitbringen würde.

Die Ernüchterung kam schnell. Innerhalb weniger Wochen war das Komitee mit Hilfsanträgen überhäuft. Mehr Personal wurde angestellt, und man mußte in größere Räume ins *Woburn House* in Bloomsbury umziehen.

Ernsthafte Probleme erwuchsen aus der von den Nazis verfügten Ausfuhrbeschränkung für jüdisches Kapital. Theoretisch betrug die »Reichsfluchtsteuer« 25 Prozent, in der Praxis jedoch beinahe 100 Prozent, da über das Restvermögen, das auf Sperrkonten festgelegt werden mußte, deren Freigabe von deutscher Regierungswillkür abhing, wenn überhaupt, dann nur mit starkem Kursverlust verfügt werden konnte. Es war klar, daß die Arbeit des jüdischen Flüchtlingskomitees nur durch eine Spendenkampagne großen Stils weitergeführt werden konnte.

Die Initiative hierfür ging von Lionel de Rothschild und Simon Marks, dem Gründer des Großkonzerns Marks & Spencer, aus. Im Mai 1933 gründeten sie den *Central British Fund for German Jewry* (Britischer Zentralfonds für deutsche Juden). Der Aufruf zu einem »gemeinsamen Einsatz aller britischen Juden zur Unterstützung unserer deutschen Brüder« brachte dem CBF in knapp einem Jahr 250000 Pfund ein. Durch Vermittlung des Zentralfonds knüpfte das

Flüchtlingskomitee Kontakte zum amerikanischen Judentum, in der Hoffnung auf weitere Geldspenden. Darüber hinaus verhandelte es mit dem Hochkommissar für Flüchtlingsfragen beim Völkerbund, um noch Länder zu finden, die zur Aufnahme von Flüchtlingen bereit waren.

Beides stellte sich als mühevolles Unterfangen heraus. In Übereinstimmung mit der nationalen Neigung zu Isolierung antworteten die amerikanischen Juden nur äußerst zögernd auf Bittgesuche und waren keineswegs bereit, sich bei ihrer Regierung für eine liberalere Einwanderungspolitik stark zu machen. Pläne, die den Deutschen kommerzielle Vorteile für die Freigabe jüdischer Sperrkonten versprachen, wurden mit der Begründung abgelehnt, derartige Manöver unterstützten eine verabscheuungswürdige Diktatur. Es war auch nicht unbedingt von Vorteil, daß gerade um diese Zeit – 1934 – eine verhältnismäßige Beruhigung der deutsch-jüdischen Beziehungen eingetreten war, die allen, außer den schlimmsten Pessimisten, ein trügerisches Gefühl von Sicherheit gab.

Was den Völkerbund betraf, so waren James Macdonald und Norman Bentwich ständig auf Reisen, ohne irgend etwas zu erreichen. Außer in Polen, wo der Antisemitismus schon zum Lebensstil gehörte, bevor Hitler sich zu diesem Thema geäußert hatte, wurden sie überall höflich empfangen und mit guten Ratschlägen versehen, wo man die Flüchtlinge hinschicken könne. Neu-Mexiko wurde besonders favorisiert, weil vorteilhaft abgelegen und unerschlossen; im Falle von unvorhergesehenen Hindernissen gab es immer noch Zentral- oder Südwestafrika, Nordchina, Zentralamerika, Nordaustralien oder Alaska. »Je weiter entfernt und je weniger bewohnt«, bemerkte Bentwich, »desto ausgefeilter waren die Pläne. Es mußte sich unweigerlich als Trugschluß erweisen, eine so große Anzahl Menschen in unbevölkerte Gebiete umsiedeln zu können. Kolonisierungserfahrung war weit seltener als geographische Kenntnisse.«

Wenn sich die aus Deutschland Flüchtenden ihr Ziel hätten aussuchen können, so würden sich wohl die meisten für ein europäisches Land oder Amerika entschieden haben. Andererseits bot sich auch im Nahen Osten eine äußerst verlokkende Alternative. Palästina übte eine ständig wachsende Anziehungskraft auf junge Menschen aus, obwohl in Deutschland die zionistische Bewegung niemals von großer Bedeutung gewesen war.

Vom Völkerbund unter britische Mandatshoheit gestellt, war Palästina seit der Balfour-Deklaration von 1917 als nationale jüdische Heimstätte der Juden anerkannt. Aber niemand, nicht einmal Chaim Weizmann, der Präsident der zionistischen Weltbewegung, konnte genau sagen, ob diese nationale Heimstätte einmal selbständig oder nur jüdisches Staatsgebiet in einem arabisch beherrschten Land sein würde. Während die Engländer jahrelang keine klare Stellung zu jüdischen Nationalbestrebungen bezogen hatten, zielte die gegenwärtige Politik Großbritanniens darauf ab, jüdische Einwanderung nach Palästina in der vagen Hoffnung, die arabische Mehrheit damit beschwichtigen zu können, einzuschränken.

Bei einer jährlichen Einwanderungsquote von maximal 40000, aber mehr als einer halben Million gefährdeter Menschen konnte Palästina allenfalls eine Teillösung des deutschen Problems sein. Aber es bestand die Hoffnung, die Engländer durch Druck zu einer Lockerung ihrer Bestimmungen bewegen zu können. Schließlich – so erschien es zumindest der zionistischen Führung – bestand der nationalen jüdischen Heimstätte gegenüber eine moralische Verpflichtung, der sich Großbritannien kaum entziehen konnte.

Inzwischen hatte der Aufruf an alle jungen Menschen, nach Palästina zu kommen, ein starkes Echo in Deutschland ausgelöst, wo die Nazi-Gesetzgebung sich zunehmend auf die jüdische Jugend auswirkte. Schon im April 1933 durften in Deutschland an staatlichen Schulen höchstens fünf Prozent aller Schüler jüdischer Herkunft sein. Mit der allen Rassengesetzgebungen eigenen absurden Logik waren hiervon jüdische Kinder ausgenommen, deren Väter Frontkämpfer im Ersten Weltkrieg gewesen waren, sowie diejenigen, die einen arischen Elternteil oder zwei arische Großeltern hatten.

Schlimmer noch als die Aufnahmebeschränkung waren für die jüdischen Schüler die Lehrer, die mit den Nazis sympathisierten. Deren Fanatismus war keine Grenze mehr gesetzt, als die Nürnberger Rassengesetze 1935 in Kraft traten. Alle Nichtarier verloren ihre deutsche Staatsangehörigkeit, ihr Wahlrecht, das Recht auf Beschäftigung im Staatsdienst, auf Zulassung zu akademischen Berufen und darüber hinaus auf alle Annehmlichkeiten des täglichen Lebens.

Johnny Blunt (damals Johnny Eichwald), ein zwölfjähriger Schüler aus Norddeutschland, dessen Vater einen Tabakladen – das einzige jüdische Geschäft der Kleinstadt – besaß, erinnert sich:

> Die Lehrer fingen an, mich vor der ganzen Klasse »Judenjunge« zu nennen. Selbst meine Klassenkameraden gewöhnten sich daran – obwohl sie nicht einmal wußten, was es bedeutete. Wir nahmen es einfach hin; ich genauso wie meine Freunde. Dann kam der jährliche Schulsporttag. Schießen gehörte auch zu den Wettkämpfen. In dem Jahr war ich der beste Schütze, aber als die Preise verteilt wurden, war ich plötzlich nur zweiter. Ich hörte, wie einer meiner Schulfreunde zu dem Lehrer sagte: »Das muß ein Irrtum sein.« Und die Antwort war: »Wir können doch keinen Judenjungen zum Schützenkönig erklären!« Ich war sehr unglücklich darüber.

Nicht einmal Kleinkinder waren von der Verfolgung verschont. Edith Taylor, geborene Birkenruth, deren Familie holländischer Abstammung war, aber seit mehr als hundert Jahren in Neustadt bei Bremen lebte:

Ich sollte mit fünf Jahren in den Kindergarten kommen. Aber man wollte mich nicht aufnehmen, und so ging ich in einen katholischen Kloster-Kindergarten. Dort war man sehr nett zu mir. Mit sechs mußte ich dann in die richtige Schule gehen. Die Kinder begrüßten mich mit »schmutzige Jüdin« und sagten, ich müsse auf der Toilette essen. Mein Bruder und ich waren die einzigen jüdischen Schüler, und wir mußten beide unsere Butterbrote auf der Toilette essen. Die Lehrer wußten dies, aber sie unternahmen nichts dagegen. Manchmal aß ich meine Brote in der Nähe der Toilette, um schnell verschwinden zu können, wenn einer vorbeikam, um mir auf den Kopf zu hauen. Wir gingen drei Jahre lang in diese Schule, und solche Sachen passierten die ganze Zeit über. Mit dem Unterricht war zuerst alles in Ordnung. Aber dann bekamen wir eine sehr antisemitische Lehrerin, die mich mit der Bemerkung aus dem Klassenzimmer schickte, ich sei eine Jüdin und brauche dieses und jenes nicht zu lernen, nur um mich anschließend wieder hereinzurufen und mir Fragen zu stellen. Dann sagte sie immer zu den anderen: »Seht ihr, die Juden sind gar nicht so klug.« Sie machte sich gern über mich und meinen Bruder lustig. Die Kinder lachten dann und fanden es sehr komisch.

Die Diskriminierung jüdischer Kinder wurde 1936 amtlich: Kontakte mit arischen Kindern waren ihnen von jetzt ab verboten. Peter Prager ging damals in Berlin zur Schule:

Für jüdische Jungen wurde es schwierig. Durch die Teilnahme an den Heimabenden der Hitlerjugend aufgehetzt, weigerten sich viele Schüler, neben Juden zu sitzen. Außerdem waren auch manche Lehrer offene Antisemiten. Unser Sportlehrer, Herr Neumann, ließ gelegentlich die ganze Klasse strafexerzieren, »weil einer der Judenbengel nicht aufgepaßt hat«. Unser Musiklehrer brachte uns Nazilieder bei, eins hatte den Refrain: »Wenn's Judenblut vom Messer spritzt, dann geht's noch mal so gut.« Freundlicherweise gestand der Lehrer uns jüdischen Jungen zu, den Refrain nicht zu singen.

Im Unterrichtsfach Volkspolitik lautete ein Thema Rassentheorie. Nach Meinung unseres Lehrers, eines Biologieprofessors, war die Welt in verschiedene Rassen aufgeteilt, die sich in ihrer Kopfform voneinander unterschieden. Am höchsten entwickelt sei der germanische Langschädel. Um seine Theorie zu beweisen, ließ der Lehrer die drei jüdischen Kinder aufstehen. Er forderte mich auf, nach vorn zu kommen. Er erklärte, mein Schädel sei einige Zentimeter kürzer als der der anderen; das bedeute, daß ich minderwertig sei. Ich erinnere mich ganz genau an meine Gefühle, während der Lehrer meinen Kopf maß. Zuerst hatte ich schreckliche Angst. Aber dann bekam ich wieder Mut, als der Lehrer mir auf die Schulter klopfte und sagte: »Du brauchst keine Angst zu haben. Ich tu' dir nichts. Schließlich kannst du ja nichts dafür, daß du minderwertig bist.«

Solcher Unterricht diente zweierlei Zwecken: Er gab der Mehrheit ein Überlegenheitsgefühl und impfte uns jüdischen Kindern ein Minderwertigkeitsgefühl ein. Genau das entwickelte sich bei mir; wenn die anderen Jungen auf dem Schulhof spielten, fragte ich unterwürfig, ob ich mitspielen dürfe. Zumeist war die Antwort: »Juden dürfen nicht mitmachen.« Ich fand das ganz normal. Bei den seltenen Gelegenheiten, wo ich mitspielen durfte, bekam ich nur eine untergeordnete Rolle. Aber ich war froh, überhaupt dabeizusein, und akzeptierte meine Statistenrolle. Ich bedauerte, daß ich Jude war und daher minderwertig; heimlich wünschte ich mir, »Arier« zu sein, wie meine Kameraden.

Die Demütigungen in der Schule waren für viele Kinder eine zu große Belastung. Für sie war es nur ein kleiner Schritt von Depressionen zum Selbstmord. Andere, wie Johnny Blunt, wehrten sich:

Bei uns um die Ecke gab es eine arische Schule, und auf dem kurzen Schulweg zurück zum Waisenhaus wurden wir häufig von arischen Kindern angegriffen. Ich kam oft mit geschwollenen Lippen oder einem blauen Auge nach Hause, bis ich anfing, boxen zu lernen. Ich erinnere mich an einen Vorfall: Da war ein kleiner Junge, viel jünger als wir. Er war alleine und rief uns unanständige Schimpfwörter nach. Wir waren, glaube ich, zu viert und wollten gerade auf ihn losgehen, als er um die Ecke herum verschwand. Dort aber warteten schon ungefähr zwanzig andere auf uns. Man kann sich vorstellen, in welchem Zustand wir nach Hause kamen.

Obwohl das Netz jüdischer Schulen immer weiter gespannt wurde, konnte es doch den Bedarf nicht decken. Vor Hitlers Machtübernahme besuchten ungefähr 15 Prozent jüdischer Kinder Privatschulen. Es gab jedoch weder genügend Lehrkräfte noch Räume für all diejenigen, die jetzt nach einer Alternative suchten. Es bedurfte verzweifelter Tricks, wie im Falle des jungen Leslie Brent, dessen Eltern ihn in ein Berliner Waisenhaus steckten:

Das war bestimmt eine der traumatischsten Erfahrungen meines Lebens, denn ich befand mich ganz plötzlich in einer Anstalt. Ich lebte mit Jungen verschiedener Altersgruppen zusammen. Viele waren Waisenkinder und daher mit allen möglichen emotionellen Problemen belastet. Obwohl die Schule human geleitet wurde, erlitt ich doch einen gewissen Schock, aus einer kleinen Familie in eine solche Umgebung verpflanzt zu werden. Niemand piesackte mich, aber ich fand es deprimierend, wenn Jungen in meiner Gegenwart furchtbare Schreikrämpfe bekamen und sichtlich schwer gestört waren.

Diejenigen, die auf eine ordentliche Schulbildung verzichten mußten, hatten die Möglichkeit, an einem der immer zahlreicher werdenden Kurse zur Vorbereitung auf das Pionierleben in Palästina teilzunehmen. Die Nazis tolerierten diese Initiativen zum einen, weil sie von anderen finanziert wurden, zum anderen, weil jüdische Unternehmen in Palästina günstige Handelsbeziehungen als Gegenleistung anboten.

Im März 1938 marschierten die Nazis in Wien ein. Sie fanden günstige Bedingungen vor, denn in Österreich hatte der Antisemitismus eine lange Tradition: Seit den Zeiten des Kaiserreichs mit seinen Konflikten zwischen den nationalen Minderheiten wurden die Juden isoliert und von allen Seiten verdächtigt. Nicht zufällig hatte der junge Hitler seine Haßtiraden in Wien gelernt.

Wie durch einen bösen Zauber verschwand 1938 für 200 000 österreichische Juden und andere Nichtarier jeder Anschein eines gewöhnlichen Alltagslebens.

> »Man kann sich gar nicht vorstellen«, schrieb G. E. R. Gedges, Mitteleuropa-Korrespondent von der *Times*, »was es für ein Sechstel der Wiener Bevölkerung bedeutete, über Nacht zu Parias gestempelt zu werden: aller Bürgerrechte beraubt, enteignet, mit Berufsverbot belegt, ohne Erlaubnis, Gasthäuser, Cafés, öffentliche Bäder und Parks zu betreten, unter ständiger Bedrohung, von heute auf morgen die Wohnung räumen zu müssen. Tag und Nacht von Verhaftung bedroht und stündlich den gemeinsten Beleidigungen einer schmutzigen Phantasie ausgesetzt zu sein; und bei alldem feststellen zu müssen, daß jedes Land seine Grenzen eigensüchtig vor den Flüchtenden verschließt.

Norman Bentwich war einer der ersten, der nach der Machtübernahme nach Wien kam. In seinem Bericht über »eine Situation, die katastrophaler ist, als wir angenommen haben«, schätzte er: »Die Personenzahl, die in Volksküchen verpflegt werden muß, ist auf ungefähr 25 000 pro Tag gestiegen. Sie könnte noch höher liegen angesichts von 40 000 Notleidenden, aber es ist nicht genügend Geld vorhanden, um alle zu verköstigen.«

Die Kinder waren verwirrt und verängstigt, obwohl viele,

wie der vierzehnjährige Richard Grunberger, die drohenden Vorzeichen erkannt hatten:

1937 hatten wir einen Geschichtslehrer, Herrn Prochasker. Er war Monarchist und sehnte sich nach den Tagen des österreich-ungarischen Reiches. Er war sehr verbittert über das, was die Alliierten Österreich und Deutschland nach dem Ersten Weltkrieg angetan hatten – in diesem Punkt gleicher Meinung wie der Führer der illegalen Hitlerjugend in meiner Klasse. An der Art und Weise, wie dieser typische Hitlerjunge gewisse Fragen stellte und bestimmte Behauptungen aufstellte, zu deren Widerlegung der Lehrer nicht genügend Zivilcourage besaß, bemerkte ich, daß insgeheim irgend etwas vor sich ging. Ich erinnere mich zum Beispiel an eine Schulstunde über die Gründung der Vereinigten Staaten, als der Geschichtslehrer uns erzählte, wie die Unabhängigkeitserklärung verfaßt wurde, und diese Hitlerjugend-Type sagte: »Ist es nicht Tatsache, daß die Gründungsväter der Vereinigten Staaten mit nur einer Stimme Mehrheit Englisch statt Deutsch zur Muttersprache für das neue Land wählten?« Ich war ganz erstaunt, aber der Geschichtslehrer sagte: »Ja, das stimmt.«

Für die Juden wurde Wien zu einer Stadt voller Furcht und Elend. Die Gefahren, gegen das zu verstoßen, was lächerlicherweise als Gesetz galt, waren grenzenlos. Überall hingen die Plakate »Juden unerwünscht«, Cafés und Kinos warnten: »Zigeuner und Juden raus.« Kinder wurden aus öffentlichen Parkanlagen verwiesen; ein kleines Mädchen, das mutig genug war, zur Schule zu gehen, fand ihr Pult mit der Aufschrift verschmiert: »Verfluchte Juden!« Magda Chadwick erinnert sich daran, daß ihre Mutter vor ihrem Geschäft mit dem Plakat stehen mußte: »Juden dürfen hier nicht kaufen oder hereinkommen.« Ein beliebtes Angriffsziel war die Judenstraße. Rosina Domingo erinnert sich an den Abend, als dort die Synagoge zertrümmert wurde:

Die Synagoge hatte zwei Emporen. Auf der oberen hing eine riesige Tafel mit den zehn Geboten, von denen Sonnenstrahlen ausgingen. Die Nazis hatten alles umgeworfen, die Tafel war wahrscheinlich zu schwer. Es war so symbolisch: alles war zerstört, nur die Tafel stand noch.

Für die jungen Menschen waren die an sie gestellten Ansprüche nur schwer nachvollziehbar: Angela Carpos, eine Halbjüdin, erlebte eine schmerzhafte Identitätskrise, weil man ihr zumutete, vormittags die Judenschule und nachmittags eine staatliche Schule zu besuchen. Es dauerte nicht lange, bis sie selbst mit Nazimethoden Bekanntschaft machte.

Als ich noch mit meiner Mutter zusammenlebte, verbrannten die Nazis Bücher. Sie rissen mir meinen geliebten Teddybär aus der Hand und verbrannten ihn vor meinen Augen. Sie schlugen uns nicht. Was mich aber furchtbar erschütterte, war das endlose Saubermachen rundherum. Ich sah gedemütigte Nachbarn und Freunde ständig Fenster putzen und Straße schrubben. Es herrschte nackte Angst. Wer das nicht erlebt hat, kann es nicht verstehen: Angst, auf die Straße zu gehen, Angst vor jeder Tür. Man war sich dessen gar nicht bewußt. Später lebte ich bei sehr netten Pflegeeltern in einem Bungalow in Schottland. Jedesmal wenn jemand den Kiesweg zum Eingang entlangkam – so erzählten sie mir Jahre später –, ergriff ich ein Küchenmesser und kroch unter den Tisch. Interessanterweise kann ich mich nicht daran erinnern. Was damals in uns Kindern vorgegangen sein muß, ist unvorstellbar.

Am schlimmsten aber war das Gefühl völliger Verlassenheit – ohne einen Menschen, an den man sich wenden konnte. In dem Mietshaus, in dem Richard Grunberger wohnte ...

... mußten alle die Hakenkreuzflagge hissen. Uns gegenüber wohnte ein alter Sozialdemokrat. In den Wochen vor dem Anschluß, als das politische Klima immer angespannter wurde, war er abends öfter zu uns heruntergekommen und hatte meiner Mutter gegenüber seine sozialdemokratische Überzeugung bekräftigt und die alten Zeiten heraufbeschworen. Ich dachte, ein Mann mit solchen Grundsätzen würde sich weigern, die Hakenkreuzfahne zu hissen. Aber an jenem Sonnabendmorgen waren die Fenster unserer Wohnung die einzigen ohne Fahne.

Leiter der Dienststelle für jüdische Auswanderung in Wien wurde der 32jährige SS-Obersturmbannführer Adolf Eichmann. Als penibler Bürokrat bekannt, sollte er sich für das Reich bald als Spezialist für technische und organisatorische Probleme bei der Behandlung der Juden erweisen. Sein erklärtes Ziel war, Wien »judenrein« zu machen.

Seine Opfer zeigten sich nur allzu bereit, ihm dabei Folge zu leisten: Tausende belagerten die jüdische Kultusgemeinde mit Visaanträgen. Ein von einem holländischen Philanthropen gegründetes Emigrationsbüro sammelte in wenigen Tagen die Namen von zwanzigtausend Ausreisewilligen. Tag und Nacht stand eine mehrere hundert Meter lange Warteschlange vor der amerikanischen Botschaft. Das jüdische Flüchtlingskomitee in London erhielt bis zu tausend Anrufe täglich.

Aber die Visanachfrage überstieg das Angebot bei weitem. Botschaftsangehörige aller Nationen mußten die Anweisung ihrer Regierungen, jedes Gesuch auf die Möglichkeit einer Ablehnung hin zu prüfen, abwägen gegen die Vernichtungsdrohung, die über der gesamten jüdischen Gemeinde schwebte.

Anträge auf einen Platz auf der Warteliste für die Einwanderung nach Palästina mehrten sich zusehends, sehr zum Mißfallen der Briten. Inzwischen hatten deutsche Reedereien einen profitablen Nebenerwerb entdeckt: sie verlangten horrende Preise für eine Koje auf ausgedienten Dampfschiffen, die dann im Mittelmeer kreuzten, mit jüdischen Familien überfüllt, die hofften, nach Palästina eingeschmuggelt oder von den Behörden hereingelassen zu werden, weil sie ja sonst nirgendwohin gehen konnten.

Diejenigen, die noch an Europa glaubten, nahmen jede Chance zur Flucht wahr und akzeptierten sogar, um die Kinder zu retten, daß Familien auseinandergerissen wurden. Es gab in Großbritannien durchaus wohlgemeinte Initiativen mit dem Ziel, sich um junge Menschen zu kümmern, leider war aber die Zahl derjenigen, die auf potente Geldspender zurückgreifen konnten, verschwindend gering.

Vom *Children's Inter-Aid Committee* (Überbrückungshilfe für Kinder) wurden bis Anfang 1938 150 Kinder nach England gebracht, und bis zum Jahresende weitere 300. Mit Unterstützung des CBF und des *Save the Children-Fund* (Rettet die Kinder) hatten Frau Skelton und Frau Francis Bendit dieses Komitee 1936 gegründet. Die Querverbindung zum CBF wurde vom Vorsitzenden, Sir Wyndham Deedes, hergestellt. Außerdem bestand noch eine wertvolle Verbindung zur jüdischen Loge *B'nai B'rith*, die mehrere Wohnheime in der Gegend von London unterhielt.

Von *Inter-Aid* war es nicht weit zur *Society of Friends* (Gesellschaft der Freunde), den Quäkern. Ihr Hauptquartier lag in der Nachbarschaft. In Großbritannien gab es ungefähr 23000 Quäker, auf der ganzen Welt nicht mehr als 160000. Und doch waren sie, unter all den nichtjüdischen Vereinigungen, von denen man erwartet hätte, daß sie sich aktiv dem Flüchtlingsproblem widmen würden, die einzigen, die ein Netz von Kontakten in europäischen Hauptstädten aufgebaut hatten.

Ihr deutsches Nothilfe-Komitee war seit 1933 aktiv. In den beiden ersten Jahren verhalf es 600 Familien und Einzelpersonen zur Flucht. Unter ihnen befanden sich mehrere Regimegegner – Sozialisten, Kommunisten und Pazifisten –, die noch schlimmer daran waren als die Juden, denn sie hatten nur wenige Freunde in Deutschland und noch weniger im Ausland.

Bereits 1934 hatten Bertha Bracey und zwei andere Mitglieder des deutschen Nothilfekomitees Spenden gesammelt für eine Schule, *Stoatley Rough* bei Haslemere in Surrey, die vor allem für deutsche Kinder bestimmt war. Aber das eigentliche Engagement der Quäker für junge Menschen begann erst nach dem Anschluß. Bis zum November 1938 gelang es dem Wiener Zentrum, 300 Kinder ins Ausland zu schicken.

Die Schule *Stoatley Rough* war nicht die einzige ihrer Art. Eine zweite wurde in *Bunce Court*, einem Herrenhaus in Kent, eröffnet.

Die Direktorin von *Bunce Court*, eine bemerkenswerte Frau namens Anna Essinger, hatte 1925 das »Landschulheim Herrlingen« bei Ulm gegründet, aber als die Nazis an die Macht kamen, erklärte sie, daß »Deutschland nicht länger ein Ort« sei, »wo Kinder ehrlich und in Freiheit aufwachsen können«. Unter Ausnützung einer Lücke im britischen Einwanderungsgesetz, wonach Kinder für Ausbildungszwecke zugelassen wurden, zog sie zusammen mit einigen Lehrern und Schülern nach. Wie nicht anders zu erwarten, wurde diese Ausnahmeregel 1936 gestrichen.

In den Vorkriegsjahren, als Anna Essinger ihre Ideale noch verfolgen konnte, fanden die Kinder in *Bunce Court* einen Zufluchtsort, wo sie sich zu Hause fühlen konnten. *Bunce Court* war fortschrittlich in seiner Betonung der Selbstdisziplin und der Selbständigkeit. Aber Anna Essinger war weder Zionistin, noch war sie sonderlich an Religionslehre interessiert.

Von völlig anderer Art war der Rabbiner Solomon Schonfeld, Direktor des vom Oberrabbiner einberufenen *Religious Emergency Council* (Religiöses Nothilfe-Komitee) und Schwiegersohn des Oberrabbiners. Mutig und zielstrebig bis zum Fanatismus, reiste er mehrmals nach Deutschland und Österreich, um Flüchtlingskinder für seine Wohnheime in

London herüberzubringen. Die Lebensführung dort war in jeder Hinsicht orthodox; es gab keine Kompromisse in Richtung Liberalismus oder Freidenkertum. Dies sollte Schonfeld bald in Konflikt mit der Mehrheit der Flüchtlingsbewegung bringen.

Und dann gab es noch lokale Gruppen, die sich außerhalb der Flüchtlingsorganisationen betätigten. In Cambridge zum Beispiel stellte das *Jesus College* das Haus Hills Road 55 für siebzig deutsche Jugendliche zur Verfügung. Die Verantwortung für deren Schulbildung (meist in Privatschulen mit ermäßigtem Schulgeld) lag bei Greta Burkill, die Gleichgesinnte um sich versammelte, die bereit waren, »auf eine Menge Kummer und Anpassungsschwierigkeiten einzugehen«. Greta, die Tochter eines politisch linksgerichteten Journalisten, war in Deutschland aufgewachsen. Als sie Charles Burkill heiratete, brachte sie gesundes Mißtrauen gegen konventionelle Politik mit in ihre neue Heimat und den brennenden Wunsch, den Opfern des Faschismus zu helfen. Selbst keine Jüdin, suchte sie seit Mitte der dreißiger Jahre an der Universität Studienplätze für jüdische Jungen, die andernfalls kein Visum erhielten. Einen Jungen, dessen Vater im Konzentrationslager war, nahm sie als Familienmitglied auf. Ihm folgte ein junger Österreicher, der den Namen Burkill annahm. Durch Greta Burkill wurde Cambridge bald eines der aktivsten Zentren der Flüchtlingsbewegung.

Der Zusammenbruch der Demokratie in Österreich hatte einen positiven Effekt: Er rüttelte das Gewissen der Vereinigten Staaten wach und veranlaßte die Regierung, über das Flüchtlingsproblem nachzudenken, statt es weiter zu ignorieren als etwas, das sich mit der Zeit von selbst erledigen würde.

Im Juni 1938 schlug Präsident Roosevelt eine gemeinsame Konferenz aller amerikanischen und europäischen Länder außer Deutschland vor, die der nichteuropäischen Welt die

Dringlichkeit der Auswanderung vor allem nach Palästina vor Augen führen sollte. Den Briten gefiel diese Formulierung ganz und gar nicht. Roosevelt wurde aufgefordert, den Rahmen der Konferenz einerseits durch Ausklammerung des Themas Palästina zu beschränken und ihn andererseits um die Diskussion der Probleme sämtlicher Flüchtlinge und nicht nur der deutschen Juden zu erweitern. Roosevelt stimmte zu.

Am 6. Juli 1938 versammelten sich die Repräsentanten von 31 Ländern im Hotel Royal in Evian. Zur allgemeinen Überraschung durften jüdische Delegierte aus Berlin und Wien teilnehmen. Hinzu kamen Repräsentanten von mindestens hundert notleidenden Minderheiten, aufgeteilt in dreißig Gruppen, jede mit eigenem Sprecher und Rederecht vor der Konferenz, der man sehr bald den Spitznamen »moderne Klagemauer« gab.

Die Tatsache, daß Amerika offenbar seine traditionelle Freundschaft für Flüchtlinge wiederentdeckt hatte, erweckte laut Norman Bentwich, Vertreter des britischen Zentralfonds in Evian, »außerordentliche und beinahe messianische Hoffnungen«. Diese schwanden jedoch mit einer Reihe vager Resolutionen: ein Appell an die deutsche Regierung, faire Bedingungen für eine Evakuierung zu stellen, die Ernennung eines Komitees, das Pläne für eine Gruppenansiedlung in Übersee ausarbeiten sollte, und schließlich die Weigerung aller Regierungen, finanzielle Verantwortung für die Emigration zu übernehmen.

»Das offizielle Ergebnis«, sagte Bentwich, »schmeckte ähnlich schal wie das Mineralwasser von Evian.« Jemand bemerkte, daß »Evian«, umgekehrt gelesen, »naive« ergab.

Der einzige Lichtblick war das amerikanische Angebot, die Einwanderungsformalitäten für deutsche Flüchtlinge zu reduzieren. Dem Gesetz nach war die jährliche Höchstgrenze für deutsche Einwanderer 30000. Während der gesamten dreißiger Jahre wurde diese Quote auf Grund einer bewußt schwerfälligen Bürokratie allerdings nie ausgeschöpft. Jetzt sollten ernsthafte Anstrengungen unternommen werden, um das Maximum zu erreichen.

Dieses groß angekündigte Zugeständnis beunruhigte die Vertreter einer Beschwichtigungspolitik in der britischen Regierung, die befürchteten, Vorschläge zur Lockerung der Bestimmungen könnten die Deutschen anregen, noch rücksichtsloser vorzugehen. Als eine Art Gegengewicht zur amerikanischen Politik erschwerten die Briten ihre Einwanderungsbedingungen: So mußten im April 1938, kurz nach dem Anschluß, alle Mitteleuropäer, die nach England kommen wollten, ein Visum beantragen. Das bedeutete langwierige Verhöre durch die Botschaft und die jedem Konsulat angeschlossene Zollbehörde.

Danach wurden den Flüchtlingsorganisationen alle nur erdenklichen Steine in den Weg gelegt: Auf die Deutschen durfte kein offizieller Druck ausgeübt werden, ehemalige Kriegsgefangenenlager wurden für die Unterbringung von Flüchtlingen nicht zur Verfügung gestellt, und die Einwanderungsquote wurde nicht erhöht. Da die Gelder schneller ausgegeben waren als neue Spenden kamen, bat Otto Schiff, von seiner Bürgschaft, daß jüdische Flüchtlinge der Öffentlichkeit nicht zur Last fallen würden, entbunden zu werden. Man teilte ihm mit, daß jede Ausnahme einzeln vom Innenministerium gebilligt werden müsse.

Das überbehutsame Taktieren den Nazis gegenüber gipfelte im Münchner Friedens-Abkommen und in den tragischen Monaten der Ernüchterung, die nach dem deutschen Einmarsch in die Tschechoslowakei folgten. Im Oktober 1938 setzte eine weitere Welle von Deportationen ein, in deren Verlauf viele in Deutschland ansässige Juden nach Polen zurückdeportiert wurden. Unter ihnen befanden sich die Eltern des 17jährigen Herschel Grynszpan, der sich als illegaler Einwanderer in Paris versteckt hielt. Am 7. November ging er in die

Deutsche Botschaft in Paris in der Absicht, den Botschafter zu ermorden. Statt dessen erschoß er den Dritten Sekretär, Ernst vom Rath.

Die Naziführung hatte nur auf eine solche Gelegenheit gewartet, um einen neuen Ausbruch von Antisemitismus zu inszenieren. Eine haßerfüllte Hetztirade des Propagandaministers Joseph Goebbels gab den Parteiaktivisten und SA-Leuten in ganz Deutschland das Signal für eine Orgie der Zerstörung.

2. »Kristallnacht«

Es war sehr spät, als mein Vater nach Hause kam – ein alter, gebrochener Mann – gebrochen von dem, was er mitangesehen hatte, ohne etwas dagegen tun zu können.

Ester Friedman

Die Brände begannen gegen Mitternacht. Am nächsten Morgen waren 267 Synagogen zerstört, Tausende jüdischer Geschäfte und Häuser in Trümmern, hundert Juden ermordet und viele tausend verhaftet. Das war die »Kristallnacht« – die Nacht des zerbrochenen Glases. Ein Vertreter der Quäker berichtete:

In einigen Städten drangen sie in jede Wohnung ein. Die übliche Methode bestand darin, bis zur letzten Teetasse alles mit der Axt zu zerschlagen, was zerbrechlich war. Die Männer mußten sich anziehen und wurden sofort abtransportiert, ohne irgend etwas mitnehmen zu dürfen. Ich hörte, daß die Verhaftung in einigen Fällen höflich und mit einem gewissen Ausdruck des Bedauerns durchgeführt wurde, öfter jedoch mit Brutalität. In Erfurt wurden die Verhafteten in einer Schulhalle versammelt und dort geschlagen, bevor man sie ins Lager transportierte. In Chemnitz wurde ein Mann in seinem Haus erschossen. Der Rabbiner wurde geschlagen und schwer verwundet, als er versuchte, seine heiligen Bücher vor dem Synagogenfeuer zu retten. Eine Anzahl von Männern entging der Verhaftung durch Flucht oder Abwesenheit von zu Hause, zum Teil versteckt in christlichen Häusern ... In Dresden wurden Frauen verhaftet und so lange als Geiseln gehalten, bis sich ihre Männer stellten.

Sowohl in Buchenwald, wo man 10 000 Juden zusammengetrieben hatte, als auch in Dachau (12 000 Gefangene) waren die

Bedingungen besonders schlecht, und bis zum Ende des Monats gab es bereits Todesopfer in diesen Lagern. Aus Buchenwald kamen manche verwundet, mit zerrissener Kleidung zurück ... In Plauen gab es nur drei Männer, die zurückkamen, alle schwerkrank. Ich sah nur einen von ihnen, aber er konnte kaum sprechen ... Am Bahnhof in Weimar wartete jeden Tag eine Gruppe jüdischer Frauen (angeführt von der Witwe eines ehemaligen Erfurter Rabbiners) auf die entlassenen Männer, gab ihnen frische Wäsche und Kaffee und versuchte sie vor der Weiterfahrt ein wenig herzurichten. In der Gegend um Erfurt mußten alle entlassenen Männer unter Androhung einer erneuten Internierung eine Versicherung unterschreiben, Deutschland innerhalb von drei Wochen zu verlassen.

Helga Kreiner, jetzt Helga Samuel, war damals gerade 11 Jahre alt:

Eine Nacht ist mir besonders lebhaft in Erinnerung geblieben – als wir die Nazi-Stiefel die Straße entlangmarschieren hörten. Sie machten am Haupteingang unseres Häuserblocks halt und hämmerten an die Tür. Meine Mutter löschte schnell alle Lichter und versteckte sich mit uns im Schlafzimmer. Dort warteten wir mucksmäuschenstill. Die Stiefel trampelten die Treppe hoch und hielten einen Moment vor unserer Tür. Unsere Herzen schlugen schneller. Dann stiegen sie zu der Wohnung über uns hinauf. Am nächsten Morgen erfuhren wir, daß der Bewohner - auch ein Jude - verhaftet worden war. Diesmal hatten sie uns verschont. Ich erinnere mich noch, wie sehr ich mich fürchtete, als ich mich verstecken und so leise sein mußte, weil ich die Angst meiner Mutter spürte. Aber ich war wirklich zu jung, um die Bedeutung der ganzen Situation beurteilen zu können. Die ging mir erst an dem Tag auf, als mein Vater auf dem Heimweg vom Friseur verhaftet, zum Polizei-Hauptquartier und von da ins Konzentrationslager Buchenwald gebracht wurde. Ich war an diesem Tag zum Spielen bei meiner Schulfreundin und hatte meinen Vater nicht wie üblich zum Friseur begleitet, wo ich mich gerne aufhielt, um in den Zeitungen zu blättern. Meine Mutter sagte hinterher, ich sei immer Vaters Glücksbringer gewesen – bis zu jenem schrecklichen Tag. Als mein Vater nach ein paar Stunden immer noch nicht zu Hause war, fürchtete meine Mutter das Schlimmste und rief die Polizeistation an. Man teilte ihr mit, ihr Mann sei inhaftiert.

Es dauerte einige Tage, bis sie eine von meinem Vater unterzeichnete Postkarte erhielt (Adresse: Buchenwald). Er bat um feste Stiefel und warme Unterwäsche (später erfuhren wir, daß er sie nie bekommen hat). Ich habe meinen Vater erst ein paar Monate nach meiner Ankunft in England wiedergesehen.

Lorraine Allard, damals Sulzbacher, lebte im bayrischen Fürth, einer Stadt mit ziemlich großem jüdischen Bevölkerungsanteil. Ihre Eltern, fest im wohlhabenden Mittelstand verwurzelt, betrachteten sich zuerst als Deutsche und nur in zweiter Linie als Juden. Bis Hitler kam. Über die »Kristallnacht« berichtet sie:

Ich erinnere mich, daß ich um 1 Uhr morgens geweckt wurde. Zwei Braunhemden rannten in unserer Wohnung herum. Wir mußten uns anziehen und uns mit sehr vielen anderen Leuten auf einem großen Platz in der Stadt versammeln. Manche alten Leute waren direkt aus dem Krankenhaus geholt worden. Es herrschte ein fürchterliches Durcheinander. Es war sehr kalt und dunkel. Sie schlugen den Rabbiner unserer Stadt und zwangen ihn, auf die Torarollen zu springen, die sie aus der Synagoge geholt hatten. Nach scheinbar endloser Zeit brachte man uns in ein Theater. Sie befahlen uns, uns hinzusetzen, die Männer vorn an der Bühne und Kinder und Frauen hinten. Ich glaube, daß wir dort seit dem Morgengrauen waren. Die ganze Zeit über riefen sie Männer auf die Bühne und ließen sie sich aufführen wie Tiere: sie mußten über Tische und Stühle springen und alles mögliche tun, um sich lächerlich zu machen. Konnten sie es nicht, wurden sie geschlagen. Wir saßen da wie bei einer Vorstellung. Die Kinder und Frauen wurden am frühen Nachmittag nach Hause geschickt. Wir hatten die ganze Zeit nichts gegessen oder getrunken. Mein Vater kam erst gegen 9 Uhr, lange nach dem Abendessen, heim. Er war schon über sechzig und deshalb entlassen worden. Alle Männer unter sechzig kamen nach Dachau. Wir hatten Glück, denn wir waren wieder zusammen.

In jeder Stadt, ob groß oder klein, war es dasselbe. Die vierzehnjährige Ester Friedman erlebte es in Wien:

Wie schon so oft war mein Vater auf die amerikanische Botschaft gegangen, um zu sehen, ob es nicht irgendeine Möglichkeit gäbe, ein Visum für die Vereinigten Staaten zu bekommen. Wir waren beunruhigt; die Atmosphäre auf der Straße war geladen. Wir wußten nicht warum, aber Angst lag in der Luft. Ich stand am Fenster, als es geschah: Eine Masse von Braunhemden mit der schrecklichen Hakenkreuzbinde am Ärmel marschierte die Straße entlang. Ich lehnte mich weiter hinaus. Sie gingen zum Altersheim der jüdischen Gemeinde. Die Fenster wurden geöffnet, Bücher flogen hinaus. Die alten Leute stieß man zur Tür hinaus und zog sie an den Bärten, weil sie der braunen Horde nicht schnell genug liefen. Als sie sich zu einem Häufchen hinfälliger alter Leiber gesammelt hatten, mußten sie zuschauen, wie ihre kostbaren Gebetbücher verbrannten. Und ich sah zu. Die alten Leute wurden gezwungen, die Asche in Eimer zu schaufeln. Die braune Jugend und der Mob lachten bei diesem Anblick. Wasser, Bürsten und Lumpen wurden angeschleppt, und die alten Menschen mußten auf den Knien das Pflaster scheuern. An Bärten wurde gezerrt, bis das Blut floß, und alte Frauen wurden ohnmächtig oder starben sogar. Und ich sah zu. Ich roch den Rauch. Unsere Synagoge brannte. Die Flammen tobten, doch ich hörte keine Feuerwehr.

Auch Berlin – früher eine der tolerantesten Städte – lieferte seinen Anteil an Gewalttätigkeit und Zerstörungswut. Leslie Brent glaubt, glimpflich davongekommen zu sein:

Der Pöbel stürmte das Waisenhaus. Es gab ein großes Handgemenge, weil einige der älteren Jungen versuchten, das Tor zu halten. Als ihnen das nicht gelang, tauchten sie in der Menge unter, und so geschah ihnen nichts. Mein Freund Fred und ich versteckten uns aus Angst auf dem Dachboden zwischen den Balken, bis alles vorbei war. Nachher erfuhr ich, daß die Kerle den Keller und das Parterre inklusive der Synagoge geplündert hatten und gerade im Begriff waren, die Haustreppe hinaufzustürmen, als ein Lehrer (Heinz Nadel) mit einem kleinen Jungen auf dem Arm ihnen in den Weg trat und ganz ruhig zu ihnen sagte: »Dies ist ein Waisenhaus, wir sorgen hier für Kinder. Würden Sie bitte das Gebäude verlassen!« Und sie taten es – eines dieser Wunder.

Als die Bande gegangen war, versammelten wir uns und aßen im Garten Erdbeeren mit Schlagsahne, seitdem haben Erdbeeren mit Schlagsahne eine ganz besondere Bedeutung für mich, wie man sich denken kann.

Nach der »Kristallnacht« waren viele Familien ohne Ernährer. Jugendliche mußten sich selbst durchbringen. Clive Milton lebte in Hannover:

Mein Vater war im Konzentrationslager und wurde erst kurz vor Weihnachten entlassen. Der Laden, in dem ich gearbeitet hatte, war geschlossen, die Fenster eingeschlagen, und ich weiß nicht, ob sie den Inhaber mitgenommen hatten oder ob er sich versteckt hielt. Ich fand eine Stelle in einem Elektrogeschäft. Der Laden gehörte einem Deutschen. Er wußte, daß ich Jude war. Er entschuldigte sich dafür, daß er ein NSDAP-Abzeichen trug, aber er war dazu gezwungen.

Dort war auch ein junges Mädchen angestellt. Eines Tages sagte sie zu mir: »Mich juckt es so schrecklich da unten, kannst du mich mal kratzen?« Damals war Sex auch schon Sex, doch er spielte keine so große Rolle. Und so ging ich nicht darauf ein. Nach fünf Minuten sagte sie zu mir: »Du hast Glück, daß du es nicht getan hast – mein Freund ist bei der Gestapo, und wenn du es getan hättest, hätte ich dafür gesorgt, daß er dich abholt.«

Selbst für die Jüngsten bestand kaum Aussicht auf Schulunterricht. Viele Kinder teilten die Erfahrung von Dorothy Sim, die in Hamburg die Zerstörung ihrer Schule mit ansah:

Dann kam der Morgen, als ich in die Schule kam und Männer sah, die alles wegschleppten oder zerstörten, was ihnen unter die Finger kam. Ein Lastwagen stand für den Abtransport bereit. Ein Mann sagte zu mir: »Geh lieber nach Hause. Es wird noch lange dauern, bis du hierher zurückkommen kannst.«

Weder in Deutschland noch im Ausland entsprachen die Reaktionen auf die »Kristallnacht« den Erwartungen der Nazis: Ungläubigkeit, Staunen darüber, daß ein angeblich zivilisiertes Volk sich zu derartigen Greueltaten hinreißen ließ, gepaart mit Verwunderung darüber, daß eine politische Macht, die sich wirtschaftlicher Tüchtigkeit rühmte, einer mutwilligen Zerstörung von Eigentum frönte. In den Augen der Welt hatten die Nazis Brutalität und Dummheit gezeigt – kaum das Image, das sie von sich schaffen wollten. Von nun an wurde der Rachefeldzug gegen die Juden diskreter durchgeführt – hinter verschlossenen Türen und Stacheldraht.

Die Reaktion auf die »Kristallnacht« und das anschließende Zusammentreiben von 30 000 Juden in Konzentrationslagern bewirkten ebenso wie das offensichtliche Scheitern der Beschwichtigungspolitik und die Gewissensbisse über die Aufteilung der Tschechoslowakei einen Umschwung der öffentlichen Meinung zugunsten erweiterter Flüchtlingshilfe, wenn auch nicht die Bewilligung unbegrenzter Einwanderung. Der neue Innenminister, Sir Samuel Hoare, der als Quäker den Flüchtlingen mehr Sympathien entgegenbrachte als seine Vorgänger, erklärte seinen Kabinettskollegen, daß angesichts einer Flut von mehr als 1000 Gesuchen pro Tag selbst jüdische Repräsentanten »abgeneigt waren, eine sehr große Anzahl in dieses Land einwandern zu lassen, da sie eine antijüdische Hetzkampagne befürchten«.

Aus demselben Grund bestand auch eine Abneigung dagegen, die genaue Zahl der Ankömmlinge zu veröffentlichen, denn »jede Zahl würde als entweder zu hoch oder zu niedrig angegriffen werden«.

Der Nachteil dieser Heimlichtuerei war, daß die Regierung ihre guten Taten weder im In- noch im Ausland zur Ansehensverbesserung nutzen konnte. Die Minister waren besonders empfindlich gegen Kritik aus den Vereinigten Staaten, wo man fand, die Briten suchten Problemen aus dem Weg zu gehen, die aus ihrer Beschwichtigungspolitik gegenüber den Nazis erwachsen waren.

Es war also eine große Geste vonnöten, die Großbritanniens entschlossenes Eintreten für die gerechte Sache symbolisieren sollte. Ein Rettungsplan für notleidende Kinder war da genau das richtige. Daß ein solcher dringend gebraucht wurde, ging aus den bewegenden Geschichten in Zeitungen hervor. Seit Mitte 1938 veröffentlichte der *Jewish Chronicle* regelmäßig eine Rubrik mit Kleinanzeigen, aufgegeben von englischen Freunden und Verwandten bedrängter deutscher und österreichischer Familien:

> Bitte helfen Sie mir, zwei Kinder (Junge und Mädchen, 10 Jahre alt, aus guter Familie) aus Berlin herauszubringen – sehr dringender Fall – RK 96 Lordship Park, N16.

Welche Familie würde einen 15jährigen jüdischen Jungen aus erstklassiger orthodoxer Wiener Familie aufnehmen und ihm eine Chance geben, ein Handwerk zu erlernen? (Vater war Juwelier, ist jetzt mittellos.) Sehr dringend. Für Taschengeld und Kleidung wird gesorgt. Mitteilungen an JU., 181 Commercial Road, London E1.

Welche Familie würde zwei Wiener Mädchen, 14 und 10 Jahre, ein Heim geben, gute Schulbildung, englische und französische Sprachkenntnisse. Fotos und Referenzen stehen zur Verfügung. Mitteilungen an Ulman, 31 Dunstan Road, Golders Green, London NW11.

Die erste Initiative auf Regierungsebene ging von den Niederlanden aus, wo am 11. November eine Abordnung des holländischen Flüchtlingskomitees den Ministerpräsidenten persönlich ersucht hatte, vorübergehenden Aufenthalt für eine unbegrenzte Anzahl von deutschen und österreichischen Kindern zu gewähren. Dieser Antrag wurde prinzipiell akzeptiert unter der Bedingung, daß das Komitee mit 100 000 Gulden für den Unterhalt der Kinder bürgte. Diese Summe wurde am 15. November hinterlegt, am selben Tag, als jüdische Delegierte des CBF, geführt von Viscount Samuel, das Problem zum ersten Mal mit der britischen Regierung erörterten. Chamberlain wurde gedrängt, eine unbestimmte Anzahl von Jugendlichen bis zu 17 Jahren einwandern zu lassen. Samuel bot eine Kollektivgarantie dafür an, daß keine öffentlichen Gelder für die Kinder verwendet und der Aufenthalt nur vorübergehend sein würde.

Da Chamberlain zweifellos voraussah, daß ein zu bereitwilliges Einlenken neue Schwierigkeiten für Palästina – das einzig mögliche weitere Ziel der jungen Auswanderer – zur Folge haben würde, war seine Antwort in »ziemlich negativem« Ton gehalten. Doch in einer Kabinettssitzung am nächsten Tag änderte er seinen Standpunkt. Als der Außenminister, Lord Halifax, seine Bedenken wegen des Umschwungs der öffentlichen Meinung in Amerika äußerte und eine Initiative forderte, welche ihrerseits die Vereinigten Staaten zu einem positiven Schritt nötigen würde, schlug Chamberlain vor, Großbritannien solle den vor der Naziunterdrückung Fliehenden vorübergehenden Aufenthalt gewähren. Der Innenminister wurde gebeten, eine Regierungserklärung zur »Behandlung des jüdischen Problems« zu verfassen.

Zwar war die Entscheidung zuungunsten einer Politik der »offenen Tür« schnell gefallen, ein Kompromiß in Form einer Ausnahmebestimmung für Jugendliche schien jedoch machbar. Am Morgen des 21. November, nur ein paar Stunden vor der kritischen Parlamentsdebatte über Flüchtlingspolitik, begrüßte Sir Samuel Hoare eine von Sir Wyndham Deedes geführte Abordnung. Man sprach über die Gründung einer neuen Organisation, die mit dem *Children's Inter-Aid Committee* zusammenarbeiten sollte, um die Flut von Anträgen, die unweigerlich der Lockerung der Einwanderungsgesetze folgen würde, zu bewältigen. Diese Organisation sollte zunächst *Movement for the Care of Children from Germany* (Fürsorge für Kinder aus Deutschland) heißen, wurde jedoch dann in *Refugee Children's Movement* (*Kinder-Flüchtlingshilfe*) umbenannt. Die Gründer waren Norman Bentwich und seine Frau Mami, Mitglied des Londoner Stadtrates und beherzte Kämpferin für Sozialreformen. Beide gehörten zusammen mit Vertretern der Quäker zur Delegation von Deedes.

Es wird allgemein angenommen, daß in jener Sitzung eine Zulassungshöchstgrenze für Kinder festgelegt wurde. Aber es gibt keinerlei Belege hierfür, und in der Parlamentsdebatte desselben Tages lehnte Sir Samuel Hoare ausdrücklich »jede Art von Quote« ab. Die Regierung war nun bereit, die Einreise für jene Flüchtlingskinder zu ermöglichen, »deren Unterhalt entweder durch eigene Mittel oder durch andere Personen gesichert war«. Um den bürokratischen Prozeß zu vereinfachen, wurde ein spezielles in London auszustellendes Reisedokument eingeführt, das Pässe und Visa überflüssig machte.

Was die magische Zahl von 10000 angeht, so taucht sie zum ersten Mal im Angebot der jüdischen Bevölkerung von Palästina auf, diese Anzahl von Kindern aus Deutschland zu adoptieren. Dies wurde jedoch von der britischen Regierung, die inzwischen entschlossen war, die Zahl jüdischer Einwanderer nach Palästina auf 75000 in fünf Jahren zu beschränken, abgelehnt. Das Ziel 10000 wurde später vom Britischen Zentralfonds aufgegriffen und von der Regierung als Höchstgrenze dessen, was durch freiwillige Spenden finanzierbar sei, akzeptiert. Abgesehen von dieser allgemeinen Vereinbarung gab es keine Limitierung, und man erwartete sogar, durch erneute Auswanderung in die Länder des Commonwealth könne die Zahl der Wohlfahrtsempfänger im Vereinigten Königreich so weit reduziert werden, daß die Rettung von mehr als 10000 Kindern möglich wurde.

Es wäre noch hinzuzufügen, daß die Bemühungen, es den Briten gleichzutun, in den Vereinigten Staaten scheiterten; eine Gesetzesvorlage zur Aufnahme von 20000 Kindern gelangte nicht weiter als bis zu einem Kongreßausschuß. Ein Einwand gegen den Vorschlag war, Kinder ohne ihre Eltern aufzunehmen, verstoße gegen göttliches Gesetz.

3. Die ersten Transporte

Meine Mutter weinte sehr, aber mein Vater biß die Zähne zusammen. Mir erschien alles sehr verwirrend. Ich finde es schwer, meine damaligen Gefühle zu beschreiben. Ich war niedergeschlagen, aber nicht vollkommen trostlos; ich begriff, daß das alles zu meinem Besten geschah. Es war mir klar, daß man mir eine große Wohltat erwiesen hatte. Auf keinen Fall ahnte ich, daß ich nicht wieder zurückkehren und meine Familie umkommen würde.

Leslie Brent

Ende November 1938, eine knappe Woche nachdem die Flüchtlingskinder Sonderstatus erhalten hatten, war Norman Bentwich zu Gesprächen mit dem holländischen Flüchtlingskomitee in Amsterdam.

Von allen Flüchtlingskomitees eignete sich das holländische am besten, das erste Stadium der Auswanderung zu leiten – den Schritt in eine freundliche Umgebung. Die Grenze lag nahe am dichtbevölkerten Ruhrgebiet, und ein weitläufiges Eisenbahnnetz verband die beiden Länder. Die Hoffnung auf einen Alternativweg über Frankreich war bereits an politischer Unschlüssigkeit gescheitert, obwohl die Familien Rothschild und Gunzburg die französische Regierung bedrängt hatten, eine dem englischen Abkommen angemessene Vereinbarung für Frankreich zu treffen. Die einzige Alternative, nämlich die Kinder direkt von deutschen Häfen ausreisen zu lassen, schien zu sehr vom guten Willen der Nazis abzuhängen.

Einige der ersten Kindertransporte gingen doch per Schiff von Hamburg aus, allerdings gab es auf den Überseedampfern nur sehr wenige freie Kojen für die Kinder. Flüchtlingsschiffe waren auch kein durchführbares Projekt. Den Nazis war zwar mehr denn je daran gelegen, die Juden loszuwerden, aber nach der »Kristallnacht« achteten sie stärker darauf, was für einen Eindruck ihr Vorgehen auf die Öffentlichkeit machte. Es war nicht einfach, den Zweck eines Flüchtlingsschiffes zu verheimlichen; ein Schiff voller Kinder konnte zu pro-jüdischer Propaganda benutzt werden. So schien es bei weitem besser, die Kinder mit der Bahn reisen zu lassen.

Die Holländer boten nicht nur den mühelosesten Reiseweg, sondern auch den Vorteil einer fähigen Wohlfahrtsorganisation, die es gewöhnt war, mit jüdischen Flüchtlingskindern umzugehen, einschließlich solcher, die schwarz über die Grenze gekommen waren. Es stand allerdings zu befürchten, daß selbst die unermüdlichsten Sozialarbeiter vom Gewicht ihrer Aufgabe erdrückt würden. Man hatte von unbegleiteten Kindern aller Altersgruppen gehört, die sich an den Grenzen ansammelten. Über ihre genaue Zahl gab es wilde Spekulationen, aber in London wurde sie auf 5000 geschätzt. Bentwich ging davon aus, daß der erste Transport sich aus Kindern zusammensetzen würde, die vor kurzem in den Niederlanden angekommen und jetzt obdachlos waren.

In Wirklichkeit war die Situation nicht so verzweifelt, wie die Gerüchte vermuten ließen: Im Monat zuvor waren 600 Flüchtlingskinder hereingelassen worden, und obwohl man bis zum Jahresende weitere 800 erwartete, standen genügend Wohnheime zur Verfügung. Eine Erklärung der holländischen Regierung über die Grenzen ihrer Gastfreundschaft stand zwar noch aus, jedoch nahmen die Flüchtlingsorganisationen an, daß mindestens 2000, im Notfall sogar 5000 Kinder ohne Schwierigkeiten untergebracht werden konnten. Im Augenblick war den Holländern nur daran gelegen, diejenigen weiterzuschicken, die entweder staatenlos waren oder eine andere als die deutsche Staatsangehörigkeit hatten – im ganzen ungefähr ein Dutzend.

Bentwich kehrte nach London zurück mit der Zusage

holländischer Kollegen zur Kooperation, mit der Rückendeckung des niederländischen Ministerpräsidenten Colijn und mit dem höflichen Ersuchen an das Außenministerium, Holland formell von der geplanten *Kinder-Flüchtlingshilfe* zu unterrichten. Bisher war man nur von Bentwich oder durch Rundbriefe des CBF über die britische Initiative unterrichtet worden. Es sah fast so aus, als ob sich das Außenministerium von der eigenen Regierungspolitik distanzieren wollte.

Nachdem die Reiseroute festgelegt war (mit dem Zug nach Hoek van Holland und der Fähre nach Harwich), stand die Auswahl der Passagiere auf der Tagesordnung. Bentwich hatte eine Liste besonders dringender Fälle aus Holland mitgebracht, zu denen Waisenhäuser in Hamburg und Breslau gehörten, die von einer Schließung bedroht waren. Deren Bittgesuche konnten jedoch nicht beantwortet werden, bevor nicht direkte Verhandlungen mit den deutschen Behörden und jüdischen Organisationen in Berlin und Wien stattgefunden hatten. Als Unterhändler im Auftrag des Flüchtlingskomitees wurden der Verleger Dennis Cohen und seine Frau am 28. November nach Berlin geschickt. Sie stellten fest, daß die Hauptstadt einen Rest von Vorurteilslosigkeit bewahrt hatte. Juden hatten noch eine gewisse Bewegungsfreiheit, und die Auswanderungsabteilung der Reichsvertretung konnte sich mit Erfolg für jüdische Belange engagieren. Dasselbe galt auch für den *Paulusbund*, der sich für Christen jüdischer Abstammung einsetzte. Man erwartete, daß die Nazibehörden die Kindertransporte genehmigen würden, solange die Vorbereitungen diskret und ohne Kosten für den Staat organisiert wurden. Man rechnete zwar mit Problemen – verlorengegangenen Dokumenten, nichtigen Einwänden gegen diesen oder jenen Namen auf der Liste, Verzögerungen in letzter Minute –, aber man fühlte sich der Haßpolitik gerade noch gewachsen.

Die Auswahl für den ersten Kindertransport mußte unvermeidlicherweise aufs Geratewohl getroffen werden; die richtigen Beziehungen spielten dabei genauso eine Rolle wie der Umstand, zur rechten Zeit am rechten Ort gewesen zu sein. Ungefähr die Hälfte der 200 Kinder kam aus einem in der »Kristallnacht« zerstörten Berliner Waisenhaus, weiteren 40 Kindern polnischer Abstammung drohte Deportation. Die übrigen Jugendlichen hatten entweder Eltern in Konzentrationslagern oder waren selbst der Gefahr von Verhaftung oder Internierung ausgesetzt. Es waren alles dringende Fälle, aber dringende Fälle gab es mehr als genug. Zuerst kamen die dran, die Bescheid wußten und Glück hatten.

Drei Tage nach Dennis Cohens Ankunft in Berlin versammelten sich die Flüchtlingskinder auf dem Hauptbahnhof. Die Stunden vor der Abfahrt vergingen mit Überlegungen, wie das Reisegepäck reduziert werden konnte – was man auf der Reise anziehen, welche Kleidungsstücke und welche Lieblingsspielsachen man einpacken sollte. Von der Mitnahme von zum Wiederverkauf geeigneten Gegenständen wie Schmuck oder Kameras war wegen der Gefahr der Beschlagnahme gewarnt worden. Im voraus aufgegebenes Gepäck ging unweigerlich verloren.

Da viele Eltern exzentrische Vorstellungen von gutangezogenen Engländern hatten, bereitete ihnen der Kauf neuer Kleidung viel Kopfzerbrechen.

»Meine Mutter kaufte mir Kleidung, die mich von meiner Ankunft in England an zum kompletten Ausländer stempelte«, erinnert sich Richard Grunberger.

Mutigere Eltern ließen ihre Phantasie spielen, um die Ausfuhrbeschränkung von Wertgegenständen zu umgehen. Einige gaben ihren Jungen neue Leica-Apparate mit, die sie in England verkaufen sollten, andere gingen das Problem subtiler an. Leslie Brent bekam von seiner Mutter zum Beispiel eine Geige mit, die diese geerbt hatte. Saiteninstrumente behielten ihren Wert und konnten gute Preise erzielen.

Die meisten Eltern hielten sich an die Spielregeln. Wurde

man nämlich ertappt, so konnte das unvorstellbare Folgen haben. Als man Henry Toch sagte, er dürfe kein Geld mitnehmen, steckte er nur drei Pfennige ein. »Mein erster Kontakt zu Engländern war eine Bitte um einen Penny für eine Postkarte nach Hause.«

Viele Eltern ermahnten ihre Kinder, höflich zu den SS-Männern zu sein. Als Felix Huttner von einem streng aussehenden Kontrollbeamten nach seinem Reiseziel gefragt wurde, antwortete er beinahe entschuldigend: »England.« Das Stirnrunzeln verwandelte sich in ein Lächeln: »Es wird dir dort gefallen. Ich wünschte, ich könnte auch hin.«

Andere Eltern gaben sich tapferer. Nina Liebermanns Mutter rief ihre Abschiedsworte über den überfüllten Bahnsteig: »Und wenn sie an der Grenze deine goldenen Ohrringe haben wollen, dann nimm sie einfach ab und wirf sie aus dem Fenster!«

Beim Abschied litten Kinder und Eltern unter den widersprüchlichsten Gefühlen – Trauer, Erregung, Angst, Erleichterung. Dorothy Sim übte Englisch:

> Alles, was ich gelernt hatte, war: »Ich möchte aufs WC gehen« (was wir in unserer Unwissenheit falsch -»Wi Kä«- aussprachen), und »ich habe ein Taschentuch in meiner Tasche«. Zwischen meine Kleider hatten meine Eltern ein Album mit heißgeliebten Familienbildern, mein eigenes Eßbesteck und einen Waschbeutel gepackt, den mein Vater, der im Ersten Weltkrieg mit dem Eisernen Kreuz ausgezeichnet worden war, als Soldat benutzt hatte. Ich erinnere mich an die Ankunft am Hamburger Bahnhof. Zwei steinerne Löwen hüteten den Eingang. Ich trug meinen Stoffhund Droll und eine lederne Schultertasche. Droll fiel mir unter den Zug, und ein Mann mußte hinunterklettern, um ihn zu retten. Ich hatte einen Pfirsich und eine Birne in meiner Schultertasche. Wir Kinder stiegen zunächst in den Zug, um unsere Plätze zu belegen. Dann wurde ich wieder hinausgeschickt, um mich von meinen

Eltern zu verabschieden. Ich sehe sie noch heute vor mir, sie standen in einem Gang hinter der Barriere. Ich sagte auf Wiedersehen und ging zurück in den Zug.

Celia Lee kam von Hamburg nach England. Sie erholte sich gerade von einer Blinddarmentzündung, als sie erfuhr, daß sie mit dem ersten Kindertransport mitfahren durfte. Kurz nach dem Krieg, als Teenager, schrieb sie ihre Erlebnisse auf:

Für meine zwölf Jahre hatte ich in der letzten Zeit zu viel gehört und gesehen. Ich lag in einem jüdischen Krankenhaus. Die Hälfte der Ärzte war im Konzentrationslager. Meine Mutter hatte mir erzählt, daß mein Vater sich versteckt hielt. Das konnte ich nicht verstehen. Er war doch kein Verbrecher.
Die Krankenschwester half mir beim Anziehen, damit mein Vater nicht zu lange auf mich warten mußte. Als er hereinkam, schluchzte ich auf und umarmte ihn ganz fest. Ich hatte mir Sorgen gemacht, aber als ich ihn sah, war ich beruhigt – so schlimm konnte es also nicht sein. Nachdem ich ihm alle Neuigkeiten erzählt hatte, umarmte er mich zärtlich und sagte: »Würdest du gern nach Holland oder England gehen, Plappermäulchen?« Ich starrte ihn an: »Meinst du das wirklich? Kommt Max auch mit? Warum gehen wir weg? Kommen du und Mami auch?«
Mein Vater sah mich ernst an. »Du bist schon alt genug, um alles zu verstehen. Es ist eine Menge geschehen, während du im Krankenhaus warst. Für die Juden hat sich vieles geändert. Es ist sicherer für Max und dich, in ein anderes Land zu gehen. Mami und ich kommen später nach.«
»Also gehen wir nach England!« lautete meine Entscheidung, da ich in der Schule schon seit zwei Jahren Englisch lernte. Es bedeutete mir auch sehr viel, daß mein Bruder Max mitkommen würde.
Am folgenden Donnerstag fuhren wir nach England ab. Die Tage bis dahin vergingen wie im Flug: wir mußten einkaufen gehen und Papiere in Ordnung bringen lassen. Ein großes rotes J wurde

vorne in meinen Paß gestempelt. Ich war so aufgeregt, daß ich den müden, angespannten Gesichtsausdruck meiner Eltern gar nicht bemerkte.

Ich brach beim Abschied nicht in Tränen aus, weil ich fest davon überzeugt war, wir würden einander bald wiedersehen. Mammi schenkte mir eine goldene Kette und Vati einen Glückspfennig. In diesem Augenblick spürte ich zum ersten Mal in dieser Woche eine Vorahnung, wie ernst die Lage in Wirklichkeit war.

Der Kindertransport Berlin-Hamburg vom 1. Dezember war ein Meisterstück an Improvisation, mit weniger als einer Woche Vorbereitungszeit. Für viele Familien, die enttäuscht waren, keinen Platz ergattert zu haben, gab es zumindest das Versprechen, daß weitere Transporte folgen würden.

Die Nachrichten aus Wien waren weniger ermutigend. Das jüdische Gemeindeleben war völlig durcheinandergeraten. Die deutsche Machtübernahme hatte die Dezimierung der Kultusgemeinde zur Folge gehabt. Führende Persönlichkeiten waren verhaftet, Akten beschlagnahmt und Gebäude besetzt worden. Die Quäker hatten ihre Stellung gehalten, ebenso die Jugend-Alijah. Aber keine einzige Gruppe, die sich für Flüchtlinge engagierte, hatte direkten Kontakt zu höheren Beamten der Nazi-Administration.

Am 28. November sandte Josef Löwenherz, Vorsitzender der Jüdischen Gemeinde Wien, ein dringendes Gesuch nach London. Seiner Schätzung nach erfüllten etwa 35000 Jugendliche britische Einreisebedingungen. Zweifel bestanden jedoch an der Kooperationsbereitschaft der Nazis. Löwenberg bat deshalb um die Entsendung eines Repräsentanten »als Beistand zur Durchsetzung unserer Pläne«. Gefragt war eine Persönlichkeit mit genügend Durchsetzungsvermögen, um bei Adolf Eichmann Gehör zu finden, einem Bürokraten, der sich nur schwer, schon gar nicht von einem Juden, festnageln ließ.

Norman Bentwich fand die ideale Kandidatin hierfür in Amsterdam. Die Bankiersgattin Gertrude Wijsmüller-Meijer, eine entschlossene und energische Frau, die sich mit beachtlichem Organisationstalent voll und ganz der Flüchtlingsbewegung widmete. Sie war keine Jüdin und sprach gut Deutsch. Jedoch verfügte sie weder über Ortskenntnis noch über Beziehungen, die ihr innerhalb der österreichischen Verwaltungshierarchie weiterhelfen konnten. Hiervon unbeeindruckt flog sie am 3. Dezember nach Wien.

Was danach geschah, beschrieb sie in ihrer Zeugenaussage im Eichmann-Prozeß im August 1960:

> Ich kam samstags mittags in Wien an. Ich machte mich sofort auf den Weg zur Kultusgemeinde. Das jüdische Viertel war mit Seilen abgesperrt. Die Juden durften es nicht einmal verlassen, um die Straße zu überqueren.
>
> Auf meinem Weg zum Palästina-Büro wurde ich unter dem Verdacht, Jüdin zu sein, in der Nähe der Kultusgemeinde verhaftet. Ich hämmerte an meine Zellentür und erklärte, ich sei keine Jüdin. Bei meiner Entlassung drohte ich, alle Zeitungen der Welt über die Behandlung von Ariern in Wien zu informieren. Man bedauerte den Irrtum, und ich wurde gefragt, was man für mich tun könne. Ich bat um einen Termin bei Eichmann. Man entließ mich mit der Versicherung, Entsprechendes zu veranlassen.

Frau Wijsmüller traf Eichmann am 5. Dezember um 9 Uhr 30 in seinem Hauptquartier:

> Ich wurde in ein riesiges Zimmer geführt. Am Ende des Raumes war ein Podium. Dort saß Eichmann, neben sich eine sehr helle Lampe. Ich ging mit ausgestreckter Hand auf ihn zu. »Herr Doktor, ich bin Frau Wijsmüller, ich möchte mit Ihnen sprechen.« Darauf schrie er mich an: »Wir sind es nicht gewöhnt, mit Frauen zu reden.« »Wie schade. Wie Sie wissen, bin ich verheiratet, und da

mein Mann arbeitet, müssen Sie sich schon mit mir begnügen. Darf ich mich setzen?«

Eichmann war so erstaunt, daß ich entgegen seiner Erwartung nicht vor ihm zitterte, daß er mir erlaubte, mich zu setzen. Ich erklärte ihm dann, es läge die Genehmigung der britischen Regierung für die Einwanderung von 10 000 jüdischen Kindern vor und daß ich beauftragt worden war, mit ihm den Ablauf der Aktion zu besprechen.

»Haben Sie einen Brief der englischen Regierung?«

»Nein.«

»Ich möchte Ihre Hände sehen. Ziehen Sie Ihre Schuhe aus. Heben Sie Ihren Rock etwas höher!« Dann sagte er: »So rein arisch und so verrückt!«

Ich durfte mich wieder hinsetzen. Dann schickte er nach dem Juden Friedmann. Er fragte ihn: »Kennen Sie Frau Wijsmüller?«

»Nein.«

»Kennen Sie Herrn Friedmann?«

»Nein.«

Dann wandte sich Eichmann wieder an Herrn Friedmann: »Jetzt inszenieren wir den Witz des Jahrhunderts: Diese Frau besitzt kein Regierungsdokument, das sie legitimiert, Kinder nach England zu bringen. Wir werden einen Transport von 600 Kindern zusammenstellen, der am Sonnabend mittag (Schabbat!) die Grenze überqueren muß, dann kann Frau Wijsmüller zeigen, wie sie die Kinder ins Land bringt.«

Ich bedankte mich und sagte, ich hoffte, ihn wiederzusehen. Falls er nach Amsterdam käme, sollte er mich besuchen, und ich würde versuchen, zu ihm zu kommen, falls ich wieder nach Wien käme.

Danach telefonierte Frau Wijsmüller sofort mit London, wo die Nachricht, daß 600 Kinder innerhalb einer Woche auf dem Weg sein würden, mit einiger Verwirrung aufgenommen wurde. Man vereinbarte, 100 Kinder in Holland unterzubringen und den Rest in Gruppen von jeweils 100 bis 150 nach England herüberzuholen.

In Wien verbreitete sich die Botschaft schnell. Unter denjenigen, die sie vernahmen, war Fred Dunston, damals Fritz Deutsch – ein 21jähriger, ehemaliger Pfadfinderführer, der bei der Jugend-Alijah in Wien arbeitete:

> Anfang Dezember 1938 beauftragte das Palästina-Büro in Wien die Kultusgemeinde, die von Eichmann zur Organisation der Kindertransporte autorisiert war, innerhalb von 24 Stunden einhundert Kinder für den ersten Transport nach England auszuwählen. Zusammen mit den Namen mußten wir einen von einem Elternteil ausgefüllten und unterzeichneten ausführlichen Fragebogen, einen gültigen Paß, zwei Fotos und ein ärztliches Attest liefern. Falls wir dazu nicht in der Lage waren, würde die Kultusgemeinde die für uns reservierten Plätze aus ihren eigenen Listen besetzen. Jetzt erwies sich meine Pfadfindererfahrung als äußerst nützlich, und ich setzte unser alterprobtes »Alarmsystem« in Bewegung. Ich nahm Verbindung mit zwei meiner ehemaligen Patrouillenführer auf, die ihrerseits acht ihrer ehemaligen Pfadfinder holten. Das Büro hatte in der Zwischenzeit nach Bezirken geordnete Adressenlisten vorbereitet, und die Jungs machten sich auf den Weg, um mit den betreffenden Leuten Kontakt aufzunehmen. Innerhalb einer Stunde standen viele Kinder mit ihren Eltern Schlange für das Interview. Da wir die ganze Nacht hindurch arbeiteten, konnten wir unsere Quote voll ausnutzen. Ein spannendes und aufmunterndes Erlebnis!

Der erste Wiener Kindertransport ging am 11. Dezember ab, knappe zwei Stunden bevor Eichmanns Frist abgelaufen war. Dieser Transport machte in Köln Station, um eine kleine Gruppe Jugendlicher mitzunehmen. Einer davon war Ernest Jacob:

> Die meisten kannten sich untereinander, mit Ausnahme eines Jungen, der Meyer hieß und von dem keiner von uns je gehört hatte. Er sah jüdisch aus und schien so alt zu sein wie wir. Er blieb auf

der ganzen Reise und später in England mit uns zusammen, freundete sich aber mit niemandem an und hatte nichts mit uns gemeinsam. Später ging er nach Kanada und wurde dort als Spion überführt. Es stellte sich heraus, daß man ihn in unseren Transport eingeschmuggelt hatte.

Es lag etwas Tröstliches in der Zugfahrt, man befand sich in einer geschlossenen Welt, deren Bewohner, unfreiwillige Gefährten zwar, alle Kraft aus dem Wissen schöpften, Teilnehmer derselben verrückten Verschwörung zu sein. Gerda Jassem saß im Abteil mit sieben anderen Mädchen und Jungen im Alter zwischen sechs und dreizehn Jahren, die sich nicht kannten:

Wir aßen unsere Butterbrote, tauschten Geschichten aus und erzählten Witze. Das monotone Rattern des Zuges machte uns schläfrig. Ich erinnere mich, daß ich den Oberkörper mit dem Kopf auf den Armen auf den Klapptisch vor meinem Sitz legte. Das Mädchen neben mir lehnte sich an meinen Rücken, und so begann eine Art Kettenreaktion der Körper. Wann immer der Zug hielt, wachten wir auf, und wenn wir in eine Station einfuhren, stiegen wir kurz aus. Dann gab es ein großes Geschrei von einem Gleis zum anderen, bevor es wieder losging. Wir hatten keine Ahnung, wo wir waren, aber wir glaubten, daß wir die österreichische Grenze nach Deutschland bereits überquert hatten. Es war schon Morgen, als einer der Transportbegleiter kam, um uns zu sagen, daß wir uns schon nahe der holländischen Grenze befanden.

Dies war der Augenblick, als der Schmerz über den Abschied von Familie und Freunden von der Angst, zurückgeschickt zu werden, verdrängt wurde.

Zwei uniformierte, braungestiefelte Deutsche – einer mit SS-Abzeichen – betraten unser Abteil. Sie zeigten auf die Koffer, die geöffnet werden sollten. Keiner sprach ein Wort. Wir sahen einfach mit möglichst sorglosen Mienen zu, wie sie die Koffer durchsuchten. Es gab ein Gerücht, daß der ganze Transport zurückgeschickt werden würde, wenn auch nur einer beim Schmuggeln von Geld oder Schmuck ertappt würde. Schließlich verließen die Uniformierten den Zug, und wir sahen sie in Gruppen auf dem Bahnsteig stehen. Erst als der Zug sich wieder in Bewegung setzte, atmeten wir auf. Als er dann schneller fuhr, rief jemand: »Seht mal, wir sind im Niemandsland!« Irgendwie sah die Landschaft anders aus; nicht mehr so geordnet, oder vielleicht gab es einfach nur mehr Häuser. Wir sprangen herum, jubelten und sangen. Wir öffneten die Fenster und winkten mit Taschentüchern, Schals und Jacken den verlassenen Feldern zu.

Auf Nina Liebermann und ihre Schwester, die die Grenze mit dem Kindertransport Berlin-Hamburg passierten, übertrugen die Erwachsenen im Abteil die Angst vor der Kontrolle durch die SS. Sie waren alle so nervös, daß die Mädchen überzeugt waren, nicht die einzigen zu sein, die etwas zu verbergen hatten.

Wir hielten auf der deutschen Seite der Grenze. Ich versuchte, sorglos auszusehen, als die Koffer durchsucht wurden. Ich war überzeugt, meine Ohrringe hergeben zu müssen. Juden durften kein Gold oder Silber mit ins Ausland nehmen. Aber wir wurden in Frieden gelassen. Plötzlich fuhr der Zug los, dann eine kurze Strecke lang schneller, bevor er wieder hielt. Zwei uniformierte Männer erschienen in unserem Abteil. Ich war sicher, daß sie wegen meiner Ohrringe zurückgekommen waren. Aber wie war das möglich? Dann ging mir auf, daß es holländische Grenzbeamte waren. Sie traten auf einen gutgekleideten Reisenden zu und forderten ihn auf, ihnen zu folgen. Er kam nicht zurück. Später hörten wir, daß man einen Spion gefaßt hatte.

Johnny Blunt hatte weniger Glück mit dem deutschen Zoll:

> Ich war sehr stolz auf meine Briefmarkensammlung. Ein SA-Mann fand sie in meinem Rucksack, legte sie auf den Platz neben mir und fing an, das Gepäck eines anderen zu durchsuchen. Als er mir den Rücken zukehrte, setzte ich mich auf das Briefmarkenalbum. Er schien dies gemerkt zu haben, denn er drehte sich um und gab mir eine Ohrfeige. Dann nahm er das Album und sagte: »Du kannst in England eine neue Sammlung anlegen!«

Die allgemeine Anspannung wuchs angesichts der entlang der holländischen Grenze konzentrierten deutschen Truppen.

Kurt Weinberg erinnert sich, daß der Zug sehr lange an der Grenze hielt:

> Ich sah deutsche Soldaten auf- und abmarschieren. Sie hatten nichts mit uns zu tun; sie exerzierten nur. Aber es herrschte eine ungeheure Erleichterung, als wir endlich in den holländischen Bahnhof einfuhren.

Der Kontrast zwischen der mürrischen Entlassung durch Nazibeamte und der Begrüßung durch holländische Flüchtlingshelfer hätte größer nicht sein können. Überall auf dem Bahnsteig standen lächelnde Frauen mit Geschenken und Spielen. Noch Jahre später wollten sich manche Mädchen nicht von den Stoffpuppen trennen, die ihnen ein wildfremder Mensch auf einem holländischen Bahnhof in den Arm gelegt hatte.

Die älteren Jungen feierten auf ihre eigene Art. »Wir Kölner Jungs hatten ein paar Flaschen Eierlikör«, gesteht Ernest Jacob. »Ich kann Ihnen gar nicht sagen, wie betrunken wir waren.«

Während in Berlin, Wien und an der holländischen Grenze

hektische Betriebsamkeit herrschte, um den Flüchtlingskinderstrom in Gang zu halten, wurden in London alle Anstrengungen unternommen, die Reise zu einem gelungenen Abschluß zu bringen. Zunächst mußte jedoch der Konflikt zwischen dem neugegründeten *Movement for the Care of Children from Germany* und dem bereits etablierten *Children's Inter-Aid Committee* beigelegt werden. Im Prinzip konnten beide durch eine Fusion nur gewinnen. Seitens einiger Anhänger von *Inter-Aid* bestanden allerdings Ressentiments gegen die ihrer Meinung nach »jüdische Übernahme« einer nichtkonfessionellen Organisation.

In langwierigen Debatten versuchte man, für das gemeinsame Unternehmen einen Namen zu finden, der den vielfältigen Empfindungen gerecht wurde. Schließlich gab man einmütig seinen Segen für: *The World Movement for the Rescue of Children from Germany/British Inter-Aid Committee* – ein schrecklich uneinprägsamer Name, den man unmöglich ernst nehmen konnte. Selbst abgekürzt war hiermit keine ähnlich emotionale Wirkung zu erzielen wie bei *Save the Children*. Erst im März 1939 entschied man sich für *Refugee Children's Movement – Kinder-Flüchtlingshilfe* – den Namen, den wir auch in bezug auf Ereignisse, die vor seiner Einführung stattfanden, benutzten.

Am 29. November bezog die *Kinder-Flüchtlingshilfe* in der Great Russel Street 69 Büroräume, die genügend Platz für zusätzliche Arbeitskräfte boten, die zur Bewältigung enormer Mengen von Korrespondenz benötigt wurden.

> Wir erhielten Tausende von Briefen aus allen Teilen Deutschlands und Österreichs, Hilferufe mit persönlichen Details und beigelegten Fotos. Viele waren so rührend geschrieben, daß es ein hartes Herz erforderte, sie einfach nur in Akten abzuheften. Wie aber sollten wir eine Auswahl treffen angesichts der Tatsache, daß wir doch nicht alle Kinder nehmen konnten? Natürlich durften wir

nicht nach dem Grundsatz vorgehen: Wer zuerst schreibt, kommt zuerst dran. Woher sollten wir wissen, ob alle Einzelheiten in den Briefen auch genau stimmten?

So lautete im ersten Jahresbericht der *Kinder-Flüchtlingshilfe* die Entschuldigung für Stapel von unbeantworteten oder nach Deutschland zurückgeschickten Briefen. Richtig war allerdings die Einschätzung, die Organisationsleitung müsse von Berlin und Wien ausgehen. Von London aus eine willkürliche Auswahl zu treffen, wäre verhängnisvoll gewesen.

In der Regel erhielt die *Kinder-Flüchtlingshilfe* Namenslisten mit Fotos und Gesundheitsattesten, die zur Erteilung der Einreisegenehmigung an das Innenministerium weitergeleitet wurden. Theoretisch hätte nichts einfacher sein können, aber durch die Unberechenbarkeit europäischer Luftpost, den unwiderstehlichen Drang der deutschen Polizei, noch in letzter Minute Änderungen zu verlangen, und das verständliche Zaudern der Familien vor einer Trennung auf unbestimmte Zeit waren Verzögerungen und Fehler unvermeidlich. Das Innenministerium hatte seine Kooperationsbereitschaft signalisiert. Der Verzicht auf Einreisebeschränkungen für erwachsene Flüchtlinge ermöglichte es dem Innenministerium, die Einwanderungsformalitäten auf ein einfaches Reisedokument zu begrenzen. Sogar Pässe waren unnötig, obwohl viele diesen letzten Beweis ihrer deutschen Staatsangehörigkeit mitbrachten. Die für die Kindertransporte zuständige Ausländerabteilung war hoffnungslos unterbesetzt. Bis Ende 1938 blieben etwa 10000 Anträge unerledigt, während diejenigen, die den Rückstand aufarbeiten sollten, die meiste Zeit mit der Beantwortung von Telefonaten verbrachten, in denen um die sofortige Rettung von Freunden und Verwandten gebeten wurde.

Colin Coote, Redakteur der *Times*, der später einen Jungen aus einem Kindertransport aufnehmen sollte, schrieb an

Lord Winterton im Außenministerium, daß die Beschwerden über den Amtsschimmel sich zu sehr häuften, um ignoriert zu werden. Winterton antwortete wenig überzeugend, Verzögerungen lägen allein an den Deutschen. Doch auch die Flüchtlingsorganisation war nicht völlig schuldlos. Aus ihren Berichten geht deutlich hervor, daß ihr Durcheinander der Langsamkeit des Innenministeriums ebenbürtig war.

Ehrenamtliche Arbeitskräfte besaßen zwar viel Enthusiasmus, jedoch wenig Erfahrung. Zudem fehlte ihnen eine starke Leitung. Männer an der Spitze wie Norman Bentwich und Wyndham Deedes betrachteten sich nicht als Exekutivbeamte, während die für den organisatorischen Bereich zuständige Mami Bentwich zu leicht durch anderweitige Pflichten abgelenkt wurde. Bis zum Frühjahr 1939 scheint die Macht hauptsächlich in den Händen eines Major Langdon gelegen zu haben, dessen militärischer Stil sich nicht für ein kooperatives Unternehmen eignete. Spätere Probleme mit autoritären, sogar antisemitischen Leitern von Heimen und Ausbildungsstätten sind auf Ernennungen aus dieser Zeit zurückzuführen.

Eine stark ausgleichende Wirkung hatte die Hinzuziehung von zwei außergewöhnlichen ehrenamtlichen Mitarbeiterinnen, beide ausgeprägte Persönlichkeiten und daran gewöhnt, ihren eigenen Willen durchzusetzen. Die eine war die Hamburger Bankierstochter Lola Hahn-Warburg, Gattin eines Berliner Industriellen und Schwägerin von Kurt Hahn, dem Gründer des berühmten Landschulheims *Gordonstown* in Schottland. Nach einem Hinweis, daß die Nazis sie als »aktive Zionistin« auf eine schwarze Liste gesetzt hatten, war sie im September 1938 mit ihrem Mann und zwei Kindern nach England gekommen. Zwei Monate später gehörte sie zur Samuel-Delegation, die beim Innenministerium auf die Regierungsunterstützung der Kindertransporte gedrängt hatte. Sie hatte sich diese Rolle nicht ausgesucht. Noch kämpfend mit einer Sprache, die sie bis an ihr Lebensende mit teutonischer Genauigkeit aussprach, war sie vollauf damit beschäftigt, ein neues Heim zu gründen mit dem Wenigen, das ihrer Familie geblieben war. Aber Norman Bentwich, der von ihrem Engagement für die Auswanderung junger Menschen sowohl im Auftrag der Reichsvertretung als auch der Jugend-Alijah wußte, überredete sie als Augenzeugin der Leiden von Kindern unter der Naziherrschaft, an der Delegation teilzunehmen. Bei der Flüchtlingsorganisation wurde Lola Ansprechpartner für Kinder, die Probleme mit ihren Pflegeeltern, Lehrern, Arbeitgebern oder mit sich selbst hatten – keine leichte Aufgabe, wenn man bedenkt, daß mindestens einer von zehn Jugendlichen eines Kindertransports psychischen oder physischen Schaden davontrug.

Die zweite talentierte ehrenamtliche Mitarbeiterin, die der *Kinder-Flüchtlingshilfe* den Rücken stärkte, war Elaine Blond, die reiche, begabte und vom Nichtstun frustrierte jüngste Tochter von Michael Marks vom Marks & Spencer-Konzern:

> Bei einem Abendessen mit meinem Bruder Simon und seiner Frau Miriam hörte ich zum ersten Mal etwas über die Flüchtlingsorganisation. Wie jeder, der den *Jewish Chronicle* las, wußte ich natürlich von ihrer Existenz. Überraschend für mich war jedoch die mangelhafte Planung eines so gewaltigen Unternehmens. »Jemand muß etwas tun«, sagte ich. »Du hast recht«, sagte Simon. »Warum tust du nicht etwas?«

Und so begann Elaine Blonds Mitarbeit, zuerst als »Spendensammlerin«, später als Schatzmeisterin. Sie und Lola Hahn-Warburg waren ein gutes Team.

Angesichts der täglich größer werdenden Differenz zwischen Ausgaben und Einnahmen wurde Elaine schon sehr bald Sprecherin einer Initiative zur Beantragung von Regierungsgeldern. Aber wann immer das Thema innerhalb oder außerhalb des Parlaments angeschnitten wurde, machte man den Flüchtlingsorganisationen klar, daß sie sich selbst finanzieren mußten. Wie überzeugungskräftig sie auch argumentierten, stießen sie doch immer wieder auf das eigene unwiderlegbare Gegenargument, die fünf Jahre zuvor von Otto Schiff gegebene Garantie, daß kein jüdischer Flüchtling jemals der Öffentlichkeit zur Last fallen würde.

Für die Staatssekretäre im Auswärtigen Amt war es eine bequeme Ausflucht zu behaupten, eine einseitige britische Subventionierung von Flüchtlingen würde Deutschland veranlassen, noch mehr Juden zur Auswanderung zu zwingen. Die Deutschen brauchten jedoch keinerlei Ermutigung, um den Druck zu verschärfen. Zu diesem Zeitpunkt war der Hauptversorger der Kindertransporte, der CBF, beinahe zahlungsunfähig.

Um die Finanzkrise zu meistern, mußten Freiwillige gefunden werden, die entweder unentgeltlich oder gegen einen kleinen Zuschuß als Pflegeeltern oder auch als Bürgen für eine kurzfristige Adoption auftraten. Die hierfür notwendige Werbekampagne begann am 15. November mit einer gefühlsbetonten Radioansprache Lord Samuels, in der er seine Landsleute aufrief, Flüchtlingskinder aufzunehmen. Die Reaktion war ermutigend: mindestens 500 Angebote konnten in Betracht gezogen werden. Es kostete jedoch viel Zeit, Wohnverhältnisse zu prüfen und Leumundszeugnisse einzuholen. Bis Anfang Dezember hatte diese Arbeit kaum begonnen.

Es gab allerdings nur wenige Angebote für ältere Kinder. Die meisten potentiellen Pflegeeltern zogen Kleinkinder vor. Die ersten Transporte bestanden jedoch zum größten Teil aus Jugendlichen bis zu 16 Jahren, denen entweder Verhaftung drohte oder die unter der Bedingung aus dem Gefängnis entlassen worden waren, das Land sofort zu verlassen.

Verzweifelt nach einer provisorischen Unterkunft für ihre

jungen Gäste suchend, kam die *Kinder-Flüchtlingshilfe* auf die Idee, zwei Ferienlager zu übernehmen: eins in Dovercourt, einem kleinen Badeort an der Küste nicht weit von Harwich, ein anderes in Pakefield an der Ostküste. Außerhalb der Saison waren diese Lager unbewohnt und günstig zu mieten. Sie bestanden aus zweckmäßig gebauten Hütten, die wie kleine Bungalows wirkten und weit genug auseinander standen, um weibliche und männliche Jugendliche voneinander trennen zu können. Die Ferienlager waren nur für sommerliche Temperaturen gedacht. Die Flüchtlingsorganisation gedachte sie im Dezember wiederzueröffnen, zu Beginn eines Winters, der einer der kältesten aller Zeiten werden sollte.

Die Vorbereitungen waren noch nicht abgeschlossen, als die Teilnehmer des ersten Kindertransports in Hoek van Holland an Bord der *De Praag* gingen. Für viele war dies die erste Bekanntschaft mit dem Meer. Ein wenig ermutigendes Erlebnis! Die Überfahrt von Hoek nach Harwich kann zu jeder Jahreszeit stürmisch sein, aber die im Winter 1938 war wie eine Fahrt mit der Achterbahn. Dem dreizehnjährigen Gerd Nathan aus Hamburg war zwar die Nordsee nicht unbekannt, aber das nützte ihm nicht viel:

> Auf dem Schiff waren wir zu zweit in einer Kabine, und ich lag in der oberen Koje. Es muß eine der stürmischsten Nächte gewesen sein – es war furchtbar; das einzige Mal, daß ich je seekrank war. Der Junge unter mir übergab sich, und das steckte mich natürlich an. Ich erinnere mich noch, daß ich danach sehr hungrig wurde und meine Lieblingsbrote aus der Manteltasche holen wollte (Öl-sardinen!). Aber ich war so schwach, daß ich nicht aus meiner Koje herunterkonnte, und der Junge unter mir war auch zu schwach dazu. Das erste, was ich bei meiner Ankunft in England tat, war, meine Sardinenbrote zu essen.

Die *De Praag* legte am Freitag, den 2. Dezember um 5 Uhr 30 am Parkeston Quai an. Um 6 Uhr warteten die Kinder auf die erste Begegnung mit ihren englischen Wohltätern. Ein Reporter einer Lokalzeitung berichtete:

> Als die Kinder der Reihe nach durch den Schiffssalon liefen, wo Major Langdon und seine Helfer ihr provisorisches Büro aufgeschlagen hatten, wurden sie »etikettiert«. Jemand rief: »Hans Jacobus.« Ein Junge trat vor, nahm seine Mütze ab, und eine Frau hängte ihm einen Gepäckzettel mit Namen und Nummer um den Hals. »Manfred Landau« ... »Hella Richter« ... Auf diese Weise dauerte es mehr als vier Stunden, bis alle Flüchtlinge von Bord gegangen waren.
>
> Niemals zuvor war eine traurigere Schiffsladung beim Zoll in Harwich abgefertigt worden. Als die Zollbeamten die Taschen abklopften und die Kinder mit einem Lächeln und ein paar Worten in gebrochenem Deutsch zu beruhigen versuchten, leerten manche schüchtern ihre Taschen aus. So gab es auf dem langen Tisch bald ein seltsames Durcheinander von Füllfederhaltern, Drehbleistiften, billigen Taschenlampen und andren Schätzen – das einzige, was die Kinder außer den Sachen, die sie auf dem Leib trugen, und den wenigen Kleidungsstücken in den Rucksäcken noch besaßen.

Der Reporter des *Evening Standard* entdeckte eine vergnügte Stimmung:

> Die Kinder waren so gespannt auf das fremde Land, daß ihnen kaum etwas von den Strapazen der langen Reise und der stürmischen Überfahrt und schon gar nichts von der modernen Tragödie, in die sie verwickelt waren, anzumerken war.

Wahrscheinlicher ist, daß die Kinder hinter dem freundlichen Lächeln ihre große Verwirrung verbargen. Die meisten verstanden kein Wort Englisch. Sie konnten höchstens raten, was man zu ihnen sagte:

> Vielleicht griff mich ein Fotograf deshalb heraus, weil ich verlorener und trauriger aussah als andere Kinder. Er sagte etwas, was ich natürlich nicht verstand. Als ich anfing zu weinen, legte er seinen Arm um meine Schultern und schenkte mir eine Münze. Dann rief er eine der Helferinnen herbei, und während sie auf mein Namensschild schaute, fotografierte er uns.

Der freundliche Polizist, den man auf manchen Fotos sieht, hatte eine tröstliche Wirkung auf die Kinder. Sie interessierten sich für die Form seines Helms und wunderten sich, daß er keinen Revolver trug.

Andere neue Eindrücke stürmten auf die Kinder ein: kleine verschiedenfarbige Häuser, Vorgärten, Omnibusse statt Straßenbahnen, Pennies und halbe Kronen, Butzenscheiben, offene Kaminfeuer und rauchende Schornsteine. Ein Doppeldeckerbus brachte Gruppen von jeweils sechzig Kindern ins Dovercourt-Ferienlager. Während der Fahrt durch Harwich schaute ein Mädchen in das Schaufenster eines Buchladens. Unter den ausgestellten Büchern erkannte sie einen Titel: *Mein Kampf*. Mein Gott, dachte sie, wo bin ich nur hingeraten?

4. Am Meer in Essex

In den dreißiger Jahren war das Küstendorf Dovercourt in der Grafschaft Essex als Ruhestandswohnsitz äußerst beliebt. Hier konnte man starke Brisen und erfrischende Spaziergänge genießen. Zum Entzücken aller Wanderlustigen erstreckte sich ein Saum von hohem Gras und Farnkräutern vom Strand eineinhalb Kilometer weit ins Landesinnere. Bei regnerischem Wetter verwandelte er sich in Sumpfland.

Billy Butlin interessierte sich nicht sonderlich für den Winter. Was er suchte, waren weite, offene Flächen, auf denen er seine neuartigen Ferienkolonien für billigen, sorgenfreien Familienurlaub errichten konnte. Bei Butlin war für alles gesorgt: Vater und Mutter konnten in dem Bewußtsein ausspannen, daß ihre Kinder in guter Obhut waren, daß jemand anderes die Mahlzeiten zubereitete und daß jeden Abend ein Unterhaltungsprogramm geboten wurde – und das zu einem Preis, für den man in einem gewöhnlichen Hotel nicht einmal ein Zimmer mit Frühstück bekommen hätte.

Dovercourt war hierfür ideal: Das Land war billig und reichlich vorhanden, Platz genug also für ein Vergnügungszentrum, Eßsäle und Kinderspielplätze inmitten von Nadelbäumen und Reihen winziger Bungalows, die mit kiesbeworfenen Fassaden und nachgemachten Tudor-Portalen die neueste Mode bürgerlicher Vorstädte kopierten. Dieser Anflug von Qualität beinhaltete allerdings weder Heizung noch Grundwasserdrainage, was im Sommer ja auch nicht unbedingt notwendig war.

Dovercourt hatte erst eine Saison lang als Ferienkolonie gedient, als es für die kurzfristige Unterbringung der Flüchtlingskinder angemietet wurde. Harwich und die Parkeston Quay Docks waren nur drei Kilometer entfernt, und es gab eine direkte Bahnverbindung nach London – man konnte sich keinen günstigeren Ort als Verteilerzentrum der Flüchtlingsorganisation vorstellen.

Der erste Kindertransport traf bei kaltem, aber trockenem Wetter in Dovercourt ein. Die Kinder waren erleichtert, endlich irgendwo angekommen zu sein. Mit Begeisterung erforschten sie die seltsame Miniaturstadt mit ihrem weiten Ausblick über den lehmigen Strand hinweg auf die Nordsee. Celia Lee war tief beeindruckt von den Rosen in Dovercourt: »Ich konnte es gar nicht glauben: Rosen im Winter! Was für ein schönes Land!« Andere erinnerten sich an das Grün der Landschaft. Eine freiwillige Helferin berichtet: »Die erste Frage war: ›Dürfen wir den Rasen betreten?‹ Sie waren überrascht, als wir ja sagten. Alle haben die Ferienbungalows im Gedächtnis behalten – ›unsere kleinen Häuser‹, wie sie sehr bald hießen.«

So wie Kinder Belanglosem lebenswichtige Bedeutung beimessen, gestaltete sich auch der Prozeß des Einlebens als Folge zufälliger Begebenheiten. Johnny Blunt kaufte sich von seinem Taschengeld eine Dose Ananas.

> Das war mein erster Einkauf in England. Aber wie sollte ich sie öffnen? Einer der Jungen hatte ein Taschenmesser, und wir brauchten eine halbe Stunde, um an die Ananas heranzukommen. Aber es lohnte sich.

Die Kinder waren neugierig und wunderten sich über Porridge und warme Räucherheringe zum Frühstück, »eine komische Flüssigkeit, die wie Kaffee aussah, wie Gift schmeckte und angeblich Tee war«, über Chili-Sauce und Essig auf dem Eßtisch – alles Dinge, die Einheimischen gar nicht auffallen, die den Ausländern jedoch exzentrisch und typisch »englisch« erschienen. Im Freien erregten die Männer mit Gummistiefeln Aufsehen, aber es dauerte nicht lange, bis jeder den Wert wasserdichter Schuhe zu schätzen gelernt hatte. Die Kinder aus gutbürgerlichen Familien waren erstaunt über fehlende Doppelglasfenster und die Angewohnheit, große Mengen Kohlen in eiserne Öfen zu schütten, wobei der größte Teil der Wärme durch den Kamin abzog.

In den Bungalows lösten steinerne Wärmflaschen, Wolldecken (»Für mich gehörten die immer zu einem Picknick, zu Ferien und kamen in Wildwestgeschichten vor«) und hartes, glänzendes, englisches Klosettpapier Verwunderung aus.

Bananen zu essen war eine ganz neue Erfahrung, und es herrschte große Enttäuschung, als es Anfang des Krieges keine mehr gab. Am meisten vermißt wurde deutsche Wurst, ganz besonders von einem Jungen, der den ganzen Weg von Wien eine Salami mitgeschleppt hatte, mit dem Ergebnis, daß einer der Helfer sie wegwarf, weil »sie verdächtig roch«.

Ein Reporter des *Jewish Chronicle*, der Dovercourt eine Woche nach Ankunft des ersten Transports besuchte, wußte nur Positives über die *Kinder-Flüchtlingshilfe* zu berichten:

> Alle Kinder sind warm angezogen ... Für die kalten Nächte gibt es genügend Wolldecken. Ich sah manche Tischtennis spielen, andere Darts (es war amüsant zu beobachten, wieviel Mühe sie sich bei diesem für sie völlig neuen Spiel gaben). In einem Zimmer standen einige um ein Klavier herum, auf dem ein ungefähr zehnjähriger Junge spielte ...

Aber es bedurfte keines scharfen journalistischen Instinkts, um festzustellen, daß das Leben für Flüchtlinge – insbesondere für junge Flüchtlinge – nicht ganz so einfach war.

> Beim näheren Hinsehen fielen da in einer Ecke drei stille kleine Mädchen auf, eines von ihnen mit seiner Puppe fest an sich gedrückt, dort ein Junge, der sich verstohlen die Augen rieb.

In den folgenden Wochen sollte das Gefühl der Einsamkeit zunehmen, aber noch geschah zu viel, um Heimweh aufkommen zu lassen. Zahlreiche Besucher strömten in die Siedlung. Einer der ersten war der Parlamentsabgeordnete von Harwich, gefolgt vom Bürgermeister, der ein Konzert der Stadtkapelle organisierte. Zweimal war Englands Oberrabbiner zu Gast. Beim ersten Besuch verteilte er sein Buch *Gedanken über das Judentum*, beim nächsten pflanzte er zum Gedenken einen Baum.

Für Celia Lee verlor die Begegnung mit neuen Menschen bald ihren Reiz. 1941, im Alter von 14 Jahren, schilderte sie ihre Eindrücke von Dovercourt:

> Man ließ uns den ganzen Tag über nicht in Ruhe. Zuerst machte es noch Spaß, aber dann wurde es zu langweilig, ständig herumzustehen, zu springen, zu tanzen, dazusitzen, zu reden und mehr oder weniger wichtigen Leuten die Hand zu schütteln.

Zum ersten Mal in seiner Geschichte stand Dovercourt im Blickpunkt. Obwohl gewisse Zeitungen darauf herumritten, daß »Wohltätigkeit zu Hause beginnt«, betonte die Mehrheit den potentiellen Gewinn aus der Aufnahme »solch lebhafter, kräftiger und intelligenter Kinder«. So meinte zum Beispiel die *Picture Post*:

> Die jungen Flüchtlinge werden zu Landwirten, Landarbeitern Handwerkern, Klempnern, Bauarbeitern und Elektrikern ausgebildet. Viele der Mädchen werden Krankenschwestern, Dienstmädchen und Landarbeiterinnen.

Was die Eltern der Kinder davon gehalten hätten, steht auf einem anderen Blatt.

Von all den Journalisten, die nach Dovercourt pilgerten, verursachte die BBC-Gruppe die größte Aufregung. Radio war damals noch etwas Besonderes, und ein halbstündiges Programm mit dem Titel *Kinder auf der Flucht* konnte von der Flüchtlingsorganisation äußerst wirksam als Werbemittel benutzt werden. Die Devise lautete daher, mit größtmöglichem Enthusiasmus bei der Sache zu sein.

Eine Woche lang hatte der BBC-Produzent absolut freie Hand für beliebig lange Interviews mit allen Bewohnern der Siedlung. Als Ergebnis erschien der umfassendste Einzelbericht über die frühen Tage von Dovercourt.

Das bedeutete jedoch nicht, daß der Radiobericht ganz objektiv war. Die Absicht von Radio BBC war, zu berichten, ohne anzugreifen. Das überarbeitete Sendungsmanuskript macht deutlich, daß jegliche Kritik an der Verwaltungsleitung oder die Behandlung eventuell strittiger Punkte, wie Erziehung und Beruf, ausdrücklich vermieden werden sollte. Besonders aufschlußreich ist die in der Sendung vertretene These, die beste Art und Weise, mit den jungen Flüchtlingen umzugehen, sei, sie wie Schulanfänger zu behandeln.

Die Beiträge der Kinder suggerierten heiteres Einverständnis mit einem etwas verrückten Spiel, obwohl diese Stimmung zweifellos nur durch sorgfältige Proben erzeugt werden konnte. Wegen seiner Englischkenntnisse war Leslie Brent zum Hauptsprecher der Kinder gewählt worden. Er drückte sich klar, jedoch vorsichtig aus:

> Um 8 Uhr läutet es, und wir müssen aufstehen. Einige Jungen stehen früher auf, um ans Meer zu laufen. Um 8 Uhr 30 gibt es englisches Frühstück, das uns gut schmeckt. Zuerst mochten wir kein Porridge, aber jetzt essen wir es gern. Nach dem Frühstück bekommen wir die Briefe und Karten von unseren Eltern, dann sind wir alle sehr froh. Danach räumen wir unsere Zimmer auf; anschließend haben wir zwei Stunden Englisch. Nach dem Unterricht gibt es Mittagessen, und dann können wir machen, was wir wollen.

Nach dem Nachmittagstee dürfen wir ans Meer gehen, das ist herrlich. Oder wir spielen Fußball. Abends lernen wir viele englische Lieder. Ich schlafe mit zwei anderen Jungen in einem netten kleinen Haus. Abends ist es jetzt zu kalt, um sich dort aufzuhalten. Deshalb sitzen wir alle im Gemeinschaftssaal um den Ofen herum und lesen oder schreiben an unsere Eltern.
Die Leute sind sehr nett zu uns. Ein Herr hat mich zu einer Autofahrt eingeladen. Zum Tee fuhren wir zu ihm nach Hause. Das war schön. Manchmal gehen wir ins Kino nach Dovercourt. Dort haben wir den Film *Schneewittchen und die sieben Zwerge* gesehen. Wir waren alle sehr begeistert davon. Jetzt werde ich bald zur Schule gehen, und wenn ich gut Englisch spreche, möchte ich Koch werden. Wir sind alle sehr glücklich, in England zu sein.

Die Erfüllung seines Wunsches, Koch zu werden, blieb Leslie Brent versagt. Statt dessen wurde er Professor der Immunologie, er erzählt aber, daß er immer noch gerne kocht. Die Bemerkung in der Sendung, »daß es jetzt zu kalt sei, um sich in den Häusern aufhalten zu können«, weist auf eine Krise hin, die beinahe zur Schließung von Dovercourt führte und die vorübergehende Räumung von Pakefield an der Ostküste zur Folge hatte.

Um die Weihnachtszeit herrschte so starke Kälte, daß die Kinder in Pullovern und Mänteln schliefen. »Wir teilten uns zu viert ein Doppelbett«, erinnert sich Margot Barnes. »Wenn eine sagte: ›Umdrehen!‹, drehten wir uns alle um.« Es gab Nächte, in denen das Wasser in den steinernen Wärmflaschen einfror. Die Wolldecken waren meistens feucht. Am frühen Morgen, wenn die Kinder, nachdem sie bei scharfem Ostwind und bleierner See aufgewacht waren, sich im Speisesaal versammelt hatten, konnten sie die Schneeflocken durch die Dachsparren auf die Frühstücksteller fallen sehen. Das brachte die älteren Jungen auf die Idee, ein paar elektrische Öfen aus dem Lagervorrat zu »organisieren«. Aber kaum hatten sie sie angeschlossen, brannten die Hauptsicherungen durch. Daraus lernten sie, daß man sich auf Kohleöfen verlassen mußte.

In den letzten Dezemberwochen wurde Pakefield geräumt. 250 Kinder zogen in die Saint-Felix-Mädchenschule in Southwold, wo das Lehrerkollegium auf seine Ferien verzichtete, um bei der Versorgung der Gäste zu helfen. Der Luxus kleiner Einzelzimmer und warmer Betten dauerte bis Ende der ersten Januarwoche, als die regulären Internatsschüler aus den Ferien wiederkamen. Das bedeutete Rückkehr nach Pakefield und eine Reihe neuer Probleme.

Nach dem Schnee kam der Regen. Eines Nachts überflutete das Wasser aus den Gullys die Häuser. Die Kinder wurden auf den Schultern auf die Straße getragen, von wo sie ein Bus in ein Strandhotel brachte. In der Nacht schliefen sie auf dem Fußboden des Tanzsaals. Danach blieben nur noch die Jungen in Pakefield; die Mädchen gingen nach Dovercourt. Dort waren die Bedingungen allerdings auch nicht viel besser. Die Bungalows am Strand konnten leicht überschwemmt werden, und mehr als einmal mußten kleine Kinder mitten in der Nacht aus ihren Betten geholt werden. Bei solchen Gelegenheiten wurde der Speiseraum in einen provisorischen Schlafsaal verwandelt.

Zu Anfang des neuen Jahres übertrug Norman Bentwich Anna Essinger die Verantwortung für das Wohlergehen und die Erziehung aller Kinder in Dovercourt und Pakefield. Durch ihre Auswanderung aus Deutschland mit den meisten ihrer Schüler verfügte die tüchtige Direktorin von *Bunce Court* über einige Erfahrung im Umgang mit jungen Menschen, bei denen der Eingewöhnungsprozeß traumatische Störungen ausgelöst hatte. Die Zustände in Dovercourt gefielen Anna Essinger überhaupt nicht. Sie fand die Bewirtschaftung zu primitiv und den Schulunterricht, besonders die Spracherziehung, bestenfalls unzureichend. Eines der Hauptprobleme in Dovercourt war die Überbelegung. Die Feriensiedlung war für höchstens 500 Gäste konzipiert, mußte jetzt aber fast die doppelte Menge versorgen. Die ungefähr einhundert im Dezember zu Pflegeeltern umgezogenen Kinder waren durch eine weit größere Zahl von Neuankömmlingen ersetzt worden.

Allein schon die große Anzahl junger Menschen, die besondere Beachtung verlangten, machte Anna Essingers Pläne, den Geist von *Bunce Court* hier am Meer wiederzuerwecken, zunichte. Sie tat jedoch ihr möglichstes und holte fünf eigentlich unentbehrliche Lehrer und zehn Oberschüler und -schülerinnen aus ihrer eigenen Schule. Dann warb man Hilfslehrer an. Freie Bahnfahrt, Kost und Logis und, wo nötig, bis zu ein Pfund Taschengeld pro Woche wurden angeboten. Während die meisten Hilfskräfte Studenten waren, setzte sich das restliche Kollegium aus Menschen verschiedenster Herkunft und Erfahrung zusammen.

Vera Tanns Ehemann Fred arbeitete als Eisenbahnangestellter in den Büros am Parkeston Quai. Nachdem er von den Kindern in Dovercourt erzählt hatte, ging Vera zusammen mit einer Freundin dorthin, um beim Englischunterricht zu helfen.

> Wir legten Gegenstände des täglichen Lebens auf den Tisch und brachten den Kindern mit Hilfe der Frage Was ist das? die dazugehörigen Wörter bei: Löffel, Gabel, Messer, Zucker, Milch – und später, als sie Männer bei der Arbeit beobachteten: Säge, Hammer, Schrauben, Nägel. Es war wie ein Spiel, und die Kinder lernten auf diese Weise sehr rasch.

Eine Helferin, die in China verschiedene Aspekte des Flüchtlingsproblems kennengelernt hatte, verbrachte ihren ersten Abend in Dovercourt damit, die Kinder einfach nur zu beobachten:

Es sind Hunderte im Alter von 6 bis 16 Jahren. Angesichts eines kleinen blonden Mädchens, das an einer silbernen Kette ein Kreuz um den Hals trägt, fragt sich der Besucher, ob diese jungen nichtarischen Christen in dieser fremden Umgebung nicht noch mehr zu bedauern sind als ihre jüdischen Spielgefährten, die Verfolgung als Last ihrer Rasse wie selbstverständlich hinnehmen. Einige ältere Kinder stehen um den Ofen herum und unterhalten sich. Ein paar jüngere beschäftigen sich mit ihren Spielsachen, und es bilden sich ständig Gruppen rund um die Tischtennisplatten. Nur sehr wenige lesen, teils weil es zu schwierig ist, sich nach all der Aufregung zu konzentrieren, teils weil es fast nur englische Bücher im Lager gibt. Aber eine Beschäftigung ist unabhängig vom Alter bei allen beliebt: das Briefeschreiben.

Sie vergaß, den Lärm zu erwähnen. Alle erinnern sich noch an den Lärm im sogenannten *Palmenhof*, vormals Bar und Tanzlokal, wo tagsüber verschiedene Unterrichtsstunden und mindestens ein Angriff auf das Klavier gleichzeitig stattfanden. Die Schulklassen versammelten sich um die Kanonenöfen, die einen starken Rußgeruch verströmten. Großen Spaß machten den Kindern englische Volkslieder mit einfachen, mitreißenden Melodien, an die eigene neuerdichtete Strophen angehängt wurden.

Anna Essinger war allerdings klar, daß Liedersingen und Briefeschreiben zwar gegen Heimweh halfen, aber keine ordentliche Schulbildung ersetzen konnten. Walter Friedmann, der in Dovercourt unterrichtete, schrieb 1941 bedauernd:

Die Mitarbeiter für die Übergangslager wurden innerhalb einer sehr kurzen Frist zusammengestellt. Viele hatten keinerlei Qualifikation oder Ausbildung für die Arbeit mit jungen Menschen und waren außerdem keine guten Organisatoren. Da die Kinder so schnell wie möglich anderweitig untergebracht werden mußten, um im Lager neuen Flüchtlingen aus Europa Platz zu machen, gab es keine Chance einer Auswahl entsprechend der jeweiligen Fähigkeiten, und so manches wirklich talentierte Kind, wurde an einen Ort geschickt, wo ihm seine ganze Begabung nichts nützte, während sich anderen durch puren Zufall Möglichkeiten eröffneten, die sie aus Mangel an Qualifikation gar nicht nutzen konnten.

Anna Saville bestätigt, daß in Dovercourt das Glück bei Vergünstigungen eine große Rolle spielte:

> Eines Tages erzählte mir die Geigenlehrerin, die mit Anna Essinger nach England gekommen war, daß eine englische Familie bereit wäre, einen musikalischen Jungen oder ein Mädchen aufzunehmen und für die Musikausbildung aufzukommen. Ob ich wohl dorthin möchte? Ehe ich noch sagen konnte: »Ja, bitte!«, fügte sie hinzu: »Ich würde dir abraten. In England kannst du dir deinen Lebensunterhalt nicht mit Kunst oder Musik verdienen.« Wissen Sie, wer statt meiner ging? Der kürzlich verstorbene Peter Schidlof vom Amadeus-Quartett. Ich könnte mich heute noch dafür ohrfeigen, die einzige mir gebotene Gelegenheit ausgelassen zu haben.

Das Radioprogramm *Kinder auf der Flucht* wurde am 3. Januar 1939 gesendet. Gladys Rushbrook aus Leigh-on-Sea und ihr Mann hörten es beim Abendessen:

> Es war so schrecklich traurig, daß wir unbedingt etwas tun wollten. Wir beschlossen also, am Wochenende nach Dovercourt zu fahren, um die Kinder zu treffen und herauszufinden, ob wir irgendwie helfen könnten.
> Man stellte uns vier ungefähr 17jährige Jungen vor. Von nun an holten wir sie jeden Sonntag in Dovercourt ab und fuhren mit ihnen aufs Land und dann nach Clacton zum Tee. Dies war unser erster Kontakt mit der jüdischen Welt.

Einer dieser Jungen war Ernest Jacob:

Ich war zu dieser Zeit im Krankenhaus, aber mein bester Freund erwähnte meinen Namen, und sie besuchten mich. Ich war zwei bis drei Tage in Lebensgefahr, und Herr Rushbrook benachrichtigte meine Eltern in Köln mit dem Resultat, daß die Deutschen meinem Vater eine auf 14 Tage befristete Ausreiseerlaubnis für England erteilten. Während dieser Zeit ging Herr Rushbrook mit meinem Vater ins *Bloomsbury House*, wo alle Einwanderungsanträge bearbeitet wurden. Aber man konnte die Akten meiner Eltern nicht finden. Herr Rushbrook drohte dem verantwortlichen Leiter damit, sich ans Innenministerium zu wenden, sollten die Akten bis zum Büroschluß um 5 Uhr 30 nicht gefunden werden. Als Herr Rushbrook und mein Vater um 5 Uhr 30 wiederkamen, waren die Akten da. Mein Vater mußte jetzt allerdings wieder zurückfahren. Ich wollte ihn auf keinen Fall fortlassen, aber die Rushbrooks sagten, andernfalls würde meine Mutter keine Chance haben, jemals herauszukommen. Ich machte die Oberin im Hospital so verrückt, daß sie meinen Vater im Flughafen Croydon anrief und ich mit ihm sprechen konnte. Aber er sagte: »Nein, ich muß zurück.«

Die Geschichte nahm ein glückliches Ende. Ernest Jacobs Eltern gelang es, genau vier Wochen vor Kriegsausbruch aus Deutschland herauszukommen.

Nach der Ausstrahlung von *Kinder auf der Flucht* begannen Eßpakete und Kleidung in Dovercourt einzutreffen. Marks & Spencer schickten Schuhe und Mäntel, The National Sporting Club ein Paar Boxhandschuhe, und ein Metzger aus Essex lieferte einmal pro Woche Rindswürste für alle. Freikarten für das Kino in Harwich bedeuteten eine willkommene Abwechslung vom Alltag und halfen zusätzlich, spielend Englisch zu lernen. Die Nachrichten über Dovercourt gelangten ins Ausland. Eines Tages traf eine ganze Kofferladung wollener Unterwäsche ein – als Geschenk aus Johannesburg. Ein Bericht in der Lokalzeitung hatte ein Damenkränzchen zum Stricken angeregt. So willkommen die allgemeine Großzügigkeit auch war, löste sie doch nicht das Hauptproblem: ein geeignetes Zuhause für die Kinder zu finden. Jeden Sonntag fanden sich potentielle Pflegeeltern zur »Besichtigung der Insassen« in Dovercourt ein; ein bedrückendes Ritual. Doch unter dem Druck, ständig Platz für Neuankömmlinge zu benötigen, wußte niemand eine Alternative zum sogenannten Markt.

Sonntag war der Tag, an dem man fein aussehen mußte. Am Vormittag wurde der Speisesaal für drei Stunden ein Friseursalon, in dem die Jugendlichen Schlange standen, um sich die Haare zurechtstutzen zu lassen. Es war Vorschrift, ein Bad zu nehmen. Danach wurden die besten Kleidungsstücke ausgesucht, zwar nicht nach der neuesten Mode oder unbedingt besonders gut sitzend, aber adrett, ordentlich und sauber.

Während die Kinder beim Mittagessen saßen, durften die Erwachsenen zwischen den langen Tischen auf Inspektionstour gehen. Theoretisch sollte auf diese Weise vermieden werden, die potentiellen Kandidaten in Verlegenheit zu bringen. Die Praxis sah jedoch so aus, daß Erwachsene und Kinder sich verstohlen musternd umeinander herumschlichen, ängstlich bemüht, zueinander passende Persönlichkeiten zu entdecken. Leslie Brent war drei Wochen in Dovercourt, bevor er nach *Bunce Court* ging – ein Glücksfall, der ihn zur bevorzugtesten Kategorie von Flüchtlingskindern gehören ließ.

Manche Familien suchten beispielsweise ein blondes, blauäugiges Mädchen in einem bestimmten Alter, in der Hoffnung, damit eine Haushaltshilfe zu finden. Zum Glück war ich selbst niemals in einer solchen Situation. Manchmal hatten Ehepaare eine ziemlich klare Vorstellung von ihrem Wunschkind, und natürlich »gingen« hübsche Kinder besser als weniger attraktive. Diejenigen mit einer emotional schwierigen Geschichte waren am schwersten unterzubringen. Ich finde, man sollte die Art und Weise der Vermittlung nicht zu scharf kritisieren, da alles in großer Eile und unter enormem Druck organisiert wurde.

Am Abend wurden die Namen der Auserwählten über Hauslautsprecher bekanntgegeben. Die Kinder zitterten vor diesem Moment, besonders die Neuankömmlinge, die noch mit ihrem Englisch kämpften und von den Ereignissen sowieso verwirrt waren. Als Zita Hirschhorn ihren Namen hörte, schrie sie auf: »Ich bin verkauft!« So wenig vertraut war sie mit dem, was um sie herum vorging.

Das Allertraurigste waren die Kinder, die sich unerwünscht fühlten. Es handelte sich dabei weniger um die Scheuen oder Zurückhaltenden. Für sie bestanden große Chancen, von »Eltern« aufgenommen zu werden. Kinder jedoch, die irgendwie ungewöhnlich waren – ein magerer, unterernährt wirkender Junge oder ein dickes, überfüttert aussehendes Mädchen zum Beispiel –, litten unter dem Schmerz der Ablehnung.

Die Älteren waren, als Gruppe gesehen, am schwersten zu vermitteln, da sie am schwierigsten zu behandeln waren. Man behauptete, diese Teenager seien zu empfindlich. Aber wer wollte ihnen das verübeln? Ohne Grund aus ihrer Heimat verbannt, hatten sie ein feines Gespür für Beleidigungen jeder Art, offene und versteckte, entwickelt. Sie ärgerten sich über die ständigen strengen Ermahnungen, kein Deutsch zu sprechen, höflich und immerzu dankbar zu sein. Nach Dovercourt verschlagen, mit wenig Aussicht, ihre Ausbildung fortzusetzen oder die Berufswünsche ihrer Eltern zu erfüllen, sahen sie nicht, wofür sie eigentlich dankbar sein sollten.

Vielleicht wäre es besser für die Jugendlichen gewesen, wenn man sie von Anfang an in Wohnheime oder landwirtschaftliche Ausbildungslager geschickt hätte. Diese Auffassung vertraten vor allem Jugend-Alijah-Mitarbeiter wie Erich Duchinsky. Seiner Meinung nach vergeudeten die Teenager ihre Chancen, während sie in Dovercourt herumsaßen und vergeblich darauf warteten, von einer reichen Familie adoptiert zu werden, statt ihre Zeit kreativ zu nutzen.

Warum bestand dann die Flüchtlingsorganisation darauf, Dovercourt und Pakefield allein auf dem Weg über Pflegeeltern zu räumen? In einem Bericht vom Frühjahr 1939 gestand man zwar ein, daß die Ferienkolonien zu »Sklavenmärkten« geworden waren, »auf denen Leute mit den besten Absichten, einem Kind zu helfen, unbewußt vielen anderen schadeten, indem sie sie zuerst musterten und dann ablehnten«. Doch der Bericht schloß mit den Worten:

> Die Bewegung hat guten Grund, dem Beispiel des Kontinents nicht zu folgen (wo Wohnheime die Regel waren). Deutschland und Frankreich zum Beispiel sind ausgesprochene Durchgangsländer. Es würde den Kindern nicht viel nützen, die Kultur eines Landes kennengelernt zu haben, das sie innerhalb weniger Monate Richtung Übersee wieder verlassen. Für die Kinder in England liegt der Fall anders, denn bei einer erneuten Emigration wird die überwiegende Mehrheit in englischsprachige Länder gehen und dort vom intensiven Kontakt mit englischem Lebensstil und Sprache profitieren!

So wie die Dinge lagen, war an eine »Weiterwanderung« gar nicht zu denken, obwohl diese bei der Regierung noch als einzige langfristige Lösung des Flüchtlingsproblems galt. Es drängt sich noch die Frage auf, warum die Flüchtlingsorganisation Pflegeeltern nicht sorgfältiger aussuchte. In eine Familie aufgenommen zu werden war für viele Kinder nämlich keineswegs gleichbedeutend mit Glück. Aber die Organisation befand sich im Wettlauf mit der Zeit. Einer der Organisatoren bemerkte hierzu:

> In einer idealen Welt hätten wir die Kinder auf ihre Bedürfnisse hin geprüft und aus der Kartei eine Familie mit dazu passender Biographie herausgesucht. Aber in einer idealen Welt gäbe es keine Flüchtlingskinder.

Je länger die älteren Jugendlichen in Dovercourt blieben, desto unzufriedener wurden sie und desto schwieriger waren sie zu kontrollieren. Anna Essinger versuchte, die Disziplin durch Ernennung von Gruppenführern aufrechtzuerhalten. Doch Verantwortungsgefühl war an Jugendliche, die mit ihrer eigenen Zukunft bzw. der offenbaren Perspektivlosigkeit beschäftigt waren, nicht leicht zu vermitteln. Korrekte Disziplin wich dem Überlebensrecht des Stärkeren. Es war nicht verwunderlich, daß die Jüngeren die »brutalen Kerle« mit der Gewalt, die sie zu Hause erlebt hatten, in Verbindung brachten:

> Es gab Gerüchte, einige der älteren Jungen seien Mitglieder der Nazipartei. Ich war mir sicher, daß zwei Mitglieder der Hitlerjugend als Spione eingeschmuggelt worden waren.

Wenn es hierfür auch keinen Beweis gab, so wird doch deutlich, daß alte Rivalitäten als Vorwand für Schlägereien dienten.

> Ich erinnere mich, wie erstaunt ich über die Feindschaft zwischen österreichischen und Berliner Jungen war – sie haßten sich aus tiefster Seele. Offenbar existierte eine gewisse Feindschaft zwischen Deutschland und Österreich, und die jüdischen Jungen hatten dies als feststehende Tatsache akzeptiert. Es gab deshalb Messerstechereien zwischen sechzehn- und siebzehnjährigen Jungen. Ich war entsetzt darüber, daß man jemanden nur deshalb haßt, weil er aus einer anderen Stadt kam. So wurden Wiener und Berliner Jungen, die beide gerade aus Nazideutschland entkommen waren, in voneinander getrennten Häusern untergebracht.

Henry Schwartz, der in so manche Rauferei geriet, bestätigt, daß Wiener und Berliner in gegnerische Lager zerfielen, ist allerdings der Meinung, daß die Kämpfe überbewertet wurden:

> Die Deutschen hielten sich noch immer für Deutsche und die Österreicher für Österreicher und nicht in erster Linie gemeinsam für Juden. Im nachhinein gibt es keinerlei Rechtfertigung dafür. Ein Deutscher sagte: »Halt den Mund! Ihr seid nur nach Großdeutschland gekommen. Wir waren schon immer da.« Und ich sagte: »Zum Donnerwetter, warum habt ihr es nicht für euch behalten? Wir wollten nicht dazukommen.« Er war stolz, zum Deutschen Reich zu gehören, und deswegen mußten wir uns prügeln. Natürlich raufen Jungen miteinander, meinen es aber meistens nicht so ernst. Es gab blödsinnige Spannungen, wir kamen einfach nicht miteinander aus. Im Rückblick erscheint es als etwas albern.

Damals war es alles andere als albern. Angst vor Gewaltausbrüchen war genauso berechtigt wie die Angst vor einer öffentlichen Reaktion gegen die Kindertransporte, falls Gerüchte über Disziplinlosigkeiten nach außen drangen. Die für Ordnung Verantwortlichen besaßen nur die Möglichkeit, durch Entzug kleiner Vergünstigungen zu strafen, an den gesunden Menschenverstand zu appellieren oder in ihrer Verzweiflung mit einer strengen Strafpredigt von Anna Essinger zu drohen, wenn alles andere versagte.

Sich streitende Kinder waren ein Problem, große Besorgnis lösten aber auch Berichte darüber aus, daß einige der älteren Jungen und Mädchen etwas zu gut miteinander auskamen. Kurz vor einem echten Skandal stand Dovercourt jedoch, als ein paar der Jugendlichen den Rotlichtbezirk Harwich entdeckten. Ironischerweise passierte dies, als eine Gruppe auf freundliche Einladung des Bürgermeisters hin für zwei Wochen zu Besuch im Wohnheim der Heilsarmee weilte. Eines Abends verschwanden die Gäste in die Stadt.

»Die Jungs besaßen ein paar Schillinge«, erinnert sich Erich Duchinsky, der die Übeltäter finden und nach Dovercourt zurück befördern mußte.

> Ich weiß nicht, woher sie das Geld hatten; jedenfalls war das Ganze ein Alptraum. Ich habe versucht, mit ihnen zu reden. Wie erfolgreich ich war, weiß ich nicht, aber meines Wissens kam es nicht noch einmal vor.

Peinlicherweise passierte dieser Vorfall nur wenige Tage, bevor der Oberrabbiner Dovercourt besuchte. Zum Glück lenkte ihn ein Bericht über am Schabbat Fußball spielende Jugendliche von jeglicher Untersuchung der Sexualmoral im Lager ab. Man hätte sich natürlich damit verteidigen können, Ballspiele seien immer noch besser als das Umherschweifen in den Docks, statt dessen wurde dem Rabbi versichert, die Jugendlichen hätten zusätzliche körperliche Betätigung dringend nötig. Wenn Rabbi Hertz hiervon auch nicht überzeugt war, so ließ er die Angelegenheit doch auf sich beruhen, indem er vorschlug, wenn überhaupt, dann doch eine weniger anstrengende Sportart am Schabbat zu treiben als ausgerechnet Fußball.

Dovercourt schloß seine Tore als Flüchtlingszentrale im März 1939, als die Zahl der Bewohner auf unter hundert gesunken war. Von den verbleibenden Jugendlichen zogen die Orthodoxen in ein Wohnheim nach Westgate um, die anderen in ein landwirtschaftliches Ausbildungszentrum in der Nähe von Ipswich.

Für kurze Zeit diente Dovercourt wieder als Feriensiedlung, bevor es 1942 in ein Kriegsgefangenenlager umgewandelt wurde. Danach dauerte es noch einmal fünf Jahre, bis die ersten Urlauber zurückkehren konnten. Heute sind die Tage von Dovercourt als Ferienanlage gezählt. Da aber einige der alten Bungalows noch gut erhalten sind, kann man immer noch sehen, wie die Flüchtlingskinder damals lebten.

5. Der Preis der Menschlichkeit

Und eines Morgens war der Tag der Abreise gekommen – ich erinnere mich, daß ich bitterlich weinte und sagte: »Bitte, Mutti, bitte schick mich nicht fort.« Um mich herum sah ich so viel Abschiedsschmerz. Ich war 11 Jahre alt.

Helga Samuel

Um Weihnachten 1938 befand sich die *Kinder-Flüchtlingshilfe* in einer finanziell verzweifelten Lage, wenn auch die Mitarbeiter zu viel zu tun hatten, um es zu bemerken. Während der Ansturm auf Plätze in einem Kindertransport in beängstigendem Umfang zunahm, war einfach nicht mehr genügend Geld vorhanden, um mit dieser Herausforderung fertig zu werden.

In einem Radioaufruf hatte der frühere Innenminister Lord Stanley Baldwin am 8. Dezember zugunsten der »Opfer der Unmenschlichkeit des Menschen gegen den Menschen« erfolgreich um Unterstützung für die Flüchtlinge geworben. Die Sendung wurde auf Schallplatte gepreßt und zum Stückpreis von acht Schillingen verkauft. Das Auktionshaus Christie's veranstaltete eine Wohltätigkeits-Versteigerung, und im ganzen Land sammelten Rotaryclubs und Frauenorganisationen bei den unterschiedlichsten Veranstaltungen wieder mit großem Einsatz Spenden.

Der *Baldwin-Fonds* brachte ungefähr 500000 Pfund ein, allerdings war nicht die gesamte Summe für die Flüchtlingskinder bestimmt, und es dauerte bis zum Frühjahr 1939, bis der vorgesehene Anteil von 200000 Pfund ausgezahlt wurde. Zu diesem Zeitpunkt war die kritische Entscheidung zur Begrenzung der Flüchtlingswelle nach Großbritannien bereits gefallen. Zur Politik der Selbsthilfe gezwungen, entdeckte die

Flüchtlingsorganisation bald, daß die Öffentlichkeit am aufgeschlossensten auf projektbezogene Spendenaufrufe reagierte; zum Beispiel: 40 Pfund zur Unterstützung eines Jungen, der einen landwirtschaftlichen Kurs besucht, oder 60 Pfund als Schulgeld für ein Jahr. Die Hoffnung, die Regierung würde letztendlich die Rolle des Bankiers übernehmen, erfüllte sich nicht, denn Chamberlains Kabinett war von der Angst besessen, die Verwendung von Steuergeldern zur Rettung der Flüchtlingsorganisationen könne andere Länder – vor allem Deutschland – ermutigen, noch mehr unerwünschte Bürger nach Großbritannien abzuschieben.

Statt dessen schlug die Regierung die Gründung eines Koordinierungskomitees vor, um eine direktere Verbindung zum Innenministerium sicherzustellen. Zum Vorsitzenden wurde Lord Hanley ernannt. Seine wenig beneidenswerte Aufgabe bestand darin, unvereinbare Interessen, wie die der *Kinder-Flüchtlingshilfe* und die des *International Solidarity Fund* (Internationaler Solidaritätsfonds), miteinander in Einklang zu bringen. Die *Kinder-Flüchtlingshilfe* profitierte vom nun möglichen Meinungsaustausch mit gleichgesinnten Körperschaften wie der *Society of Friends* der Quäker und dem *Christian Council for Refugees* (Christliches Flüchtlingskomitee).

Die Quäker und das Christliche Flüchtlingskomitee kümmerten sich um rund zwanzig Prozent der Kindertransport-Flüchtlinge. Es handelte sich dabei um Kinder, die oft keine Ahnung hatten, warum man sie fortgeschickt hatte, die nichts vom Judentum wußten, sich nicht jüdisch fühlten, die zwar genügend jüdisches Blut hatten, um sich in irgendeiner Weise von ihren ehemaligen Freunden zu unterscheiden, jedoch nicht genug, um mit offenen Armen in die jüdische Gemeinschaft aufgenommen zu werden. Unter den tragischsten Krankheitsgeschichten sind viele solcher Fälle zu finden.

Zweifellos waren es die Erfahrungen mit dem Koordinierungskomitee und dessen Schwerpunkt auf nicht-jüdischen

Belangen, die die *Kinder-Flüchtlingshilfe* eine eher nicht-konfessionelle Position in bezug auf die Flüchtlingsarbeit einnehmen ließ. Führende Persönlichkeiten, wie die Marquise von Reading, die, aus jüdischer Familie stammend, zum Christentum übergetreten, jetzt wieder dem Judentum angehören; Elaine Blond, Sigmund Gestetner und Lola Hahn-Warburg begriffen schnell, daß die Chancen auf öffentliche Unterstützung größer wurden, wenn man den religiösen Aspekt herunterspielte.

Darüber hinaus vertrat auch eine einflußreiche jüdische Lobby die seit den 80er Jahren des letzten Jahrhunderts als Grundsatz jüdischer Einwanderung nach Großbritannien geltende Meinung, angenommene Nationalität habe Vorrang vor Rasse und Religion. Assimilation schloß aktive Partnerschaft mit anderen religiösen und sozialen Einrichtungen ein.

Aus diesem Grund wurde auch kein Widerspruch erhoben, als Lord Hanley Sir Charles Stead als Generalsekretär der *Kinder-Flüchtlingshilfe* vorschlug. Stead bemühte sich ganz bewußt darum, auf breiter religiöser Basis zu arbeiten. Der Katholik Kanon George Craven und der Protestant Pastor William Simpson wurden ins Zentralkomitee gewählt und bildeten dort zusammen mit dem Rabbiner Maurice Swift ein religiöses Triumvirat. Als nächstes suchte man nach einem Vorsitzenden aus den Reihen der Prominenz – jemanden, der für seine Überparteilichkeit bekannt war und die Eigenschaften Salomons und Hiobs in sich vereinigte. Die Wahl fiel auf Lord Gorell. Als Unabhängiger im *House of Lords* hatte er sich stets aus der Parteipolitik herausgehalten, in seinen Schriften und Reden aber immer die Position der Unterdrückten vertreten. Daß er kein Jude war, sah man als weiteren Vorteil an.

Mit Einverständnis des Zentralkomitees erging die Einladung an Gorell, die Leitung der *Kinder-Flüchtlingshilfe* zu übernehmen.

Außerdem wurde die Verwaltungsleitung mit einer hauptamtlichen Kraft besetzt. Offiziell übernahm die 58jährige Witwe Dorothy Hardisty die Geschäftsführung erst bei Ausbruch des Krieges von Sir Charles Stead, hatte aber bereits vorher als Stellvertreterin ihren Einfluß geltend machen können.

Die kulturelle und religiöse Vielfalt innerhalb der *Kinder-Flüchtlingshilfe* auf nationaler Ebene spiegelte sich in den neu entstandenen regionalen Komitees wider, deren Aufgabe die Suche nach Pflegeeltern und Wohnheimplätzen war. Die ersten dieser Gruppen entstanden in Manchester, Birmingham, Bristol, Cambridge und Süd-London. Mit Ausnahme von Cambridgeshire, wo ein Flüchtlingskomitee für Kinder unter der Leitung von Greta Burkill bereits seit 1933 existierte, begannen alle anderen in der Woche mit der Arbeit, als das Startsignal für die ersten Kindertransporte gegeben wurde. Hauptverantwortlich für den reibungslosen schnellen Start waren lokale Vertreter des *Jewish Refugee Committee* (Jüdisches Flüchtlingskomitee), die auf regionaler Ebene die Arbeit der *Kinder-Flüchtlingshilfe* mit übernahmen.

Die Hauptaufgabe der Komitees bestand anfangs darin, Haushalte auf ihre Eignung als Unterkunft für Flüchtlingskinder hin zu prüfen. Vom Hauptbüro war per Rundschreiben ein entsprechender Fragebogen verschickt worden: Welchen Beruf hat der Haushaltsvorstand? Spricht jemand Deutsch? Wie sind die Ansichten über Kindererziehung? Gibt es ein Dienstmädchen? So lauteten einige der vorgeschlagenen Fragen.

Falls die Beurteilung der Unterkunft befriedigend ausfiel, wurde den zukünftigen Pflegeeltern Lesestoff zur Vorbereitung auf ihre Aufgabe gegeben. Ein weit verbreitetes Merkblatt hieß *Nützliche Mitteilungen und Richtlinien für jeden Flüchtling*. Obwohl in erster Linie für Erwachsene gedacht, galten die Ratschläge auch für Jugendliche: Sie wurden aufgefordert, Englisch zu lernen, kein Deutsch zu sprechen oder zu lesen, weder durch ihr Benehmen noch ihre Kleidung aufzufallen und britische Gewohnheiten kritiklos zu akzeptieren. »Der Engländer«, so teilte man ihnen mit, »legt sehr großen Wert auf Bescheidenheit; Untertreibung im Ausdruck ist ihm lieber als Übertreibung. Er schätzt gute Manieren weit mehr als zur Schau gestellten Wohlstand.«

Wie zweifelhaft diese Behauptungen auch sein mögen, so zeigen sie doch, wie stark die Flüchtlingsarbeit von der Ethik der elitären Public School beeinflußt war. Das Ideal hatte einen höheren Stellenwert als die Wirklichkeit.

Die Pflichten der Provinz- und Ortskomitees wuchsen mit der Zahl der hilfsbedürftigen Flüchtlingskinder. Ab Mitte 1939 mußten sie sich nicht nur um Unterkünfte für Kinder ohne Bürgen kümmern, sondern außerdem zweimal im Jahr die Heime kontrollieren, für Schul- und Berufsausbildung sorgen und Fragen der religiösen Erziehung lösen.

Während sich die Flüchtlingsorganisation über das ganze Land ausbreitete, gelang es Lord Hanley durch Ankauf eines ehemaligen Hotels, das Hauptbüro auf eine festere Basis zu stellen. Im *Bloomsbury House* gab es endlich genügend Platz für ein zentrales Informationsbüro zur Koordinierung sich überschneidender Kompetenzen. Die Büroräume waren zwar eng, und es mangelte an so wichtigen Ausstattungsgegenständen wie genügend Schreibmaschinen. Aber es war immerhin eine Verbesserung.

In den ersten sechs Monaten des Jahres 1939 beantworteten die rund 70 ehrenamtlichen Mitarbeiter ungefähr 5000 Briefe pro Woche und interviewten bis zu 500 Bittsteller, die Kinder aus Deutschland herausgeholt haben wollten. Die Besucher mußten in den beiden ehemaligen Tanz- und Speisesälen oft stundenlang warten, was mit der Zeit zu einer gereizten Stimmung führte.

»Wenn unsere Besucher es an einer gewissen Zurückhaltung fehlen lassen«, bemerkt ein Bericht euphemistisch, »so darf man nicht vergessen, daß viele vor Angst überreizt sind.«

Vielleicht war dies ein Beispiel der berühmten englischen Vorliebe für Untertreibung Das gleiche Talent spielte auch immer dann eine Rolle, wenn religiöse Streitpunkte auftauchten. Es war unvermeidlich, daß orthodoxe Juden die Bereitschaft der Flüchtlingsorganisationen, Hilfsangebote von welcher Seite auch immer zu akzeptieren, als Verrat und Provokation empfanden. Ein Gegenangriff war nur eine Frage der Zeit. Er erfolgte im Februar 1939, als der streitbare Harry Goodman, der mit dem Rabbiner Solomon Schonfeld im »Religiösen Notstandskomitee des Oberrabbinats« zusammenarbeitete, eine gehässige Attacke gegen die Feiglinge von *Bloomsbury House* vom Stapel ließ. Goodman behauptete, religiöse jüdische Interessen würden dadurch aufs Spiel gesetzt, daß man nicht-jüdische Pflegeeltern bereitwillig als Bewerber akzeptierte. Es ließe sich nicht leugnen, daß nicht-jüdische Familien trotz aller Bemühungen, neutral zu bleiben, den Jugendlichen ihre eigenen Wertvorstellungen vermitteln würden. Doch die Alternative, Kinder abzuweisen, weil es nicht genügend jüdische Pflegeeltern gab, wurde von den Verantwortlichen der *Kinder-Flüchtlingshilfe* kurzerhand abgelehnt.

Dies war der Anfang einer langwierigen Fehde, die sich durch die ganzen Kriegsjahre und darüber hinaus hinzog. Die Flüchtlingsorganisation argumentierte, durch Kooperation ließe sich am meisten für die Flüchtlingskinder erreichen. Daraufhin beschlossen die führenden Männer des jüdischen Notstandskomitees, kompromißlos ihren eigenen Weg zu gehen, indem sie direkt mit dem Innenministerium über eine Einreiseerlaubnis für Kinder aus orthodoxen Familien verhandelten. Jene Kinder wurden dann von strenggläubigen Juden aufgenommen oder in Wohnheimen im Norden Londons untergebracht.

Eine harmonischere Beziehung entwickelte sich zwischen

der *Kinder-Flüchtlingshilfe* und der Jugend-Alijah, obwohl auch hier widerstreitende Ideale aufeinanderprallten. Für die Jugend-Alijah hatte der Zionismus absolute Priorität, während man im *Bloomsbury House* mehr Wert auf das Wohl der Kinder legte als auf irgendwelche politischen Ziele – eine Philosophie, die das Leben in familiärer Atmosphäre allen anderen Formen der Erziehung vorzog. Nach Ansicht der Jugend-Alijah, die jetzt mehr Kinder, die auf ihre Einreiseerlaubnis nach Palästina warteten, mit Transitvisa nach England schickte, konnten selbst orthodoxe Pflegeeltern die Jugendlichen nicht auf ein hundertprozentiges Engagement für die Pionierarbeit in Palästina einschwören. Trotz enger Zusammenarbeit mit der *Kinder-Flüchtlingshilfe* überantwortete die Jugend-Alijah die unter ihrem Schutz eingereisten Kinder nicht häuslicher Bequemlichkeit, sondern spartanischer Disziplin in den Baracken landwirtschaftlicher Ausbildungslager wie *Whittingham House* bei Edinburgh oder *Great Engham Farm* und *Pine Trees* in Kent.

Die Jugend-Alijah war zwar besonders geschickt beim Spendensammeln, aber obwohl eine Reihe von Wohltätigkeitsveranstaltungen in der ersten Hälfte von 1939 beträchtliche Summen einbrachte, blieben die finanziellen Mittel doch immer unzureichend. So schrieb Norman Bentwich, der klarer als die meisten die verzweifelte Lage der österreichischen Juden erkannte, im März 1939 an Josef Löwenherz in Wien:

> Wir können keine Kinder ohne Bürgen mehr herüberholen, bevor die hiesigen nicht untergebracht sind. Ich bedauere, daß es sinnlos ist, weiter um mehr Hilfe zu bitten als wir schon geben, denn es liegt nicht in unserer Macht, sie zu gewähren.

Als der Kampf um Kindertransport-Plätze panische Ausmaße annahm, hingen die Erfolgschancen immer mehr davon ab, ob man die richtigen Leute kannte – einen Beamten zur

Durchsetzung des Antrages oder, noch besser, jemanden in Großbritannien, der bereit war, die finanzielle Verantwortung für eine Bürgschaft zu tragen.

Von ungeheurem Vorteil war es, nahe Verwandte in Großbritannien zu haben, auch wenn es sich dabei um Neuankömmlinge handelte. So fand zum Beispiel Lily Jassem einen Bürgen für ihre jüngere Schwester Gerta, nachdem sie selbst erst zwei Monate zuvor nach London gekommen war, um eine Stellung als Stubenmädchen anzutreten.

Anne Barth erhielt einen Platz in einem der frühen Kindertransporte dadurch, daß ihre Mutter in der Loge *B'nai B'rith* aktiv war. Aber ihre Eltern beschlossen, in der schwachen Hoffnung, daß sich die Lage verändern würde, auf bessere Zeiten zu warten. Im Februar 1939 fügten sie sich in das Unvermeidliche. Der Abschied war jedoch weniger traumatisch als so manch anderer. Anne verließ Deutschland in der Hoffnung, ihre Eltern bald wiederzusehen. Sie mußten nur auf die Bewilligung der Visa warten. Als die Einreisegenehmigung jedoch eintraf, trug sie das Datum vom 5. September – genau zwei Tage zu spät!

Manchmal forcierten auch die Kinder die Auswanderung, indem sie in aller Unschuld darum baten, sich ihren Brüdern, Schwestern oder Freunden, die als große Auszeichnung einen Kindertransport-Platz gewonnen hatten, anschließen zu dürfen.

> Meine Eltern setzten den Namen meines Bruders auf die Liste eines Kindertransports. Kinder sind auf alles eifersüchtig – ich erinnere mich, wie ich schrie: »Ich will mitgehen.« Meine Mutter ging zu dem Vater meiner besten Freundin, einem der Organisatoren. Ich weiß nicht, ob sie es tat, weil ich weinte – es muß furchtbar gewesen sein, Kinder wegzuschicken –, aber irgendwie bekam ich einen Platz bei dem Transport.

Anfang 1939 kamen die meisten Kindertransporte aus Wien, wo die Unterdrückung der Juden ihren Höhepunkt erreicht hatte. Doch im Februar konzentrierte sich die Aufmerksamkeit wieder auf Berlin. Jüdische Kreise machten die Ankunft Adolf Eichmanns in der Stadt für den plötzlichen Ansturm auf Kindertransport-Plätze verantwortlich. Eichmann befahl, die in Wien so erfolgreichen Methoden nun auch in Berlin anzuwenden, um das Herz des Reiches vom verbleibenden jüdischen Einfluß zu »säubern«. Als Folge hiervon wurde die Führung der jüdischen Gemeinde nach Wien geschickt, um aus erster Hand Auskünfte über organisierte Massenauswanderung einzuholen. Wie irgend jemand das Verfahren, Tausende von Verzweifelten, die keine andere Hoffnung auf Rettung mehr sahen, als auf lecken Trampschiffen nach Schanghai oder Trinidad verfrachtet zu werden, als »organisierte Auswanderung« bezeichnen konnte, spottet jeder Beschreibung.

Jedenfalls führte die neuerliche Klimaveränderung sowohl zu einem starken Anstieg der Kindertransporte aus Berlin als auch zu einer veränderten Zusammensetzung: Das Durchschnittsalter der Flüchtlingskinder sank auffallend. Eltern lieferten ihre Säuglinge und Kleinkinder ab; aber wer nahm sich der Kinder an? Die wenigen erwachsenen Transportbegleiter hatten viel zuviel zu tun, um sich ununterbrochen um die Kleinsten zu kümmern. Deshalb übernahmen die älteren Kinder – wenn auch nicht immer freiwillig – diese Aufgabe. Eine verzweifelte Mutter warf ihr Baby in die Arme eines Dreizehnjährigen, den sie an einem offenen Fenster erspäht hatte. Der Junge kümmerte sich die ganze Reise über um das kleine Mädchen, so daß jeder, einschließlich der Gestapo-Wachen, annahm, es sei seine kleine Schwester. Er behielt seinen Schützling bis zur Ankunft in Harwich bei sich. Noch heute würde er gern erfahren, was aus der Kleinen geworden ist.

Anfang 1939 wurden die von den Nazis zur Durchführung der Kindertransporte erlassenen Vorschriften noch weiter verschärft, wahrscheinlich um vor anständigen Bürgern zu verschleiern, welche Verbrechen in ihrem Namen begangen wurden. Lorraine Allard z.B. erhielt eine nur viertägige Frist zum Verlassen Berlins:

> Ich mußte darum kämpfen, das Familienalbum mitnehmen zu dürfen. Meine Mutter wollte sich nicht davon trennen, aber es ist ein Segen, daß ich es habe, denn es ist das einzige, was ich besitze. Ich hatte eine gewöhnliche Briefmarkensammlung, wie jedes Kind. Aber man durfte nichts irgendwie Wertvolles mitnehmen. Ich hatte mein Akkordeon um. Im Zug mußte ich einem SA-Mann vorspielen, um zu beweisen, daß ich das Instrument nicht zum Verkauf mitgenommen hatte. Ich zitterte, als ich zu spielen versuchte.

Es wurden jetzt vorwiegend Vorortbahnhöfe oder ruhigere Bahnsteige der Hauptbahnhöfe benutzt; die Züge fuhren nachts ab, und die Zahl der Familienmitglieder, die zum Abschied mitkommen durften, wurde auf ein Elternteil pro Kind beschränkt. Die neuen Vorschriften verfehlten jedoch ihren Zweck. Die Zusammenstellung eines Kindertransports zog an einsamen Orten nicht weniger, sondern mehr Aufmerksamkeit auf sich. Die Reduzierung der zugelassenen Begleitpersonen führte dazu, den seelischen Druck auf die Erwachsenen zu erhöhen und mehr Zusammenbrüche zu verursachen.

Vera Coppard verließ Berlin im Mai 1939 im Alter von dreizehn Jahren:

> Mutter konnte es nicht ertragen, zum Bahnhof mitzukommen. Ich ging mit meinem Vater. Es gab eine furchtbare Szene, als die Namen der Kinder ausgerufen wurden. Da war eine sehr aufge-

regte Frau, und als ihre Kinder nicht auf der Liste standen, wurde sie hysterisch. Die Wachen schlugen sie mit Knüppeln und stießen sie zu Boden. Dann wurden wir auf den Bahnsteig gebracht. Ich hatte gerade noch Zeit, von meinem Vater Abschied zu nehmen. Die Reise war furchtbar. Überall unterwegs hatten sich Eltern eingefunden, um noch einen letzten Blick ihrer Kinder zu erhaschen. Ich bin froh, daß meine Familie nicht dabei war.

Vera kam auf eine Quäkerschule in Cornwall. Wenig später wurde ihre Mutter in Berlin verhaftet:

Sie war eine sehr attraktive Frau und gefiel dem Nazi-Offizier, der sie verhörte. Er sagte, er würde für ihre Entlassung sorgen, wenn sie mit ihm schliefe. Sie sagte, für zwei Flugtickets nach England für sich und ihren Mann würde sie alles tun. Als die Tickets tatsächlich eintrafen, ließ sie ihm ausrichten, sie sei krank und führe zur Erholung in die Berge. Statt dessen ging sie direkt zum Flugplatz und flog nach England.

Veras Vater folgte ihr am 1. September:

Er durfte nicht als Arzt praktizieren, sondern wurde beim Reinigungspersonal im *Cumberland Hotel* in London eingestellt. Danach wurde er Sanitäter im *Newquay Hospital*, wo er sich um Soldaten kümmerte, die im Ersten Weltkrieg verwundet worden waren.

Die Quäker unterstützten Vera Coppard und ihre Familie zu einer Zeit, als die jüdischen Organisationen in Berlin und Wien in ihrer Hilflosigkeit einen absoluten Tiefpunkt erreicht hatten. Viele Menschen hatten damals guten Grund, den Quäkern dafür dankbar zu sein, daß sie sich weigerten, ihre Arbeit zum Wohl der Flüchtlinge aufzugeben.

Die zehnjährige Angela Carpos aus Wien war nach der Verhaftung ihrer Mutter völlig hilflos:

Vermutlich weil ich Halbjüdin war, wurde ich den Quäkern übergeben. Sie versuchten, mich herauszubringen, aber ich hatte keinen Paß. Ich versäumte zwei oder drei Transporte. Dann hörte ich von einem neuen an einem ganz bestimmten Abend. Man sagte mir, ich könne nur mit einem jüdischen Paß auf den Namen Angela Sara Pfeffer und eingestempelten J ausreisen. Ich sagte, es wäre mir völlig gleich, welchen Paß ich hätte, und so wurde mir ein jüdischer ausgehändigt. Irgendwie war mir klar, was vorging. Ich hatte etwas Geld und fuhr mit der Straßenbahn durch die ganze Stadt. Mir war bewußt, daß ich Wien zum letzten Mal sah. Ich packte einen kleinen Koffer. Ich wußte nicht mehr, als daß wir nach London fuhren. Aber ich konnte mir nichts darunter vorstellen. Ich war wie in Trance. Der Bahnhof war ein Alptraum mit all dem Jammern, den Tränen und dem Geschrei; wie auf einem Schlachtfeld. Ich war zwar beeindruckt, fühlte mich jedoch eher als unbeteiligter Zuschauer.

Der Zug war total überfüllt mit Kindern. Die Kleineren schliefen in den Gepäcknetzen, andere standen, saßen oder lagen in den Korridoren.

Ich erinnere mich an keine Nazi-Kontrolle, obwohl wir durch Deutschland gefahren sein müssen. Eine knisternde Spannung lag in der Luft, als sich das Gerücht verbreitete, einige würden aus dem Zug herausgeholt. Eine gewisse Erleichterung machte sich breit, als wir Deutschland hinter uns gelassen hatten. Echte Fröhlichkeit wollte allerdings nicht aufkommen. Das lag vermutlich daran, daß es zu wenig Lebensmittel gab. Manche Kinder weinten vor Hunger und Durst.

Auf der Fähre war es himmlisch, und die Mannschaft war wunderbar. Wir kamen in den Speisesaal und wurden mit Essen überhäuft. Die Kinder entspannten sich langsam. Ich erinnere mich, wie sich Erleichterung breitmachte und das Lachen begann:

Eine solche Mahlzeit hatten wir seit Jahren nicht mehr bekommen.

Die regulären Mannschaften auf den Fähren zwischen Harwich und Hoek gewöhnten sich offenbar schnell an ihre unerwartete Rolle als Kindermädchen. David Mann war Steward auf der *SS Amsterdam*:

Ich arbeitete in der zweiten Klasse ... Wir gaben unsere eigenen Kabinen her, damit die Kinder irgendwo schlafen konnten. Mit Decken und Kissen bauten wir Schlafstätten im Restaurant auf. Das war immer noch bequemer für die Kinder, als auf dem Deck herumzustehen. Es herrschte keine Panik; die Kinder waren sehr brav.

Als wir am Parkston Quay anlegten, bekam jedes Kind aus einem großen geflochtenen Fischerkorb eine Papiertüte mit einer Orange, einem Apfel und einem Butterbrot.

Uniformierte symbolisierten für die Kinder eigentlich die Bedrohung durch die Staatsgewalt. Deshalb konnten sie es kaum fassen, daß sich die Mannschaft so höflich benahm. Herbert Rothman erinnert sich noch an seine Verwunderung darüber, daß sie »sich entschuldigten, wenn sie jemanden angestoßen hatten«.

Harwich selbst ist auch eine Quelle glücklicher Erinnerungen; am liebsten denkt man an den Polizisten zurück, der tatsächlich lächelte. »In dem Augenblick entschloß ich mich, England nie wieder zu verlassen«, erklärt Lotte Bray (Löwenstein). »Es mußte schön sein, sich in einem Land niederzulassen, in dem ein Schutzmann lächelt.«

6. Der Zug nach London

Jemand auf dem Bahnsteig schrie hysterisch: »Rosi, Rosi!« und stürzte auf ein vergnügtes kleines Mädchen zu, das sich aus der Tür eines Waggons lehnte und winkte. »Bitte, bleibt, wo ihr seid!« rief eine Dame in einer Zobeljacke. »In zwei Minuten wird gepfiffen, und dann marschiert ihr alle in die Turnhalle hinüber.« Rosi machte ein erstauntes Gesicht, schien aber begriffen zu haben.

Bericht aus dem New Yorker

Schauplatzwechsel nach London zum Bahnhof *Liverpool Street*: Diejenigen Kindertransport-Teilnehmer, auf die ein neues Zuhause bei Verwandten, Freunden, Bürgen oder in einem Wohnheim wartete, fuhren direkt zum Londoner Bahnhof *Liverpool Street*. Dort hatte die *Kinder-Flüchtlingshilfe* an der Rückseite der Bahnhofshalle in einem großen, schlecht beleuchteten Lagerraum ihre Verteilerzentrale, die paradoxerweise – wahrscheinlich im Andenken an ihre ursprüngliche Funktion – »Turnhalle« hieß. Zur Vorbereitung auf die Kindertransporte hatte man Kisten und sonstiges Gerümpel weggeräumt. Jetzt standen dicht bei der Tür hinter einem Absperrseil Klappstuhlreihen. Am anderen Ende des Raumes war eine große Plane aufgespannt. Neben der Tür lehnte ein handgeschriebenes Plakat mit einem Pfeil und der Aufschrift: »Bürge bleibt hier.« Hinter der Plane standen Tische und Stühle für die Mitarbeiter – meist elegant gekleidete junge Damen, »die eher den Eindruck erweckten, als hätten sie sich zusammengefunden, um ein Kostümfest zu organisieren, als sich um die Unterbringung eines Zuges voller jüdischer Flüchtlingskinder zu kümmern«, wie ein amerikanischer Journalist bemerkte.

Eine dieser eleganten Damen war Elaine Blond, die häufig nach Harwich fuhr, um Gruppen von Kindern nach London zu begleiten:

> Wenn der Zug in *Liverpool Street* einfuhr, warteten immer schon viele Menschen auf dem Bahnsteig – allen voran die Bürgen: Familien, die sich erboten hatten, ein Kind aufzunehmen, und darauf gespannt waren, einen ersten Blick auf ihren Jungen oder ihr Mädchen zu werfen. Sie fragten sich in diesem kritischen Augenblick natürlich, ob sie nicht vielleicht zu freigebig mit ihrer Gastfreundschaft gewesen waren, oder einfach, wie sie diesen peinlichen Augenblick der gegenseitigen Vorstellung hinter sich bringen sollten. Eine Mutter erzählte mir, sie hätte sich vor lauter Aufregung nicht mehr an den Namen des ihr zugeteilten Jungen erinnern können. Ich bin überzeugt, daß viele Kinder umgekehrt unter der gleichen Schwierigkeit litten.
>
> Es gab Bürgen, die sich, so gut sie es auch meinten, furchtbar taktlos benahmen, indem sie sich zum Beispiel ihre Enttäuschung anmerken ließen, wenn sich die kornblonde Schönheit ihrer Träume als ein kleiner Pummel mit Pickeln entpuppte, oder umgekehrt eine solche Begeisterung für das auserwählte Kind zeigten, daß sich andere zurückgesetzt und minderwertig vorkamen. Jene zweite Gruppe war auch durchaus imstande, den kleinen Josef oder das Annettchen mit auf den Heimweg zu nehmen, ohne einen Helfer zu benachrichtigen. Viele Stunden wurden damit vertan, auf dem Bahnhof nach einem vermeintlich verlorengegangenen Kind zu fahnden, das sich in Wirklichkeit schon auf halbem Weg nach Ruislip befand. Die Erfahrung lehrte uns sehr rasch, daß sich während der ersten Stunde nach unserer Ankunft eher die Erwachsenen als die Kinder schlecht benahmen. Man mußte sie mit Adleraugen bewachen.

Wirkliche Angst ergriff diejenigen Kinder, die sich im Stich gelassen glaubten. Der Sprache nicht mächtig, hilflos in einem fremden Land, konnte Nina Liebermann keine Spur von Mrs. Landers von der West-Londoner Synagoge, die am Bahnhof sein sollte, entdecken:

Keine der Frauen, die ich ansprach, trug diesen Namen. Meine Schwester konnte nicht mehr länger laufen. Als ich mich umdrehte, sah ich sie auf dem Gepäck einschlafen. Alle anderen Kinder waren inzwischen abgeholt worden. Ganz verzweifelt machte ich noch einmal die Runde auf dem jetzt fast leeren Bahnsteig. Ich entdeckte eine angenehm aussehende Frau, die auch auf der Suche zu sein schien. Ich ging auf sie zu. »Ja, ich bin Mrs. Landers. Wo steckt ihr denn? Ich suche euch schon seit mindestens zwei Stunden. Ihr solltet um 9 Uhr ankommen.«
Die Prozedur in der Turnhalle von *Liverpool Street* dauerte zwei bis drei Stunden. Am Ende blieben immer ein paar Kinder übrig, die am falschen Tag eingetroffen waren oder – öfter noch – deren Bürgen das Datum verwechselt hatten.
Um halb vier Uhr waren alle Neuankömmlinge abgefertigt. Nur vier Kinder saßen noch ganz geduldig da und schauten mit Angst in den Augen auf, wenn jemand hereinkam. Bald darauf wurden sie von einer forschen jungen Frau mitgenommen und über Nacht in einem Heim untergebracht.

Ende Oktober 1938 wurden etwa 15 000 Juden polnischer Herkunft aus ihren Wohnungen in Deutschland geholt und über die polnische Grenze abgeschoben. Darunter war der 10jährige Harry Katz:

Die Polen wollten uns nicht hereinlassen, und zurück konnten wir auch nicht; also mußten wir warten. Schließlich ließen sie uns doch durch. Wir mußten laufen und laufen und laufen, bis wir ein verlassenes Armeelager erreichten, in dem wir in der alten Kaserne untergebracht wurden. Jede Familie erhielt einen Matratzenüberzug, den sie mit Stroh füllen mußte – je eine Matratze für fünf Leute. Am nächsten Morgen kamen Lastwagen und brachten für jeden einen halben Laib Brot und ein hartgekochtes Ei. Wir kamen irgendwie durch, bis eine Gemeinschaftsküche eingerichtet wurde und es besseres Essen gab. Man erzählte uns später, daß die Küche von polnischen Juden gestiftet worden war, um uns zu helfen. Wir verbrachten einige Wochen in der Gemeinschaftsunterkunft, aber weil meine Mutter ein Baby hatte, wurde uns ein winziges Zimmer zugewiesen. Meine Eltern, meine kleine Schwester und ich schliefen darin. Es war nicht komfortabel, aber natürlich besser als die Baracken. Ich weiß nicht, wer dafür bezahlte – wir jedenfalls nicht, denn wir hatten kein Geld. Mein Bruder kam in ein Heim für Jungen, weil er schon dreizehn war. Dorthin wurde ich später auch geschickt. Im Kinderlager gab es keinen Unterricht – wir lungerten einfach nur herum. Nach ein paar Monaten sagte mir meine Mutter, mein Bruder und ich würden nach England gehen. Meine kleine Schwester konnte nicht mitkommen, weil sie erst drei Jahre alt war. Ich gehörte zu einer Gruppe, deren Transport vier Wochen vor Kriegsausbruch stattfand. Mein Bruder hatte gerade noch einmal Glück: er kam ungefähr eine Woche vor dem Krieg heraus. Wir wurden mit dem Zug nach Danzig gebracht, wo man uns den Kopf kahlschor. Dann stellten sie uns unter eine siedend heiße Dusche und verschlossen die Türen. Es war ein scheußliches Erlebnis, aber sie hatten wahrscheinlich recht, denn wir waren sehr schmutzig, und wer weiß, was für Ungeziefer wir an uns hatten. Nachdem wir gesäubert waren, brachte man uns auf das Schiff nach London. Unser Schiff legte in der Nähe der Tower Bridge an. Wir müssen einen merkwürdigen Anblick geboten haben: zehnjährige Kinder mit kahlgeschorenen Köpfen und zerlumpter Kleidung. Ich erinnere mich, daß uns britische Hafenarbeiter Pennies zuwarfen. Wahrscheinlich hatten sie erkannt, wer wir waren.

Dies war einer der letzten Kindertransporte aus Polen. Der erste war, ausgehend von Zbonszyn, einer kleinen Stadt an der polnischen Grenze, wo 7000 deportierte Juden in Ställen und Scheunen hausten, am 15. Februar 1939 mit 34 Jungen und 20 Mädchen an Bord in London vor Anker gegangen. Marga Goren-Gothelf war eine der Überlebenden:

> Wir verließen Zbonszyn am 15. Januar 1939 in Richtung Warschau, wo wir uns eine Woche lang ausruhten. Von da aus ging es weiter nach Danzig und von dort mit dem polnischen Flaggschiff *Warszawa* durch den Nord-Ostsee-Kanal nach London. Sowohl die Ost- als auch die Nordsee waren so stürmisch, daß die meisten von uns seekrank wurden und kaum glauben konnten, je wieder festen Boden zu erreichen. Als deutsche Beamte bei der Einfahrt in den Nord-Ostsee-Kanal an Bord kamen, erschraken wir furchtbar, weil wir dachten, dies sei das Ende. Ich war damals 13 Jahre alt und fand die ganze Situation schrecklich. Als wir am 15. Februar 1939 endlich die Tower Bridge erblickten, die wir nach Bildern in unseren Schulbüchern wiedererkannten, fühlten wir uns erleichtert, daß wir außer Gefahr waren.

Finanziert wurden die drei Kindertransporte aus Zbonszyn mit insgesamt 154 Kindern vom »Britischen Hilfs-Komitee für Flüchtlinge aus Polen«. Fast alle polnischen Kinder kamen in unabhängig von der *Kinder-Flüchtlingshilfe* geführte, orthodoxe Jugendheime. Die letzte Gruppe aus Zbonszyn traf am 29. August ein, drei Tage vor Kriegsausbruch.

Bedrohten Kindern aus der Tschechoslowakei bot nur eine Organisation Hilfe an: die »Gesellschaft der Freunde« der Quäker. Die *Kinder-Flüchtlingshilfe* hielt sich aus dem gleichen Grund zurück wie im Falle Polens: Die finanziellen Mittel reichten nicht für zusätzliche Verpflichtungen, hieß es offiziell. Diejenigen, die die herkömmliche Meinung nicht teilten und sich für die tschechoslowakischen Kinder einsetzten, standen meist außerhalb der Hauptflüchtlingsorganisationen. Einer von ihnen war Nicholas Winton, ein junger Börsenmakler, der sich durch seine radikalen Ansichten von seinen Kollegen unterschied. Nachdem er in Prag zu der Überzeugung gelangt war, daß durch den unmittelbar bevorstehenden deutschen Einmarsch in die Tschechoslowakei die Notlage in den Flüchtlingslagern verzweifelter sein würde, als sich irgend jemand in London vorstellen konnte, stürzte sich Winton sofort in das Durcheinander des »Britischen Hilfskomitees für Flüchtlinge aus der Tschechoslowakei«, einer zusammengewürfelten Gruppe, der es nicht am guten Willen, wohl aber an Möglichkeiten fehlte, um konstruktive Hilfe leisten zu können. Winton fand bald heraus, daß die Tschechen auch nicht besser organisiert waren:

> Wir mußten mit mindestens fünf Komitees verhandeln, die sich um solch unterschiedliche Gruppen wie Juden, Kommunisten, Schriftsteller und so weiter kümmerten. Ich mußte bei meinen Gesprächen immer wieder erklären, daß ich kein Regierungsbeauftragter war. Nachdem es mir schließlich gelungen war, eine Liste mit den Namen von Kindern zusammenzustellen, kehrte ich nach London zurück, um Hilfsaktionen in Gang zu bringen.

Inzwischen hatte das »Britische Hilfskomitee für Flüchtlinge aus der Tschechoslowakei« unter der Leitung von Frauen, die den Quäkern angehörten, und anderen freiwilligen Helfern aus England ein Registrierungsbüro in Prag eröffnet, wo die Schlange der Emigrationswilligen, die ihre Namen dort eintragen ließen, immer länger wurde. Nicholas Winton verbrachte jede freie Minute damit, Bürgen aufzutreiben und für sein Anliegen zu werben. Seine Hauptverbündeten waren die Quäker, die Unitarische Kirche und die Illustrierte *Picture Post*, die eine Artikelreihe über die Krise in der Tschechoslowakei gebracht hatte.

> Gott sei Dank hatte ich einen Beruf, in dem um 15 Uhr 30 Feierabend war. Für den Heimweg brauchte ich eine halbe Stunde, und danach leitete ich bis 10 Uhr abends das Flüchtlingsbüro.

Manchen Leuten muß das alles sehr merkwürdig erschienen sein. Tatsächlich kam die Polizei zu mir und erkundigte sich, warum ich diese riesige Korrespondenz mit der Tschechoslowakei führte.

Als nur noch eine geeignete Begleitung für die Kindertransporte fehlte, meldete sich gerade im richtigen Moment der Lateinlehrer Trevor Chadwick aus Swanage:

Ich war damals Grundschullehrer. Wir hatten in der Schule die Gerüchte über die vielen notleidenden Kinder in Mitteleuropa gehört und beschlossen, zwei zu adoptieren ... Zusammen mit einem anderen Lehrer fuhr ich nach Prag, um uns unser Paar auszusuchen. Wir gewannen einen klaren Eindruck vom ungeheuren Umfang der Aufgabe. Wir sahen Säle voller verwirrter Flüchtlinge und verloren wirkender, meist jüdischer Kinder, obwohl wir nur einen Bruchteil des Elends zu Gesicht bekamen.

Noch vor seiner Rückkehr nach England setzte sich Chadwick mit Nicholas Winton in Verbindung. Dann ging er wieder nach Prag zurück, um den ersten per Flug durchgeführten Kindertransport zusammenzustellen, mit dem zwanzig Kinder nach Croydon geflogen wurden.

Nach dem Einmarsch deutscher Truppen in Prag im März 1939 kam eine Luftbrücke nicht mehr in Frage, aber es blieb immer noch die Ausreisemöglichkeit per Zug, wie Chadwick bei Verhandlungen mit dem für die Auswanderung verantwortlichen Nazibeamten entdeckte:

Kriminalrat Bömmelburg war ein freundlicher, alles andere als unheimlich wirkender älterer Herr, der sich – manchmal ganz unabsichtlich – als äußerst hilfreich erwies. Er war wirklich an meinem Plan interessiert, und die höfliche Frage, warum England so viele jüdische Kinder haben wollte, war der einzige Hinweis auf seine nationalsozialistische Einstellung. Er setzte bereitwillig seinen Stempel auf den Antrag für den ersten Bahntransport, obwohl ich ein halbes Dutzend erwachsener »Begleitpersonen« auf der Liste hatte. In Begleitung eines Gestapoangehörigen ging ich zum Bahnhof, auf dem sich die Kinder mit Kennzetteln um den Hals bereits versammelt hatten.

Es gab Unannehmlichkeiten wegen der Erwachsenen, und Chadwick mußte sich demütig entschuldigen, um die Bewilligung für den zweiten Bahntransport zu erhalten. Einer der Passagiere war Shulamith Amin:

Das Bild vom Prager Bahnhof kurz vor unserer Abfahrt werde ich immer in Erinnerung behalten. Die meisten Kinder weinten über den bevorstehenden Abschied, während die Eltern versuchten, tapfer zu bleiben. Meine Mutter versicherte mir, daß unsere Trennung nur vorübergehend sein und sie mir sehr bald nach London folgen würde, und ich bemühte mich standhaft, daran zu glauben. Vermutlich wartete auf die meisten anwesenden Eltern dasselbe Los wie auf meine Mutter, nämlich ihre Kinder niemals wiederzusehen.
Unsere Gruppe bestand aus mehr als 120 Kindern in Begleitung von etwa einem halben Dutzend Erwachsener. Ich war gerade zwölf und gehörte zu den Ältesten. Man hatte mir für die gesamte Dauer der dreitägigen Reise die Verantwortung für zwei nicht einmal zweijährige Kinder übertragen. Unser Zug hielt manchmal stundenlang auf kleinen Bahnhöfen, auf denen wir etwas zu essen bekamen. Wenn der Zug langsam fuhr, warfen uns deutsche Bauern ab und zu Süßigkeiten zu. Die uns anvertrauten Babys legten wir in den langen Nächten in den Gepäcknetzen über uns schlafen, während wir selbst sitzen blieben und versuchten, uns warm zu halten. Ich gehörte zu den wenigen Glücklichen, auf die ein Elternteil in London wartete. Mein Vater holte mich ab, und wir verbrachten die nächsten acht Jahre zusammen in London.

Die Ankunft dieses Transports überraschte die Flüchtlingshelfer, denn keines der Kinder besaß einen offiziellen Ausweis. Da die benötigten Papiere nicht nach Prag durchgekommen waren, hatte Chadwick kurzerhand selbst Dokumente ausgestellt, die die Deutschen davon überzeugten, daß London die bürokratischen Vorschriften gewahrt hatte. Chadwick war zwar auf Ärger gefaßt, weigerte sich jedoch, ein Telegramm des Innenministeriums mit der Drohung, die Kinder zurückzuschicken, ernst zu nehmen: »Ich rechnete damit, daß die behördlich genehmigten Bürgen etwas dagegen unternehmen würden.«

Innerhalb des britischen Komitees war die Zusammenarbeit mit der Gestapo umstritten. Einige vertraten die Meinung, daß Chadwick auf zu freundschaftlichem Fuß mit Leuten wie Kriminalrat Bömmelburg stand, nach Nicholas Wintons Ansicht jedoch hatte es keinen Zweck, die Deutschen zu verärgern:

> Ich bin fest davon überzeugt, daß den Deutschen zu dieser Zeit daran gelegen war, einen Streit mit den Briten zu vermeiden. So arbeiteten sie auf eigentümliche Weise mit uns zusammen. Doch es bestand immer die Gefahr, in ihre Propaganda verwickelt zu werden.

Die Zusammenstöße zwischen Deutschen und Polen in der sogenannten Freistadt Danzig waren die Ursache, daß im Frühjahr 1939 ein neuer Ausgangspunkt auf die bereits verwirrende Landkarte der Kindertransporte kam. Aus Danzig reisten vier Gruppen mit insgesamt 124 Kindern per Bahn über Berlin nach Hoek van Holland und schlossen sich dort einfach anderen an, die bereits auf eine Fähre nach Harwich warteten. Bei der Ankunft herrschte dadurch ein solches Durcheinander, daß das Empfangskomitee die Liste mit den Namen der erwarteten Teilnehmer wegwerfen und improvisieren mußte.

Das Ende der Kindertransporte aus der Tschechoslowakei zeichnete sich ab, als die Deutschen kurz vor dem Krieg in Prag schärfer durchgriffen, so daß die Organisatoren zunehmend unter bürokratischen Verzögerungen zu leiden hatten. Bei Kriegsausbruch mußte der letzte Transport mit 180 Kindern in Prag zurückbleiben. Zum Gedenken daran schrieb die *Kinder-Flüchtlingshilfe* in ihrem Jahresbericht:

> Was diese Kinder empfunden haben müssen, nachdem die Koffer gepackt, alles nicht unbedingt Notwendige verkauft war und nachdem sie schon von ihren Freunden Abschied genommen hatten, kann man nur zu gut nachvollziehen.

In der wenig beneidenswerten Rolle, auf die ständig zunehmenden Hilferufe aus Wien reagieren zu müssen, beschloß Norman Bentwich, sich vor Ort ein Bild von den notwendigen Maßnahmen zu machen. Er reiste in der zweiten Augustwoche 1939 nach Wien. Sein Bericht zeigte nicht eine Spur von Hoffnung:

> Armut und Hilflosigkeit sind alles, was übriggeblieben ist von einer einst bedeutenden Gemeinde. Mehr als die Hälfte der 67000 Mitglieder ist täglich auf die gemeindeeigenen Suppenküchen angewiesen; hier holen sie für ihre Familien die einzige richtige Mahlzeit des Tages. Sie haben kein Fleisch, und eine große Anzahl ist ganz offensichtlich unterernährt. Alle jüdischen Läden oder Firmen sind arisiert, zerstört oder geschlossen.

Die einzige Hoffnung hieß Auswanderung. Aber die von den Vereinigten Staaten und Großbritannien festgesetzten Quoten von jeweils eintausend pro Land blieben weit hinter Eichmanns Ziel zurück, Wien innerhalb von sechs Monaten noch einmal von 45000 Juden, darunter ein Drittel Kinder, zu »säubern«. Eine von der jüdischen Gemeinde erkämpfte Unterredung mit Eichmann war ergebnislos geblieben. So bat man Bentwich, nach Hause zu fahren und seine Regierung zu überreden, mehr zu tun.

Jeder Transport aus Wien und Berlin wurde von einigen Erwachsenen beaufsichtigt, die sich schriftlich verpflichten mußten, sofort nach Ablieferung ihrer Schützlinge bei der *Kinder-Flüchtlingshilfe* zurückzukehren. Jeder Verstoß dagegen hätte alle künftigen Kindertransporte in Frage gestellt, und obwohl während der letzten Friedenswochen die Versuchung, in England zu bleiben, groß gewesen sein mußte, taten alle ihr möglichstes, um zurückzukehren. Die Transportbegleiter wurden entweder von den Jugendbewegungen gestellt, oder es handelte sich um Lehrer oder Sozialarbeiter, die darauf vorbereitet waren, mit allen auftauchenden Problemen fertig zu werden.

Eines der häufigsten und unangenehmsten Probleme waren unvorhersehbare Kontrollen durch Gestapo-Wachen, deren Aufmerksamkeit der Beschlagnahme tatsächlicher oder ideeller Wertgegenstände und der Beschädigung von Gepäck galt. Wurden die Schikanen auf einer Reiseroute, wie bei Benthein an der deutsch-holländischen Grenze, unerträglich, wurde diese Strecke zugunsten einer anderen, in diesem Fall der über den Übergang Herbesthal nach Belgien, aufgegeben. Doch meistens konnten die Begleiter nichts weiter tun, als die Kinder zu trösten und sie zur Ruhe zu bringen.

Erst bei der Verhandlung mit britischen Grenzbeamten konnten die erwachsenen Transportleiter ihren wirklichen Wert beweisen. Es war zwar bekannt, daß die Vorschriften großzügig ausgelegt wurden, aber es bedurfte eines geschickten Taktierens, um einen Beamten zur Ignorierung offensichtlicher Regelverstöße zu überreden. Norbert Wollheim war ein Meister der Verhandlungskunst: Einmal stellte er z. B. fest, daß einer seiner Schützlinge die festgelegte Altersgrenze überschritten hatte:

> Er war gerade aus Dachau entlassen worden und kahlgeschoren. Ich fragte ihn, wann er geboren sei. Er war groß und breit, und man sah ihm an, daß er über achtzehn war. Doch ich erklärte ihm, er müsse sich unter allen Umständen um drei Jahre jünger machen und angeben, er sei 1924 geboren. In Harwich rief mich der Einwanderungsbeamte zu sich. Der Junge stand zitternd vor ihm. »Fragen sie ihn, wie alt er ist«, sagte der Beamte. Der Junge hatte perfekt gelernt. »Er sagt, er ist 1924 geboren«, übersetzte ich. Der Beamte warf einen langen schweigenden Blick zuerst auf mich und dann auf den Jungen. Schließlich fragte er mich: »Wenn hier ein Irrtum vorliegt, übernehmen Sie die Verantwortung?« Natürlich stimmte ich zu; wir hatten es geschafft!

Kein Mitarbeiter der Kindertransporte wollte die Verantwortung dafür übernehmen, im letzten Augenblick über die genaue Zahl der Teilnehmer entscheiden zu müssen. Da es weit mehr Ansprüche auf einen Kindertransport-Platz gab, als Bürgen gestellt werden konnten, waren Enttäuschungen zwar unvermeidlich, was die Vermittlung einer solchen Hiobsbotschaft jedoch nicht erleichterte. Philip Urbach war auf einer Transportliste für Mitte August:

> Aber dann erhielten wir die Nachricht, daß statt der geplanten 180 nur 60 Kinder nach England fahren konnten. Rudolf Melitz, Mitarbeiter der Jugend-Alijah und erfahrener Transportorganisator, fiel die schreckliche Aufgabe zu, die Liste zu kürzen. Er handelte nach dem Prinzip, daß diejenigen, die isoliert in kleinen Städten oder Dörfern lebten, dringender Hilfe benötigten als jene aus großen Städten, in denen Juden einander unterstützen konnten.

Dieser von Rudolf Melitz begleitete Transport war der vorletzte aus Berlin. Beim Verlassen der Fähre in Harwich sahen die Kinder eine Plakatwand, auf der in großen Buchstaben die Nachricht ULTIMATUM zu lesen war. Philip Urbach fühlte sich von dem deutsch klingenden Wort ermutigt (vielleicht war Englisch doch nicht so schwierig), ohne zu begreifen, daß es Krieg wegen Polen bedeutete.

In London verließ uns Melitz. Sein Rückflug nach Berlin war bereits gebucht. Im Büro der Lufthansa in der Bond Street teilte man ihm jedoch mit, daß alle Flüge wegen des Ausnahmezustands annulliert worden seien. Er sagte: »Ich muß unbedingt fliegen – meine Mutter ist noch dort.« Die einzige Alternative, die ihm angeboten wurde, war, ein Privatflugzeug zu mieten. Das konnte er natürlich nicht bezahlen, und so mußte er in England bleiben, was sich letztendlich als sein Glück erwies, obwohl er das in diesem Augenblick noch nicht wissen konnte.

Der letzte Vorkriegs-Kindertransport verließ Berlin zum letztmöglichen Zeitpunkt am 31. August. Wenige Stunden vor der angesetzten Abfahrtszeit des Zuges wurde das Büro der Jugend-Alijah in London telefonisch vor der wahrscheinlichen Annullierung des Transports gewarnt. Die Holländer sahen sich wegen der drohenden Kriegsgefahr zur Schließung ihrer Grenzen gezwungen. Unter dieser Voraussetzung war es sinnlos, diese Reise überhaupt zu beginnen, da der Zug in Deutschland steckenbleiben würde.

Intensive Einflußnahme auf die holländischen Behörden erzwang eine Konzession: Die Genehmigung zur Grenzüberquerung wurde von der Garantie dafür abhängig gemacht, daß alle Kinder nach Großbritannien weitertransportiert würden. Nachdem dies zugesichert worden war, konnte der Zug pünktlich abfahren, allerdings mit weniger Kindern als erhofft. Es standen 66 Passagiere auf der Teilnehmerliste, 31 der Jugend-Alijah und 35 der *Kinder-Flüchtlingshilfe*. Doch kurz vor Abfahrt wurde die Gesamtzahl auf 60 herabgesetzt; die Jüngsten mußte man zurücklassen.

An der Grenze wartete die unermüdliche Gertrude Wijsmüller, der es gelungen war, für den Weitertransport einen Bus aufzutreiben. Mit dem Fahrer hatte sie weniger Glück, da er die Strecke nach Hoek van Holland kaum kannte und sich auf Auskünfte freundlicher Passanten verlassen mußte. Schließlich erreichte die Gruppe die Fähre, die in den frühen Morgenstunden des 1. Septembers übersetzte – zwei Tage vor der offiziellen Kriegserklärung.

Hoffnungen, noch mehr Kinder aus Deutschland evakuieren zu können, wurden durch das vom Innenministerium verfügte Einreiseverbot für Flüchtlinge aus feindlichen Gebieten zunichte gemacht. Zu diesem Zeitpunkt bestand zwar noch die Möglichkeit, Transporte für Kinder aus von Deutschland bedrohten Ländern zu organisieren, aber in den ersten Kriegsmonaten wollte sich niemand mit solch defätistischen Spekulationen beschäftigen.

So wurde zum Beispiel vor dem deutschen Einmarsch in die Niederlande am 10. Mai 1940 nichts zur Evakuierung der 26000 ausländischen Juden, die rund um Amsterdam Unterschlupf gefunden hatten, unternommen. Am 11. Mai erging an die Flüchtlinge aus Deutschland die Anweisung, in ihren Unterkünften zu bleiben. Erst drei Tage später teilte man dem Vorsitzenden der Jüdischen Gemeinde mit, es liege für alle ausreisewilligen Juden im Hafen von Yjmuiden ein Schiff mit Fahrtziel England bereit. Natürlich setzte sofort ein Ansturm auf freie Plätze ein, die nach dem Prinzip: »Wer zuerst kommt, ist als erster dran« vergeben wurden.

Gertrude Wijsmüller, die in Yjmuiden bei der Erledigung der Ausreiseformalitäten geholfen hatte und anschließend nach Amsterdam zurückgekehrt war, erinnert sich:

> Das Schiff legte exakt um acht Uhr morgens ab. Wir mußten uns beeilen, von Bord zu kommen, da die Engländer uns darüber informiert hatten, daß sie noch vor unserer Abfahrt den Anlegesteg sprengen würden. Hinter uns hörten wir dann die Detonation. Auf

der Rückfahrt nach Amsterdam kamen wir an brennenden Ölraffinerien vorbei. Die Straßen waren menschenleer: holländische Militärpatrouillen hatten sich zurückgezogen, deutsche Truppen waren noch nicht bis zu diesem Abschnitt vorgedrungen. Als wir uns Amsterdam näherten, sahen wir die Stadt in hellem Lichterschein vor uns auftauchen. In diesem Augenblick wußten wir, daß Holland kapituliert hatte. Es lag eine schreckliche Ironie darin, daß Amsterdam ausgerechnet am dunkelsten Tag seiner Geschichte im Lichterglanz erstrahlte. Wir besuchten Freunde, die ohne Schiffspassage enttäuscht aus Yjmuiden zurückgekehrt waren, und bemühten uns, ihnen klarzumachen, daß es auf den leeren Straßen immer noch Chancen zur Flucht gab. Aber sie waren alle viel zu entmutigt. In jener Nacht versuchten viele (vor allem holländische) Juden, sich das Leben zu nehmen.

Mittlerweile war der alte Frachter *SS Bodegraven* mit seiner Ladung junger Flüchtlinge aus Holland auf der schweren Überfahrt nach England. Nur knapp einem Angriff der deutschen Luftwaffe entkommen, geriet das Schiff vor der Küste von Kent in dichtem Nebel unter britischen Beschuß, mußte abdrehen und Kurs entlang der Westküste auf Liverpool nehmen, wo es schließlich als unter befreundeter Flagge fahrend identifiziert wurde und unter dem Jubel der überraschten Menge vor Anker ging. Auf besondere Einreiseformalitäten wurde in diesem Fall verzichtet, so daß die Ortsgruppe Manchester der *Kinder-Flüchtlingshilfe* die Ankömmlinge direkt in Empfang nehmen konnte.

Dies war der endgültig letzte Kindertransport nach Großbritannien, und seine Teilnehmer gingen unter dem Namen »die Kinder aus Amsterdam« in die Geschichte ein.

Zwischen Dezember 1938 und September 1939 holte die *Kinder-Flüchtlingshilfe* 9354 Flüchtlingskinder, darunter 7482 jüdischer Herkunft, nach Großbritannien. Hinzu kamen 431 Kinder, für die *Inter-Aid* in den Monaten vor der »Kristallnacht« gebürgt hatte, ungefähr 700 Kinder unter dem Schutz der Jugend-Alijah, 100 jüdisch-orthodoxe Kinder, die von Rabbi Schonfeld und der Vereinigung der Orthodoxen Israelitischen Gemeinden gerettet wurden, sowie die polnischen und tschechischen Flüchtlinge, die Norman Winton in Sicherheit gebracht hatte: insgesamt über 10 000.

7. Ein Heim in der Fremde

Unser erster Tag in Birmingham war die Hölle. Ganz plötzlich wurde mir klar, daß wir in einem fremden Land waren, dessen Sprache wir nicht kannten, ohne Verwandte oder Freunde, und ich versuchte verzweifelt, mich so tapfer zu verhalten, wie es sich für einen 13jährigen Jungen gehörte. Den größten Teil des Tages verbrachte ich auf der Toilette, damit niemand meine Tränen sehen konnte.

Herbert Holzinger

Zum Bild idealer Pflegeeltern gehörte, daß sie der wohlhabenden oberen Mittelschicht angehörten und bereits eine eigene Familie gegründet hatten; vorzugsweise sollten sie auf dem Land leben (fern von den Versuchungen der Stadt), etwas Deutsch können und in der Lage sein, launige Kinder, die unter Depressionen litten und zu langem Schweigen neigten, zu tolerieren. Und sie mußten jüdischen Glaubens sein.

In der Realität traf dies auf die typischen Pflegeeltern jedoch keineswegs zu. Sie entstammten normalerweise der unteren Mittelschicht oder der Arbeiterklasse, bewohnten ein kleines Haus in einer Groß- oder Kleinstadt, hatten keine oder schon erwachsene Kinder, sprachen kein Wort Deutsch und wußten nicht mehr über Deutschland als das, was auf der Titelseite des *Daily Express* oder *Daily Mirror* stand. Sie hatten keinerlei Erfahrung im Umgang mit den Traumata junger Flüchtlinge und waren keine Juden.

Diese letztgenannte Diskrepanz zwischen Anspruch und Realität löste große Probleme innerhalb der jüdischen Gemeinden und starke Kritik von außerhalb aus. Warum waren nicht mehr jüdische Familien zur Aufnahme von Flüchtlingskindern bereit? Die »Vereinigung der Orthodoxen

Israelitischen Gemeinden« (ADATH) unterstellte der *Kinder-Flüchtlingshilfe*, sie versuche, mittels einer heimtückischen Verschwörung durch ihre Bevorzugung christlicher Gastfreundschaft das orthodoxe Judentum zu untergraben.

Mit weniger als einem Prozent Anteil an der Gesamtbevölkerung bildeten die Juden in Großbritannien eine winzige Minderheit. Innerhalb von sechs Jahren vor Kriegsausbruch hatten sie Millionen zur Unterstützung deutscher Juden aufgebracht und mehr als 60000 Flüchtlinge aufgenommen, von denen die große Mehrzahl die Chance auf einen Neubeginn einer jüdischen Organisation verdankt. Die abfällige Bemerkung: »Sie können sich's doch leisten« entsprang dem antisemitischen Vorurteil, alle Juden seien reich. Diese Ansicht teilten auch ansonsten intelligente Leute wie jener angesehene Bischof, der eine Gruppe von Flüchtlingskindern in ihrer schlechtsitzenden, abgelegten Kleidung aufmunternd mit den Worten begrüßte: »Ich wußte gar nicht, daß es auch arme Juden gibt.«

Jeder, der sich in den weniger eleganten Stadtteilen von London, Manchester und Leeds auskannte, hatte ein anderes Bild von der Realität. In einer Zeit, in der bis zu zwanzig Prozent der Bevölkerung in den am härtesten von Arbeitslosigkeit betroffenen Gebieten unterhalb der Armutsgrenze lebten, mußte der Durchschnitts-Jude genau wie der Durchschnitts-Engländer mit einem wöchentlichen Einkommen von vier Pfund oder weniger auskommen. Selbst wenn man von denen, die aus Egoismus nicht helfen wollten, obwohl sie dazu in der Lage waren, und jenem Drittel, das sich aufgrund des Alters oder mangelnder Erfahrung nicht als Pflegeeltern eignete, absah, war es unrealistisch zu erwarten, die jüdische Gemeinde könne 10000 Flüchtlingskinder aufnehmen.

Tatsächlich waren die Gemeinden fast am Ende ihrer finanziellen Kräfte. Warnende Vorzeichen hatte es schon seit längerem gegeben. Bereits Anfang 1939 hatte Lord Hanley die

Befürchtung geäußert, daß »das Problem in absehbarer Zeit nicht mehr zu bewältigen« sein werde. Aber seine Anträge auf Bewilligung öffentlicher Gelder zur Unterstützung der Flüchtlinge waren von der Regierung rundweg abgewiesen worden. Man wollte sich nicht dem Risiko eines kostspieligen Präzedenzfalles aussetzen.

Als der Druck auf die Hilfsorganisationen durch den Zustrom ständig neuer Flüchtlinge wuchs, stellte sich der den Quäkern angehörende Innenminister Sir Samuel Hoare hinter Lord Hanley und teilte dem Kabinett mit, die Reserven der Flüchtlingsorganisationen seien »bis zum äußersten ausgereizt«. Im Juli prophezeite Hoare, die Flüchtlinge müßten binnen kurzem »von der öffentlichen Hand unterstützt« werden, wolle man einen Skandal vermeiden.

Die übrigen Kabinettsmitglieder sträubten sich noch immer dagegen, den Steuerzahler zur Kasse zu bitten. Sie waren jedoch bereit, einen Plan Lionel Rothschilds zur Gründung eines internationalen Treuhand-Fonds ernsthaft in Erwägung zu ziehen. Die führenden Länder des Evian-Komitees sollten gemeinsam eine öffentliche Anleihe in Höhe von 20 Millionen Pfund ausschreiben, mit einer britischen Beteiligung von 5 Millionen. Rothschilds Vorschlag, für die Anleihe zwar keine Zinsgewinne auszuschütten, das Kapital jedoch nach vierzig Jahren zurückzuzahlen, offenbarte in gewisser Weise ein naives Vertrauen in die Stabilität des Geldes. Um den Stein ins Rollen zu bringen, wurde die Regierung aufgefordert, ein Anteilsdarlehen von einer Million Pfund beizusteuern.

Einwände gegen diesen Antrag erhoben zum einen der Finanzminister, für den die Bereitstellung einer runden Million einen nahezu frevelhaften Angriff auf die Prinzipien einer soliden Finanzpolitik darstellte, zum zweiten der Außenminister, der dem Evian-Komitee jegliche Fähigkeit absprach, eine Einigung über eine gemeinsame Aktion erzielen zu können. Nachdem Innenminister Hoare also eine entscheidende Abstimmungsniederlage erlitten hatte, zog er sich zurück, um einen Alternativplan auszuarbeiten. Aber zu diesem Zeitpunkt war es dafür schon zu spät.

Am 30. August 1939 – zwei Tage vor Kriegsausbruch – kündigte die *Kinder-Flüchtlingshilfe* an, sie könne keine weiteren Flüchtlingskinder mehr aufnehmen. Am 3. September wurde Hoare von Sir John Anderson abgelöst, der ein sofortiges Einreiseverbot für Staatsangehörige aus vom Dritten Reich kontrollierten Gebieten erließ.

Den weiteren Zustrom von Flüchtlingen zu unterbinden löste jedoch keine finanziellen Probleme, obwohl die Regierung sich eine Zeitlang so verhielt, als seien die Flüchtlingsorganisationen nun in der Lage, sich selbst zu finanzieren. Nachdem das Innenministerium jedoch vom Gegenteil überzeugt werden konnte, erhielt man die Zusage für ein beträchtliches Darlehen, rückzahlbar zu einem nicht festgelegten Termin. Die jüdischen Gremien lehnten dieses Angebot jedoch kategorisch ab mit der Begründung, es sei unmoralisch, ein Darlehen zu akzeptieren, wenn man wisse, daß man es nicht zurückzahlen könne. Allerdings waren sie durchaus bereit, einen nicht rückzahlbaren Zuschuß zu akzeptieren, und warnten das Innenministerium am 1. Dezember, falls das Geld nicht binnen einer Woche ausgezahlt würde, seien die Flüchtlingsorganisationen gezwungen, aufzugeben und ihre Schützlinge der öffentlichen Fürsorge zu überlassen.

An diesem Punkt trat das Innenministerium in neue Verhandlungen ein, mit dem Ergebnis, daß ein Zuschuß in gleicher Höhe wie die Summe, die die Flüchtlingsorganisationen durch Spenden selbst aufbrachten, bewilligt wurde. Doch dieser Kompromiß war nur von kurzer Dauer. Im Sommer 1940 war der Zentralrat für jüdische Flüchtlinge bereits wieder in solchen Geldschwierigkeiten, daß die Regierung notgedrungen die alleinige Verantwortung für den Lebensunterhalt der Flüchtlinge übernehmen mußte, indem sie ein Existenzminimum und die Erstattung von 75 Prozent der Verwaltungskosten garantierte. Aus irgendwelchen dubiosen Gründen wurde die *Kinder-Flüchtlingshilfe* nicht in das staatliche Förderprogramm miteinbezogen. Erst nach einer langwierigen Prüfung ihrer Leistungsfähigkeit wurden der Organisation ab 1942 staatliche Gelder in Höhe von maximal 18 Schillingen pro Kind bewilligt. Eine Zusatzklausel sah vor, daß der Staat in bestimmten Fällen für den Gesamtunterhalt eines jungen Flüchtlings aufkam, dann nämlich, wenn der Nachweis erbracht wurde, daß »das Kind bei geeigneten Pflegeeltern angemessen erzogen wird, sich gut eingelebt hat und sein Charakter eine positive Zukunftsprognose zuläßt«.

Bei solch restriktiven Kriterien war die Qualifikation der Pflegeeltern von zentraler Bedeutung. Darüber war sich die Flüchtlingsorganisation genauso im klaren wie über die Notwendigkeit, den Bedarf an Pflegeeltern zu decken. Unklarheit herrschte jedoch darüber, welche Art von Menschen sich freiwillig als Pflegeeltern zur Verfügung stellen würden. Die Mitarbeiter der *Kinder-Flüchtlingshilfe*, die zumeist aus gutsituierten, privilegierten Familien stammten, gingen am Anfang davon aus, alle Pflegeeltern würden derselben Schicht angehören wie sie; nicht notwendigerweise genauso reich, aber doch mit ähnlichem Lebensstandard. Die Entdeckung, daß der durchschnittliche Engländer nicht unbedingt ein Gästezimmer, ein Badezimmer und eine Toilette innerhalb des Hauses besaß, löste Erstaunen aus. Überraschend stellte sich auch heraus, daß sich besonders begeisterte Freiwillige von den Voraussetzungen her nicht automatisch am besten als Pflegeeltern eigneten. Doch da die Auswahl nicht von geschulten Sozialarbeitern getroffen wurde, schlüpften viele eigentlich Unerwünschte durch das Kontrollnetz, einschließlich solcher, deren einziges Interesse einer billigen Haushaltshilfe galt.

Ursula Hutton, geborene Cohn, konnte sich noch nicht einmal ausschlafen, bevor sie in den Alltag ihres neuen Lebens bei einer Pflegefamilie im Londoner Stadtteil Willesden gestürzt wurde:

> Sie sorgten leider nicht sehr gut für mich. Bei der Ankunft gaben sie mir etwas Warmes zu trinken, und schon eine Stunde später mußte ich Wäsche für die ganze Familie bügeln, nachdem ich doch gerade erst in England eingetroffen war.

Ursula mußte die gesamte Hausarbeit machen, sich um das Baby der Familie kümmern und erhielt dafür nichts weiter als ein kleines Taschengeld.

> Ich durfte nicht aus dem Haus; sie hatten Angst, ich würde ins *Bloomsbury House* gehen. Sie waren sehr fromme Juden und sprachen jiddisch mit mir, weil ich kein Englisch konnte. Ich dachte, ich müßte diese ganze Arbeit als Gegenleistung für das tun, was ich sie kostete.

Diane Garner, die von ihrem Bruder getrennt wurde, konnte über ihre eigene Pflegemutter nicht klagen, wohl aber über die Pflegeeltern ihres Bruders:

> Sie waren das, was ich als professionelle Wohltäter bezeichnen würde. Später fand ich heraus, daß sie seinen Unterhalt bezahlt bekamen. Meine Pflegeeltern erhielten nichts, weil sie nicht wußten, daß sie dazu berechtigt waren. Die Pflegeeltern meines Bruders erzählten nie, daß er Deutscher war, sondern bezeichneten ihn als polnischen Flüchtling. Ich glaube, daß seine Familie finanziell viel besser gestellt war als meine – man fuhr zum Beispiel mit ihm in die Ferien –, aber nach vier Jahren erklärten sie, sie würden nicht mehr mit ihm fertig. Im Alter von sieben Jahren wurde mein Bruder aus der Schule mit der Begründung geworfen, er sei

destruktiv, obwohl er in Wirklichkeit nur herausfinden wollte, wie die Dinge funktionierten. So nahm er zum Beispiel eine Uhr auseinander, ohne sie wieder zusammensetzen zu können. Die Pflegeeltern schickten ihn in ein staatliches Kinderheim, schrieben aber meiner Mutter, er sei im Internat. Sie wollten nichts mehr mit ihm zu tun haben, weswegen mein Bruder sein ganzes Leben lang unter furchtbaren Komplexen litt.

Die Eltern machten sich natürlich Sorgen, wie ihre Kinder sich eingewöhnten, wie sie sich bei ihren neuen Familien benahmen. Tom Berman, der heute in Israel lebt, besitzt immer noch den ersten Brief, den seine Mutter am 14. Juni 1939 aus der Tschechoslowakei an die Millers in Glasgow schrieb. Tom, der darin als gutherziger, jedoch lebhafter und eigensinniger Junge geschildert wird, war als Sohn eines Textilfabrikanten in einem wohlhabenden Hause aufgewachsen und an einen reich gedeckten Tisch gewöhnt:

> Am liebsten ißt er Suppen, die bei uns vor Fleisch- und Gemüsegerichten serviert werden. Er mag Schokoladentorte ohne Schlagsahne und Obst, besonders Bananen. Er ißt alle Arten von Fleisch, auch Geflügel, aber nur in ganz kleine Stücke geschnittenes.

Zu den quälenden Sorgen gesellten sich Einsamkeit (»Das Haus ist still wie ein Grab«) und Zukunftsängste: »Auf dem amerikanischen Konsulat sagt man uns, daß es trotz Registrierung Jahre dauern könne, bis wir die Möglichkeit zur Auswanderung erhielten, da die Quote überzogen sei.«

Und am Briefende wieder die Sorgen: »Bitte lassen Sie mich wissen, ob der Junge manchmal weint, ob er Sie ärgert oder ungehorsam ist, denn ich weiß, das Kind hat auch seine schlechten Seiten, die sich aber mit der Zeit abschleifen werden.«

Tom blieb bei dem kinderlosen Ehepaar Miller bis 1952. Seinen Eltern gelang es nicht mehr zu entkommen.

Manfred Drake (früher Manfred Drechsler) erinnert sich, wie sehr er seine Mutter am Anfang vermißte:

Meine Mutter und ich standen einander sehr nahe. Sie verwöhnte mich. Ich mußte sie aus meinem Bewußtsein verdrängen. An das Gesicht meines Vaters kann ich mich erinnern, ohne ein Foto anzusehen, nicht aber an das meiner Mutter. Als ich nach England kam, konnte ich vor Sehnsucht nach meiner Mutter kaum atmen. Sie fehlte mir furchtbar.

Martha Blend traf ihre neue Pflegemutter im Warteraum am Bahnhof *Liverpool Street*:

Plötzlich war ich in der Obhut einer kleinen, dicklichen Frau, die mich in Jiddisch ansprach, der Sprache, von der sie glaubte, sie sei dem Deutschen am ähnlichsten. Sie lebte mit ihrem Mann, einem arbeitslosen Taxichauffeur, in einem kleinen viktorianischen Reihenhaus im Osten Londons. Da sie kinderlos waren, hatten sie beschlossen, mich aufzunehmen. Als die Pflegemutter mich fragte, was ich als erstes tun wolle, antwortete ich in Deutsch: Schlafen! und war froh, mich ins Bett fallen lassen zu können.
Als ich am nächsten Morgen in einem fremden Zimmer in einem fremden Haus aufwachte, überwältigte mich das Wissen um die Trennung in seiner ganzen Tragweite.

Dann gab es aber auch Kinder, die das Schicksal begünstigt zu haben schien. Helga Samuel zum Beispiel erhielt alle erdenkliche Unterstützung und Fürsorge von ihren wohlhabenden Pflegeeltern. Sie beschreibt das erste Zusammentreffen in *Liverpool Street* so:

Ein äußerst freundlich aussehendes Ehepaar stand da, und zur Begrüßung legte sich ein Arm um meine Schulter ... Ich wurde in einem großen Auto mit Chauffeur »nach Hause« gefahren, vorbei an der *St. Paul's Cathedral, Buckingham Palace* und anderen Sehenswürdigkeiten, für die ich an diesem Tag allerdings kein Auge hatte, denn ich fühlte mich unbeschreiblich unsicher und hatte einen Kloß im Hals. Ich saß auf dem Rücksitz, immer noch mit dem tröstenden Arm um meine Schulter...

Die Tür zu meinem neuen »Zuhause« wurde von einem Dienstmädchen geöffnet. Drinnen brannte ein schönes offenes Feuer im Kamin – als erstes gab es eine Tasse Tee, etwas zu essen und viele beruhigende Worte. Ich erinnere mich, daß ich den ganzen ersten Tag über weinte; alles war so fremd; erst der Abschiedsschmerz bei der Trennung von meiner Mutter und meiner Schwester, jetzt das Gefühl der Einsamkeit in einem fremden Land, einem fremden Haus, bei fremden Leuten, die aber wunderbar freundliche Gesichter hatten. Die ersten Tage waren schwierig, Unterhaltungen nur in Zeichensprache möglich, weil ich nur wenig Englisch konnte. Langsam gewöhnte ich mich jedoch an meine neue Umgebung. Ich hatte eine neue »Schwester« und einen »Bruder« bekommen, und alle bemühten sich unaufhörlich, mich glücklich zu machen. Kinder lernen schnell, sich an eine neue Umgebung anzupassen, aber noch schneller lernen sie, traurige Dinge zu vergessen.

Dankbarkeit konnten viele Kinder erst im nachhinein, aus der Distanz heraus empfinden. Warum sollte man sich auch für etwas bedanken, was man als herben Verlust erlebte?

Fräulein Harder war unverheiratet, Anfang Fünfzig und besaß einen kleinen Zigarettenladen im Norden Londons. Sie hatte ständig ihre Dienste als Pflegemutter angeboten, man hatte jedoch nie ein für sie geeignetes Kind gefunden oder sie für zu arm für die Aufgabe gehalten. Als sie von Lore Selo und ihren beiden Schwestern hörte, die dem Wunsch der Mutter nach unter keinen Umständen voneinander getrennt werden sollten, bot sie sofort an, alle drei aufzunehmen, und verblüffte damit die Komitee-Mitglieder so sehr, daß sie einwilligten. Fräulein Harder lehnte sogar eine finanzielle Beihilfe ab, falls dadurch einem anderen Kind die Chance, nach Großbritannien zu kommen, genommen würde.

Lore wird ihre erste Begegnung mit Fräulein Harder nie vergessen:

> Eine ziemlich altmodisch und schäbig gekleidete Frau kam auf uns zu und drückte mir eine Karte in die Hand, auf der die Worte Mother Love (Mutterliebe) standen. Ich konnte gerade genug Englisch, um den Sinn zu verstehen. Doch meine Schwestern und ich waren ziemlich verwirrt und, offen gestanden, enttäuscht. Wir waren so jung und verängstigt und hatten keinerlei Ahnung, was auf uns zukam – aber unsere neue Pflegemutter hatten wir uns bestimmt nicht so unattraktiv vorgestellt. Noch bestürzter waren wir, als wir ihr schäbiges Heim, eine Zweizimmerwohnung in einem alten Mietshaus, erblickten. Sie hatte ihr Schlafzimmer für uns drei geräumt und schlief auf dem Sofa im Wohnzimmer. Alles wirkte eng, armselig und dunkel. Die ersten Wochen, in denen wir oft vor Heimweh weinten, waren sicherlich sehr schwer für Fräulein Harder. Sie mußte ihre Zeit aufteilen zwischen Laden, Küche und Erziehung von drei Kindern, die ständig in Tränen ausbrachen, die Sprache kaum verstanden und alles andere als liebenswert waren. Dennoch war sie sehr geduldig und verständnisvoll.

Nach einigen Monaten hatten sich die Mädchen einigermaßen eingelebt. Als dann aus Prag die Nachricht eintraf, die Mutter sei verschwunden, unternahm Fräulein Harder alles nur Erdenkliche, um die Kinder zu trösten, und es gelang ihr, eine sehr enge Beziehung aufzubauen. Als der Tabakladen nach Kriegsausbruch nicht mehr genug Gewinn abwarf und Fräulein Harder ihren Verkäufer entlassen mußte, übernahm Lore diese Arbeit. Sechs Monate nach Ankunft der Schwestern starb Fräulein Harder, und die Schwestern wurden voneinander getrennt. Lore trat eine Stelle als Dienstmädchen an, die beiden anderen wurden zu neuen Pflegeeltern geschickt. Zwanzig Jahre später erinnert sich Lore in einer Rundfunksendung der BBC:

> Ich glaube, daß ich erst jetzt wirklich verstehe, was für eine von Herzen gute, wunderbare und tapfere Frau Miss Harder war. In diesen wenigen Monaten wurde sie mir zur zweiten Mutter. Meine Schwestern und ich verdanken ihr unser Leben; doch wir können ihr die Güte, mit der sie drei unbekannte Kinder in ihr Heim aufnahm und ihnen Liebe, Verständnis und Mitgefühl schenkte, niemals vergelten.

Manchmal war die Besorgnis um Kinder, die in scheinbar ungünstigen Verhältnissen lebten, völlig unangebracht. Martha Levy fühlte sich auch unter Bedingungen sehr wohl, die dem Anschein nach wenig beneidenswert waren. Sie wohnte bei einer Familie mit fünf Kindern im Osten Londons (East End):

> Damals war das East End keine sehr feine Gegend, aber glücklicherweise lebten dort viele Juden. Ich mußte sehr schwer arbeiten. Gleich am ersten Morgen stand die Frau des Hauses um 6 Uhr mit mir auf, um mir zu zeigen, wie man ein Kaminfeuer macht. Ich hatte noch nie ein englisches Kaminfeuer gesehen. Ich hatte Glück, denn obwohl ich im Haus helfen mußte, durfte ich an jedem Schabbat morgens in die Synagoge gehen. Die Familie war außerordentlich sympathisch und sehr, sehr nett zu mir.
> Die Ursache, warum ich sie verlassen mußte, war ein Freund von mir, der aus Deutschland herüberkam, um mir ein Geschenk meiner Stiefmutter zu bringen. Da er frühmorgens kam, sah er mich den Boden schrubben. Er war völlig entsetzt, ging zum Bloomsbury House, um sich darüber zu beschweren, wie Kinder hier behandelt würden. Man sollte es kaum für möglich halten, aber eine Woche später mußte ich in ein Jugendheim für Mädchen in Ladbroke Grove umziehen. Und dabei war ich doch so glücklich bei dieser Familie gewesen.

Ja'acov Friedler lernte zwei zwar sehr englische, aber doch sehr verschiedene neue Zuhause kennen und paßte sich leicht und mit Begeisterung an deren unterschiedlichen Lebensstil an. In einer Kleinstadt bei der Familie Maggs – (»die ersten Eltern seit vier Jahren, und ich habe guten Grund, Eltern nicht in Anführungszeichen zu setzen«) – lernte er die konventionellen Sitten des englischen Mittelstands kennen:

> Mahlzeiten waren wahre Unterrichtsstunden für mich. Frau Maggs erklärte mir, wie ein junger Engländer mit Messer und Gabel umgeht, seine Suppe geräuschlos ißt und niemals vom Tisch aufsteht, ohne das Familienoberhaupt um Erlaubnis gebeten zu haben. Die Brotscheiben für den Nachmittagstee waren hauchdünn, wie mit dem Rasiermesser geschnitten; eine Gewohnheit, die ich beibehalten habe.
>
> Als mich ein Klassenkamerad zum Tee bei seinen Pflegeeltern einlud, zog Frau Maggs Erkundigungen ein und riet mir davon ab, diese Familie zu besuchen, da sie nur wenig, wenn überhaupt etwas zu meiner Erziehung oder Bildung beitragen könne. Es tat mir zwar leid, nicht ausgehen zu können, aber ich war in erster Linie froh, daß sich Frau Maggs so viele Gedanken machte. Meine eigene Mutter hätte nicht mehr tun können.

Obwohl er sich wohl fühlte, wollte Ja'acov doch am liebsten mit seinem Bruder Solly zusammen wohnen. Da aber die Familie Maggs nicht beide Kinder unterbringen konnte, fanden die Brüder ein neues gemeinsames Quartier in einem Haushalt der Arbeiterklasse. Die Crooks – mittleren Alters und kinderlos – empfingen sie herzlich. Es gab nur ein Problem:

> Als man ihnen vorschlug, zwei jüdische Flüchtlingsjungen vom europäischen Kontinent aufzunehmen, äußerten sie sehr deutlich, daß sie keine deutschen Jungen zu beherbergen wünschten. Es war unmöglich, ihnen den Unterschied zwischen deutschen

Nazis, die Großbritannien vernichten wollten, und jüdischen Flüchtlingen aus Deutschland zu erklären. Wir mußten uns als Holländer ausgeben und hielten dies bis zum Schluß durch.
Im alten Häuschen der Crooks gab es weder Elektrizität noch ein Badezimmer. Im Wohnzimmer und in der Küche hingen Gaslampen. Oben waren zwei Schlafzimmer ohne jede Beleuchtung, und wenn wir zu Bett gingen, nahmen wir ein Porzellangefäß mit einer Kerze darin mit.

Die Familie, die Lorraine Allard aufnahm, hatte eine langfristige Beziehung im Sinn:

Ihr einziger Sohn hatte eine nicht-jüdische Freundin. Die Familie nahm mich in ihr Haus auf, in der Hoffnung, der Sohn würde seine Zuneigung nun mir zuwenden. Es kam ihnen gar nicht in den Sinn, daß ich erst 14 Jahre alt war. Der Sohn heiratete seine Freundin, die zum jüdischen Glauben übertrat, natürlich doch. Sie führten eine besonders glückliche Ehe und hatten vier Kinder.

Lorraine war auch von anderen Dingen viel zu sehr in Anspruch genommen, um romantischen Gefühlen nachzuhängen. Als der Krieg in immer greifbarere Nähe rückte, waren viele Kinder von dem Gedanken besessen, ihre Eltern aus Deutschland herauszuholen.

Ich konnte meinen Pflegeeltern nicht klarmachen, wie schlimm die Dinge in Deutschland standen. Ich lief in Lincoln und anderen teuren Wohngegenden herum, klopfte an die Türen großer Häuser und fragte, ob sie nicht eine Köchin oder einen Gärtner brauchten, denn das war die einzige Möglichkeit, um ohne Geld Leute herüberzubringen. Meistens brach ich in Tränen aus, nachdem ich geklopft hatte; manchmal gelang es mir, ein paar Worte in Englisch zu stammeln. So verbrachte ich jede freie Minute, und ich glaube, wenn der Krieg etwas später begonnen hätte, wäre es mir gelungen, meine Eltern herauszubringen. Statt dessen fand ich ein Heim für drei andere Kinder. Ein Freund aus Deutschland kam daraufhin nach Lincoln, meine beiden Kusinen jedoch, für die ich ebenfalls Unterkünfte besorgt hatte, schafften es, genau wie meine Eltern, leider nicht mehr.

Kinder, die sich gut bei einer Pflegefamilie eingewöhnt hatten, litten sehr darunter, wenn sie eine neue Periode der Veränderungen und der Unsicherheit durchleben mußten. So machte Peter Prager zum Beispiel folgende Erfahrung:

Ich glaubte, ich würde immer bei meinen Pflegeeltern bleiben können, aber sie hatten andere Vorstellungen. Die Zeiten waren schlecht, und ihr Geschäft litt unter dem Krieg. Sie teilten dem Jüdischen Flüchtlingskomitee mit, nicht länger für mich bürgen zu können, und schmissen mich von einem Tag zum anderen einfach zu Weihnachten hinaus. Sie fragten mich, ob ich nicht meinen Vater in London besuchen wolle, und da ich ihn seit seiner Ankunft in England noch nicht gesehen hatte, freute ich mich sehr. Sie schlugen mir vor, eine Woche in London zu bleiben und ihnen anschließend zu sagen, wieviel Geld ich ausgegeben habe, damit sie es mir zurückerstatten konnten. Bei meiner Rückkehr erzählte ich, daß ich fast ein Pfund ausgegeben hatte, und bekam zur Antwort: »Gut so; in Zukunft bleibst du in London, und wir geben dir wöchentlich ein Pfund.« Ich fragte: »Dann bleibe ich also dort und komme an den Wochenenden zurück?« Doch sie entgegneten: »Besser nicht.« Da verstand ich plötzlich, daß sie mich loswerden wollten. Sie meinten, ich könne bei meinem Vater oder meinem Bruder wohnen. Mein Vater wohnte jedoch in einem möblierten Zimmer, und mein Bruder hatte auch nur zwei Zimmer und jetzt auch noch ein Kind. Es war eine traumatische Erfahrung für mich, denn obwohl ich meine Pflegeeltern etwas merkwürdig fand (sie konnten nicht verstehen, warum ich immer so traurig war), hatte ich mich doch bei ihnen heimisch gefühlt. Und nun mußte ich plötzlich erkennen, daß ich doch kein Zuhause hatte.

Ruth Michaelis kam sich von dem Zeitpunkt an, als sie von ihrer Mutter nach England gebracht und bei der Pastorenfamilie Stead abgeliefert worden war, verraten vor:

Die einzige klare Erinnerung, die mir Aufschluß über meine Gefühle für meine Eltern gibt, hängt mit dem großen Puppenhaus im Pfarrhaus zusammen. Ich durfte eine Weile damit spielen, und ich weiß noch, wie ich all die kleinen Puppen herausholte und sie in den Mülleimer warf. Nachdem sie jemand wieder herausgeholt hatte, begann ich von neuem damit. Ich wurde dafür geschlagen, aber wie unter einem Zwang tat ich es immer wieder. Ich glaube, ich hielt alle Menschen für Müll. Ich wunderte mich über mich selbst, daß ich es immer wieder machte, obwohl es mir doch verboten war.

Man hatte Ruth ständig versprochen, es würde keinen Krieg geben und sie könne bald zu ihrer Familie zurückkehren. Aber ihr sechster Sinn sagte ihr etwas anderes.

Das tiefe Dunkel der Nächte ohne Straßenbeleuchtung ließ mich zweifeln, ob es draußen überhaupt noch irgend etwas gab. Ich erinnere mich an ein furchtbares Gefühl der Leere und daran, daß ich mich selbst kniff, um mich zu vergewissern, daß ich noch lebte.

Nach der Leidenszeit bei den Steads, bei denen sie durch Schläge mit einem Lederriemen für Bettnässen bestraft wurde, fand Ruth eine harmonischere Beziehung zu einer anderen Familie, ohne aber das Gefühl der Unsicherheit loswerden zu können:

Ich mißtraute allen Menschen, weil sie einen früher oder später immer im Stich ließen und ihre Versprechen nicht hielten.

Die regelmäßige Inspektion der Pflegeheime war Aufgabe des Zentralbüros der Flüchtlingsorganisation sowie seiner Bezirks- und Provinzkomitees. Diese Kontrollen waren, je nach Beobachtungsgabe der Verantwortlichen und ihrer Ansichten über die richtige Behandlung junger Flüchtlinge, von sehr unterschiedlicher Qualität. Da gab es Inspektoren, die mehr oder weniger unbewußt Flüchtlinge als Bürger zweiter Klasse betrachteten, denen ein angenehmes Leben nicht zustand, da es sie womöglich nach Höherem streben ließ, statt sich, wie es ihrem eigentlichen Status entsprach, harter Arbeit und ständiger Dankbarkeit zu verschreiben. Diese Meinung wurde auch von einigen Exekutivausschußmitgliedern der *Kinder-Flüchtlingshilfe* vertreten, unter ihnen die Marquise von Reading, Gattin des ehemaligen Vizekönigs von Indien, die jedes Problem im Rahmen ihrer enggesteckten Standeskonventionen beurteilte. Danach verdienten Flüchtlinge zwar Sympathie und Hilfe, verwöhnen sollte man sie allerdings möglichst nicht. Selbst ein Regierungsangebot für zusätzliche Kleidergutscheine wurde von ihr mit der Begründung abgelehnt, abgelegte Sachen seien gut genug für Flüchtlinge. Genauso starke, wenn nicht sogar stärkere Standesdünkel gab es auf regionaler Organisationsebene.

Den Gegenpol zu jener unsäglichen Engstirnigkeit verkörperten Lord Gorell und seine Anhänger, die einen von mitfühlendem Verständnis geprägten Ton in die Bewegung brachten. Ein Brief an die Bezirksvorsitzenden und -sekretäre der *Kinder-Flüchtlingshilfe* vom Dezember 1942 verdeutlicht Lord Gorells Philosophie:

> Es drängt mich angesichts eines schwer lösbaren und heiklen Problems an Ihre Kooperationsbereitschaft zu appellieren. Sie haben sicher aus zahlreichen Berichten von den furchtbaren, in der Geschichte einmaligen und von den Nazis systematisch verübten Massenmorden an der jüdischen Bevölkerung Polens und ande-

rer Länder erfahren. Da ein so großer Teil der Kinder, für die unsere Bewegung die Verantwortung trägt, jüdischer Herkunft ist, hat diese schreckliche Verfolgung auch eine direkte Auswirkung auf unsere Arbeit.

Herauszufinden, was genau im Inneren eines Kindes vorgeht, ist für einen Erwachsenen, so erfahren und mitfühlend er auch sein mag, nicht immer einfach, aber es steht außer Zweifel, daß viele jüdische Kinder, besonders ältere, die sich des Ausmaßes der Katastrophe, die über ihre Rasse hereingebrochen ist, bewußt sind, in einem Zustand großer Ungewißheit und quälender Angst um Eltern und Verwandte leben.

Nie haben die uns anvertrauten Kinder liebevolle Fürsorge nötiger gebraucht als gerade heute. Dieser Aspekt unserer Arbeit sollte den Pflegeeltern so feinfühlig und taktvoll wie möglich vermittelt werden. In den meisten Fällen werden Sie selbst am besten wissen, wie weit Sie in Gesprächen gehen können, um den Kindern über ihre seelische Verzweiflung hinwegzuhelfen.

Ich kann nichts weiter tun, als Sie auf diesen Punkt aufmerksam zu machen, in der Gewißheit, daß Sie ihr möglichstes tun werden, um das Leid der uns anvertrauten Kinder zu lindern.

Wieviel Notiz von diesem Brief genommen wurde, ist nicht mehr festzustellen. Die Akten lassen jedoch vermuten, daß man weiterhin einer harten Linie bei der Kindererziehung den Vorzug gab, zumindest in bezug auf Kinder, die mit ihren Pflegeeltern nicht völlig zufrieden waren. Noch weniger Verständnis brachte man für die Probleme junger Menschen auf, die bereits alt genug waren, um zur Untermiete zu wohnen. Diese Jugendlichen waren durch den Eingewöhnungsprozeß nicht nur starken psychischen Belastungen ausgesetzt, sondern hatten oft auch unter großer materieller Not zu leiden.

Oft waren Unterkunft und Arbeit aneinander gekoppelt. Familien, die an Personal gewöhnt waren, nun aber Schwierigkeiten hatten, Hausangestellte zu finden, griffen gern die Idee auf, einen jungen Flüchtling im Haus zu haben. Herta Stanton wurde von der Witwe eines Marineoffiziers aufgenommen:

> Sie war sehr gut situiert, sehr reich und fand es äußerst praktisch, ein kleines Dienstmädchen zu bekommen und gleichzeitig damit prahlen zu können, daß sie etwas für Flüchtlinge tat. Ich bekam eine Dachstube mit einer kleinen Öllampe als einziger Beleuchtung. Es war mitten im Winter, und in der Waschschüssel gefror das Wasser. Ich stapelte meine sämtlichen Kleidungsstücke über mir auf, schließlich kroch ich sogar unter die schwere Matratze! Ich blieb vier Monate da, bis ich der Frau endlich sagen konnte, daß ich Deutschland nicht verlassen hatte, nur um in eine andere Art von Konzentrationslager zu kommen.

Regina war jünger und konnte sich nicht so gut durchsetzen. Eines Tages erhielt sie in ihrer Unterkunft Besuch von einem der Mitarbeiter der Flüchtlingsorganisation, der darüber folgendes berichtet:

> In Begleitung von Frau Joseph, der Vorsitzenden der Kinderabteilung des Flüchtlingskomitees Birmingham, besuchte ich Frau de Gray, eine der Pflegemütter der Stadt Birmingham, in ihrer kleinen Sozialwohnung in der Siedlung Stirchley. Wir kamen in ein Zimmer mit einem Bett, in dem sich ein Baby von einer Lungenentzündung erholte, und einer Couch, auf der ein kleiner Junge lag, der nach einer Krankheit unter Herzbeschwerden litt. Das Haus schien in einem sauberen Zustand zu sein, wirkte aber schrecklich vollgestopft.
> Regina fühlte sich offensichtlich gar nicht wohl in ihrer Haut, als sie uns sah; man merkte ihr an, daß sie für unseren Besuch sorgfältig »abgerichtet« worden war. Das Mädchen ist sehr klein für sein Alter und hat einen etwas mißgebildeten Körper. Das Gesicht

wirkt viel älter, als es eigentlich ist. Frau de Gray beklagte sich, Regina sei teilnahmslos und es sei schwer, mit ihr auszukommen; dennoch glaube sie, mit ihr fertig werden zu können. In der Schule ist Regina sehr unglücklich und interessiert sich für überhaupt nichts. Frau de Gray hatte sie in den letzten beiden Wochen zu Haus behalten, weil sie eine Hilfe für ihre zwei Patienten brauchte. Wir teilten ihr mit, Regina müsse das Semester, für das die Bewegung bezahlt hatte, beenden.

Regina wurde schließlich anderswo untergebracht und fand Arbeit – aber es war weiterhin schwierig, Kontakt zu ihr zu bekommen.

Es kam immer wieder vor, daß Pflegeeltern abweisend auf die Inspektionsbesuche reagierten, nicht, weil sie unbedingt etwas zu verbergen hatten, sondern weil sie das Gefühl hatten, man stelle ihre Haushaltsführung oder ihre Tauglichkeit als Eltern in Frage. Manchmal färbte diese Haltung auf die Kinder ab:

Ruth besuchte uns im Büro. Sie war hocherfreut, Nachrichten über ihren Bruder zu bekommen. Wir sprachen über die unhöflichen Briefe, mit denen sie früher unsere Mitteilungen beantwortet hatte. Sie war sehr verlegen und gab zu, einen Fehler begangen zu haben. Als sie zum ersten Mal von uns hörte, hatte sie das Gefühl, ihre Pflegeeltern wären nicht damit einverstanden, wenn sie unser Büro besuchte; doch seitdem ist sie reifer geworden und hat ihre eigenen Ideen und Ansichten entwickelt. Jetzt hat sie uns doch noch kennengelernt und wird versuchen, an all unseren Veranstaltungen teilzunehmen.

Es war unmöglich, jedes der überall im Land verstreut lebenden Kinder regelmäßig zu besuchen. Viele ehemalige Flüchtlingskinder berichten, nie einen Vertreter des *Bloomsbury House* gesehen zu haben. In den Fällen, in denen überhaupt Probleme in den Akten auftauchen, handelt es sich meist um solche, die allen Eltern von Teenagern vertraut sind. So gibt es zahlreiche Beschwerden von Halbwüchsigen, die sich darüber beklagen, daß man sie wie Kinder behandelt.

Brigitte kam zu uns. Sie schilderte uns, die Beziehung zwischen ihr und Frau Kreeger sei zwar nicht feindselig, sie werde aber ständig behandelt wie ein 14jähriges Kind (tatsächlich war sie 17), dem man kein eigenes Privatleben gönnt.

Brigitte und Frau Kreeger konnten ihre Meinungsverschiedenheiten beilegen; in anderen Fällen waren tiefere Emotionen im Spiel:

Eva fragte uns um Erlaubnis, Frau Payne verlassen zu dürfen. Seit August kann sie ihr offenbar nichts mehr recht machen. Sie weiß keinen Grund für diese plötzlichen Schwierigkeiten, meint aber, daß sie begannen, als Frau Payne sie mit Frieda (Frau Paynes 15jähriger Tochter) zum Schwimmen schicken wollte und Eva sich weigerte mitzugehen. Seitdem scheint eine gespannte und traurige Atmosphäre zu herrschen. Eine weitere Verstimmung ergab sich letzten Sonntag wegen einer Verabredung von Eva, mit der Herr Payne nicht einverstanden war. Eva beschwerte sich auch darüber, daß sie sich nicht nach ihrem eigenen Geschmack kleiden darf und daß ihre Korrespondenz überwacht wird.

Frau Payne wurde daraufhin besucht, ohne daß man ihr den wirklichen Grund für die Visite mitteilte. Ihrer Meinung nach war Eva schwierig und unaufrichtig. So habe sie zum Beispiel an jenem Sonntag vorgegeben, sie müsse bis nach dem Essen im Büro arbeiten, obwohl sie sich in Wirklichkeit mit ihrer Freundin im Café zum Mittagessen treffen wollte. Herr Payne habe ihr dies nur wegen der Lüge verboten. Kurz darauf sprach Eva wieder im Bloomsbury House vor, um ihren Gefühlen für ihre Pflegefamilie Ausdruck zu geben.

Sie ist in einem sehr nervösen, aufgewühlten Zustand und sieht erschöpft und deprimiert aus. Sie will unter keinen Umständen länger bei Frau Payne bleiben; Hauptursache hierfür scheint eine gewisse Eifersucht zwischen ihr und Frieda zu sein. Eva behauptet, Frau Payne ergriffe immer Friedas Partei, besonders dann, wenn sie, Eva, etwas besser mache als Frieda, und dadurch fühle sie sich sehr ungerecht behandelt.

Da eine Aussöhnung nicht zu erwarten war, zog Eva in ein Wohnheim um.

Eine andere Art Eifersucht herrschte im Haushalt der Barans.

Bei meinem Besuch war zunächst nur der ungefähr 50jährige Hausherr anwesend. Haus und Laden sind in sehr sauberem Zustand. Herr Baran machte deutlich, daß seine Frau aufgrund der ständigen Schwierigkeiten zwischen Franziska und ihr nicht bereit sei, Franziska länger zu behalten. Seine um zwanzig Jahre ältere Frau sei zur Zeit wegen ihres hohen Blutdrucks leicht erregbar. Als Frau Baran dazukam – sie machte einen sehr lieben, mütterlichen, wenn auch ziemlich reizbaren Eindruck –, wollte sie nicht mit der Sprache heraus, wo die Wurzel des Übels lag. Sie beklagte sich über Franziskas Eßgewohnheiten und ihren Mangel an Sauberkeit. Doch ich hatte das deutliche Gefühl, daß diese Dinge nur vorgeschobene Gründe waren. Sie wollte jedoch nichts weiter sagen.

Es ist nicht schwer zu erraten, daß Frau Baran in Wirklichkeit die Beziehung ihres Mannes zu Franziska bedrückte. So wie Herr Baran über das Mädchen sprach, gewann ich allerdings den Eindruck, daß es absolut keinen Grund zur Eifersucht gab.

Beschwerden gingen aber keineswegs nur von den Kindern ein. Es gab auch genügend Pflegeeltern, die berechtigten Grund zur Klage hatten.

Frau Coles rief an und erkundigte sich, ob wir Mary nicht in einem Heim unterbringen könnten, da ihr eigenes Kind einem Nervenzusammenbruch nahe sei und sie nicht mit beiden Kindern fertig werden könne. Mary werde immer schwieriger und mache ins Bett.

Und etwas später:

Frau Coles rief an, um mitzuteilen, daß Mary eine Flasche Medizin über das Baby gegossen habe und sie sie so schnell wie möglich loswerden wolle.

Vielleicht war ein solches Benehmen leichter zu tolerieren, wenn es sich um eigene Kinder handelte. Frau Coles bedauerte sehr, von Mary Abschied nehmen zu müssen, sorgte auch weiter für die Kleidung des Mädchens und lud es ein, Weihnachten bei der Familie zu verbringen.

Insgesamt mußten nur etwa 50 Kinder bei ihren Pflegeeltern wieder ausziehen. Einer der ernstesten Fälle war der von Friederike (Fritzi). Sie kam 1939, im Alter von 13 Jahren, zu dem ungefähr 60jährigen ehemaligen Flüchtlingshelfer Herrn Argles und seiner Frau nach Staffordshire. Im Oktober 1944 teilte Herr Argles dem Büro in Birmingham mit, seine Frau sei gesundheitlich schwer angeschlagen, er müsse auf ärztlichen Rat hin mit ihr in eine andere Gegend ziehen. Er bat, Fritzi und ihren Bruder Mickey aus diesem Grund sofort bei ihm abzuholen. Später rief der Arzt selbst an und erklärte, was geschehen war. Infolge einer »Indiskretion« müsse Fritzi sofort das Haus verlassen.

Langsam kam die peinliche Wahrheit ans Licht. Frau Argles hatte Fritzi zwar verboten, über das zu sprechen, was passiert war, aber nachdem sie die Familie verlassen hatte, packte sie aus:

Sie gab zu, seit kurz nach ihrer Ankunft, über 3 1/2 Jahre hinweg intime Beziehungen zu Herrn Argles unterhalten zu haben. Sie leugnete, daß derartige Beziehungen auch zu anderen Männern bestanden hätten, aber nachdem ich sie ein paar Augenblicke allein gelassen hatte, weinte sie und bekannte, ihren ersten Geschlechtsverkehr mit dem 19jährigen Sohn der Familie gehabt zu haben, von dem sie vergewaltigt wurde, als sie mit ihm allein im Haus war. Sie hatte sich schrecklich gefürchtet und geschrien, aber niemand hatte sie gehört. Sie habe es Frau Argles erzählt, und die hatte ihr versprochen, die Sache in Ordnung zu bringen; aber nichts passierte, außer daß man sie nie wieder mit dem Jungen allein im Hause ließ.

Für einen Außenstehenden war kaum zu merken, daß in der Familie irgend etwas nicht stimmte, wenngleich auch Fritzis Bruder Mickey einen Anhaltspunkt bot. Er litt seit geraumer Zeit unter psychischen Störungen, die man auf seine Erlebnisse in Deutschland zurückführte. Später stellte sich heraus, daß bei Herrn Argles ein Junge arbeitete, der wegen Vergehen an Kindern verurteilt worden war. Zweifellos lag hier der Ursprung von Mickeys Problemen.

Wenn ein kleines Kind offiziell von einer Familie adoptiert wurde, fanden normalerweise keine Kontrollbesuche mehr statt. Elfriedes Akte beginnt mit der Eintragung: »Nichts unternehmen! Keine Besuche!« Elfriede kam als Dreijährige nach England und lebte bei der Familie Lewis in Newport, Monmouthshire. 1942 wurde sie geschildert als: »Ein normal entwickeltes, gesundes kleines Mädchen, das sich an kein anderes Zuhause oder Land mehr erinnert. Sie gehört genauso zur Familie wie Frau Lewis' eigene kleine Söhne. Unserer Meinung nach hatte sie großes Glück, ein so wunderbares Zuhause zu finden.«

Nur wenige Fälle lagen so einfach. Um Liesl, deren Mutter nach England hatte fliehen können, entbrannte eine wahre Schlacht zwischen Mutter und Pflegemutter:

Liesls Mutter besuchte uns, nachdem sie nach einer Operation gerade aus dem Krankenhaus entlassen worden war. Sie ist furchtbar unglücklich, weil Liesls Pflegemutter, Frau Wynne, letzten Sonntag mit dem Kind zu ihr kam und sie, die leibliche Mutter, aufforderte, per schriftlicher Erklärung das Sorgerecht auf die Pflegemutter zu übertragen. Frau Wynne drohte damit, Liesl nicht wieder zurückzunehmen und ein anderes Kind zu adoptieren, falls das entsprechende Formular nicht unterzeichnet würde. Liesl liebt sowohl ihre Mutter als auch ihre Pflegeeltern. Sie versprach, den Wynnes zu erklären, daß sie sehr an ihnen hänge und ein Formular, das die Vormundschaft regelt, unnötig fände, zumal sie auch ihre Mutter nicht verletzen wolle.

Nach weiteren Wortgefechten gelang es schließlich, einen Kompromiß zu schließen, der es Liesl ermöglichte, so lange bei den Wynnes zu bleiben, bis ihre eigene Mutter wieder für sie sorgen konnte.

Obwohl man theoretisch davon ausging, daß Eltern, denen die Flucht nach England gelungen war, sofort danach selbst die Verantwortung für ihre Kinder übernehmen würden, war dies in der Praxis häufig nicht möglich. Noch unter den traumatischen Erlebnissen in Deutschland und Österreich leidend, kaum der englischen Sprache mächtig und fast völlig mittellos, waren die meisten Erwachsenen selbst auf dauerhafte Unterstützung angewiesen.

So wurden Familien häufig auseinandergerissen, Mütter und Töchter als Dienstmädchen in meilenweit voneinander entfernt liegende Haushalte geschickt. Magda Chadwick erinnert sich:

Meine Mutter verließ Deutschland eine Woche vor meiner Schwester und mir. Mutter bekam eine Stelle als Haushälterin, meine 17jährige Schwester eine als Kindermädchen. Wir glaubten, wenn wir anderen es geschafft hatten herauszukommen, würde es auch noch eine Chance für meinen Vater geben. Doch dann ging alles viel zu schnell. Ich erinnere mich noch daran, daß Vater uns ein paar Fotos schickte, die ihn mit einem Tablett mit Tafelsilber und Gläsern darauf zeigten. Er hatte extra noch Servieren gelernt, um in England als Butler arbeiten zu können.

Gab es ein schnelles Wiedersehen zwischen Eltern und Kindern, war die Begeisterung überschwenglich. Sonja Altmans Eltern erreichten England kurz nachdem ihre Tochter per Kindertransport dort angekommen war:

Meine Eltern wurden von den Leuten, für die sie arbeiten sollten, mit dem Auto aus London abgeholt. Sie hatten erfahren, daß ich in Middlesbrough war, wußten aber nicht genau, wo dort, und konnten sich in Englisch nicht verständigen. Sie kamen an einem heißen Augusttag kurz vor Kriegsausbruch nach Middlesbrough. Die Autofenster waren offen. Als sie an einer Verkehrsampel hielten, hörte meine Mutter ein Kind schreien. Sie sagte zu meinem Vater: »Das ist Sonja!« Meine Mutter stieg aus und ging in die Richtung, woher das Schreien kam. So gelangte sie zu einem Zahnarzt, bei dem ich auf dem Behandlungsstuhl saß. Man stelle sich solch ein Wiedersehen vor!

Gerdas Mutter lebte mit einem Mann zusammen, mit dem sie nicht verheiratet war, und wollte unbedingt ihre Tochter zu sich holen.

Frau Howe vom Bromley-Komitee rief an und sagte, man sei dagegen, das Kind seiner jetzigen Pflegemutter wegzunehmen und es in einen Haushalt ziehen zu lassen, in dem eine unstatthafte Beziehung existiere. Wir bemühten uns, das Kind so lange wie möglich von der Mutter fernzuhalten, aber unter den jetzigen Umständen ist es vielleicht besser, wenn Gerda zu ihrer Mutter zurückkehrt.

Verwandte in England zu haben, erwies sich nicht immer als Vorteil. Es konnte vorkommen, daß Onkel und Tanten keine Ahnung hatten, was mit ihren Familienangehörigen auf dem Kontinent geschah, was mitunter genau die alten Spannungen und Unstimmigkeiten wiederauffleben ließ, die sie selbst einst zum Umzug veranlaßt hatten.

Ellie Adler erinnert sich noch an den Empfang bei ihrer Tante:

> Meine Tante packte meinen Koffer aus und beklagte sich darüber, wieviel unnötiges Zeug ich mitgebracht hätte. Damit meinte sie die Bücher, die ich bei mir hatte. Meine Mutter hatte die Klassiker eingepackt und auch ein paar von meinen eigenen Büchern; eines davon liebte ich besonders, ein Buch über griechische Mythologie. Mit Ausnahme der Dschungelbücher nahm meine Tante mir alle Bücher einfach weg. Ich kam nicht sehr gut mit ihr aus. Sie sagte, meine Mutter hätte mehr zum Anziehen einpacken sollen, aber ich glaube, ich hatte alle Kleider, die ich besaß, dabei. Ich vermute, meine Tante konnte sich einfach nicht vorstellen, wie arm wir waren.

Die Tante von Liesl Silverstone war nicht gerade begeistert davon, sich um ihre Nichte kümmern zu müssen, und versuchte, die Verantwortung loszuwerden, ohne daß es das Kind merkte:

> Obwohl ich schon vorher wußte, daß sie mich nicht bei sich haben wollte, erinnere ich mich noch genau an mein Entsetzen, als ich den Brief fand, in dem meine Tante versuchte, mich für vier Pfund in der Woche zu einem älteren Ehepaar abzuschieben. Ich wußte, daß meine Tante als Kind schwieriger als ihre Schwestern gewesen und von ihrer Familie ständig verhätschelt und mit Liebe überschüttet worden war. Als Flüchtling in England leben zu müssen fand sie sehr schwer. Da hatte ich ihr gerade noch gefehlt!

Schließlich war ich es, die die Rolle der Mutter im Haushalt übernahm, was eine ziemliche Bürde war. Ich versuchte, alles zusammenzuhalten. Ich kümmerte mich nicht nur um meine Schularbeiten, sondern vor allem um meine Tante.

Manch glückliche Erinnerung gibt es an die kleinen Wohnheime, in denen oft eine familiärere Atmosphäre herrschte als bei Pflegeeltern. Dies trifft weniger auf die religiösen oder von Wohlfahrtsorganisationen geführten Heime zu, sondern eher auf die von Einzelpersonen oder Gruppen von Gönnern gegründeten. Hier bekamen die jungen Flüchtlinge Kontakt zu freundlichen Erwachsenen, ohne daß die Beziehungen so eng waren, daß bei den Kindern der Eindruck entstehen konnte, man wolle ihre Eltern durch andere ersetzen, ein Gefühl, das häufig Abneigung gegen Pflegeeltern hervorrief. Gleichzeitig konnten die Kinder aus gemeinsam Erlebtem neue seelische Kraft schöpfen.

Unter denen, die es sich zur Aufgabe gemacht hatten, ein Wohnheim für orthodoxe Kinder aufzubauen, war Sybil Wulwick. Sie hatte im Sommer 1938 den Pastor Geza Wulwick geheiratet, der in der Tschechoslowakei aufgewachsen war und fließend Deutsch sprach. Die beiden ließen sich in Middlesbrough nieder und begannen, Geld für Flüchtlingskinder zu sammeln. Der entscheidende Durchbruch gelang, als ihnen ein großes viktorianisches Haus unentgeltlich überlassen wurde. Pastor Wulwick widmete sich von nun an persönlich den Bedürfnissen der Kinder:

Da das Wohnheim noch nicht fertig war, als der erste Schub Kinder eintraf, mußten wir sie zunächst bei uns zu Hause aufnehmen. Mein Mann brachte zwei Mädchen mit. Er hatte bemerkt, daß die männlichen Mitglieder des Flüchtlingskomitees sich die hübschesten Mädchen aussuchten, deshalb hatte er sich für zwei weniger attraktive entschieden. So kam ich zu zwei Hannahs. Wir empfanden tiefes Mitgefühl mit diesen Kindern. Die rundliche kleine Hannah Freulich hatte in ihrem Köfferchen eine große Büchse Talkum-Puder und einen Brief von ihrer Mutter, in dem stand: »Bitte sorgen Sie für mein kleines Mädchen. Ich danke Ihnen von ganzem Herzen. Baden Sie sie jeden Abend und benutzen Sie den Puder; sie ist daran gewöhnt.« Das tat ich dann auch.

Inzwischen richteten wir das Wohnheim ein. Wir wollten es den Kindern so heimisch wie nur möglich machen. Eine Dame teilte uns mit, sie habe einen neuen Eßzimmerteppich bestellt und sobald er da sei, könnten wir den alten, noch ganz anständigen haben. Das Komitee besuchte sie daraufhin und fragte, wann der neue Teppich käme. Als sie sagte, es dauere noch zwei Wochen, rollten sie den Teppich vor ihren erstaunten Augen auf.

Die Schlesingers hatten bereits fünf eigene Kinder, darunter John, aus dem später ein berühmter Filmregisseur wurde. Bernard Schlesinger war Chefarzt eines bekannten Kinderkrankenhauses; seine Frau Winifred eine begabte Musikerin und Linguistin. Mit ihrer liebevollen, aufgeschlossenen Einstellung Kindern gegenüber kamen sie dem von der *Kinder-Flüchtlingshilfe* angestrebten Ideal einer Pflegefamilie sehr nahe. Das Wohnheim war ein großes Haus in Highgate, einer guten Wohngegend im Norden Londons, das die Schlesingers mit Geld erworben hatten, das ihnen ein Verwandter hinterlassen hatte. Eine Heimleiterin und drei Hilfskräfte, einschließlich einer Köchin, wurden eingestellt. Das Haus bot Platz für zwölf Kinder. Eines von ihnen erinnert sich:

Frau Schlesinger holte uns am Bahnhof *Liverpool Street* ab, und es machte tiefen Eindruck auf uns, daß sie fließend Deutsch sprach. Wir wurden direkt nach Highgate gebracht. Man empfing uns freundlich, wir wurden gut versorgt, und es mangelte uns an nichts: wir hatten wirklich großes Glück. Unsere Gruppe bestand aus fünf Jungen und sieben Mädchen, und wir kamen sehr gut miteinander aus. Wir wurden in die örtliche Schule aufgenommen, in der wir ein Zimmer mit den ungefähr 13jährigen Schülern der obersten Klasse teilten. Die müssen uns für komische Käuze gehalten haben, nicht allein unserer seltsamen Kleidung wegen. Wir erhielten meist Einzelunterricht, aber ich weiß bis heute nicht, wie sie es fertigbrachten, gleichzeitig im selben Raum auch die englischen Kinder zu unterrichten. Ich glaube, sie wurden als eine Art Hilfslehrer für uns eingesetzt. Wir blieben nur drei Monate dort, lasen aber dennoch sehr viel und lernten unser Einmaleins, (Pfunde, Schillinge und Pennies), indem wir alles im Chor wiederholten, eine altmodische, aber sehr erfolgreiche Methode. Man ging dort von der Voraussetzung aus, wir wären vorher nicht zur Schule gegangen, was natürlich nicht stimmte. Man brachte uns Schreiben bei, so als ob wir fünf Jahre alt wären. Es gab noch einen anderen Flüchtling, dem die Schlesingers halfen.

Als Verwandter lebte Dick Levy bei der Familie im Haus:

Ich traf am 16. März 1939 aufgeregt und verwirrt in London ein. Onkel Bernard und Tante Win holten mich ab und brachten mich in die Templewood Avenue 15. Das sollte mein neues Zuhause werden, und obwohl ich erst neun Jahre alt war, begriff ich, daß sich mein Leben von Grund auf verändern würde. Ich hatte eine neue Familie gefunden.

Kurz vor dem Krieg zogen die Schlesingers aus dem geräumigen Haus in der Templewood Avenue in ein etwas kleineres in der Nähe von Kintbury in den Osten von London um. Bei Kriegsausbruch ging Onkel Bernard zur Armee, zuerst nach Norwegen, später nach Indien. Während der nächsten sechs Jahre mußte Win die Familie allein zusammenhalten; sie machte diese für viele Millionen so tragischen Jahre zu einer glücklichen, ausgefüllten Zeit für uns Kinder.

Während der Ferien gingen wir reiten und Fahrrad fahren, musizierten und machten Theateraufführungen, spielten im Haus, und wenn es zu voll wurde, in den Schweineställen, die wir Büros nannten. Win ließ uns nie etwas davon merken, wie unglaublich schwer es für sie gewesen sein muß, für sechs heranwachsende Kinder zu sorgen, in einem Haus, das oft von Besuchern wimmelte, und mit all den Ungewißheiten, die der Krieg mit sich brachte, während Bernard am anderen Ende der Welt war.

Als Bernard nach Kriegsende zurückkam, wurde ein großes Fest auf dem Land gefeiert. Es spricht für die große Toleranz und Menschlichkeit dieser Familie, daß sich unter ihren Gästen auch eine Gruppe deutscher Kriegsgefangener befand.

Die Mitglieder der erweiterten Familie Schlesinger hielten über Jahre hinweg den Kontakt untereinander aufrecht. Auch andere Kinder mit glücklichen Erinnerungen blieben mit ihren Pflegeeltern in Verbindung, obwohl Entfernung und neue Bindungen dazu führten, daß diese Kontakte eher sporadisch blieben.

8. Evakuierung und Internierung

Ein Mädchen wurde angezeigt, weil es eine Dorfwiese – wohl kaum ein strategisches Ziel – gezeichnet hatte, und ein Junge, der belauscht worden war, als er sein Haus in Wien beschrieb, wurde als Spion gebrandmarkt – allerdings wahrscheinlich als kein besonders intelligenter.

Hinter verschlossenen Türen wurden in *Whitehall* von der Regierung Katastrophenpläne für den Fall eines nationalen Notstandes entworfen. So existierte eine Akte über mögliche Auswirkungen deutscher Luftangriffe auf London. Man ging von einem Abwurf von 100 000 Bomben innerhalb der ersten vierzehn Tage nach Kriegserklärung aus und rechnete mit einer ungeheuren großen Zahl von Opfern. Da nicht daran zu denken war, die Situation vollständig in den Griff zu bekommen, plante man als vorbeugende Teilmaßnahme die Evakuierung von Kindern unter 15 Jahren, Kranken und Behinderten; d.h., alle diejenigen, die Verteidigungsmaßnahmen eher behinderten als förderten, sollten London und andere Großstädte verlassen.

Am Montag, dem 28. September 1938, zu Beginn der tsche-chischen Krise, hatte man schon einmal Schulkinder und Krankenhauspatienten vorübergehend aus London evakuiert. Ein knappes Jahr später, am 1. September 1939, wurde es dann wirklich ernst. Eineinhalb Millionen britischer Großstadtbewohner wurden aufs Land geschickt, unter ihnen zwei- bis dreitausend Flüchtlingskinder, die ihre zweite dramatische Umsiedlung innerhalb weniger Monate erlebten. Vierzehn Wohnheime wurden als Gesamtgruppe evakuiert.

Zu Beginn der Aktion gingen die Kinder täglich mit Gasmasken und einem kleinen, fertiggepackten Koffer zur Schule. Niemand wußte, wann genau es losgehen würde; auch das Ziel wurde geheimgehalten. Als der Tag schließlich kam, wurde jedem Kind ein Kennzettel zur Identifizierung umgehängt. Eiserne Rationen für die Zug- oder Busfahrt wurden ausgegeben. Manchen Kindern wurden noch in letzter Minute Eiswaffeln oder Süßigkeiten zugesteckt, was zu häufiger Übelkeit bei der Reise führte. Weinende Eltern verabschiedeten sich von ihren Kindern. Es war wie eine Wiederholung der Erfahrungen in Deutschland oder Österreich. In den Aufnahmezentren wurden die Kinder entweder willkürlich zugeteilt oder wie auf dem Viehmarkt zur Schau gestellt und von den Haushaltsvorständen ausgewählt – ein Verfahren, das Kindern, die durch Dovercourt geschleust worden waren, bestens vertraut war. Bei vielen Familien wurden Kinder einfach einquartiert. Ortsbehörden ernannten freiwillige Helfer, die von Tür zu Tür gingen, um zu prüfen, wer Platz hatte und wer nicht; die Betroffenen hatten keine Möglichkeit abzulehnen.

Man kann von keinem Kind erwarten, daß es eine solche Erfahrung gern macht, aber aus vielen Gründen empfanden Flüchtlingskinder die Evakuierung als besonders schmerzhaft. Nicht einmal diejenigen, die Anfang 1939 oder früher angekommen waren, beherrschten die englische Sprache schon vollständig, was die Verständigung mit den neuen, manchmal unfreiwilligen Gastgebern nicht gerade erleichterte. In ländlichen Gebieten erschwerte der starke lokale Dialekt noch das Problem.

Einige Flüchtlingskinder erfuhren zum zweiten Mal die Senkung ihres aus Mitteleuropa gewöhnten Lebensstandards, was zu ihrer Entmutigung angesichts der drohenden Invasion beitrug.

So schrieb Dorothy Hardisty in ihr Tagebuch:

Kinder wurden von den Behörden schnell verschickt, manchmal zusammen mit ihren Pflegeeltern, manchmal zusammen mit anderen Kindern aus den Heimen, in die sie gerade erst aufgenommen worden waren, manchmal allein. Es war nur gerecht, daß sie genauso behandelt wurden wie die britischen Kinder, aber plötzlich war ihnen jegliches Sicherheitsgefühl genommen. Diesen neuen Schicksalsschlägen waren lange Perioden des Unglücks und der Furcht vorausgegangen: sie hatten die Verfolgung ihrer Verwandten mitangesehen, sie wußten von Männern und Jungen, die aus ihren Wohnungen abgeholt worden waren, sie hatten von den gefürchteten Konzentrationslagern gehört; sie hatten Demütigungen am eigenen Leibe erfahren, als sie aus den Schulen entfernt wurden. Deshalb war es auch nicht verwunderlich, daß einige Kinder am Anfang unter Eingewöhnungsschwierigkeiten litten. Aber sogar diejenigen, die sich gut eingelebt hatten, empfanden die Evakuierung als Katastrophe.

Am schlimmsten traf es die Kinder, die an abgelegenen Orten einquartiert wurden, in denen man Fremde automatisch beargwöhnte. Die damals 11jährige Magda Chadwick begegnete dieser unverhohlenen Feindseligkeit:

> Aus der Obhut meiner Pflegeeltern evakuiert zu werden war das schlimmste Erlebnis meines Lebens. Mit dem wenigen Englisch, das ich konnte, wurde ich nach Nordengland in den Lake District geschickt. Wir standen im Gemeindehaus des Dorfes herum und wurden von Leuten ausgesucht, wenn ihnen unser Gesicht gefiel. Geschwister durften zusammenbleiben. Ich stand neben zwei Schwestern, die sehr nett zu mir waren. Wir wurden gefragt, ob wir zur selben Familie gehörten, und ich antwortete: »Nein, aber ich möchte gern mit den beiden zusammenbleiben.« Darum gingen die Mädchen zu zwei alten Damen, die erzählt hatten, auf einem Bauernhof in ihrer Nachbarschaft würde noch ein Mädchen gebraucht. Doch was man dort tatsächlich benötigte, war ein Dienstmädchen. Als man von mir verlangte, den Küchenboden zu putzen, sagte ich, ich hätte das noch nie gemacht und wollte auch jetzt nicht damit anfangen. Trotzdem mußte ich auf dem Bauernhof bleiben.

Trotz trüber Vorahnungen entpuppte sich das Landleben in Norfolk für die 1931 in Wien geborene Margaret Olmer als ganz nach ihrem Geschmack. Vielleicht, weil sie bereits gelernt hatte, sich anzupassen, lebte sie sich schneller ein als die mit ihr zusammen evakuierte Tochter ihrer Gastfamilie. Margaret gefielen die Landschaft, die Hunde und die Dorfschule.

Noch während die deutschen Luftangriffe anhielten, kehrte sie nach London zurück, wurde in die Midlands im Zentrum des Landes weitergeschickt, bis das jüdische Komitee sie 1945 wieder in einer jüdischen Umgebung unterbrachte:

> Das Wanderleben und die ständige Neuorientierung machten mich unabhängig. Es fiel mir leicht, immer wieder von neuem anzufangen. Ich bekam später vier Kinder im Abstand von jeweils fünf Jahren.

In vielen Fällen wurde die religiöse Frage durch die Evakuierung wieder aufgeworfen. Flüchtlingskinder fühlten sich ganz natürlich zu Menschen hingezogen, die ihnen Gutes erwiesen, und waren daher empfänglich für die Bekehrungsversuche ihrer nichtjüdischen Gastgeber. Viele jüdische Kinder wollten unbedingt »dazugehören« und gingen gern mit in die Kirche, selbst wenn eine Synagoge in der Nähe war. Das galt besonders für die Midlands, in denen eine große Anzahl von Quäkern und Methodisten lebte.

Gastgeber, die Flüchtlinge zugeteilt bekamen, erhielten so gut wie keine zusätzlichen Informationen über die Kinder. Die lokalen Flüchtlingskomitees behielten die Kinder nach der Evakuierung zwar im Auge, aber das war zu spät für diejenigen orthodoxen Kinder, die am 1. September, einem Freitagabend, in ihren Quartieren ankamen. Da man in den meisten Haushalten keine Schabbattraditionen kannte, fühlten sich die jungen Gäste lange sehr unbehaglich, bis ihre

Gastgeber mehr über jüdisch-religiöse Bräuche erfahren hatten. Orthodoxe Schüler einer jüdischen höheren Schule wurden in Stafford mit einem Schinkenomelett willkommen geheißen. Aufgrund ihres mangelhaften Englischs konnten sie nicht erklären, warum sie lieber hungrig blieben, statt ein solch auserlesenes Gericht zu verzehren.

Den ganzen Herbst über, der Zeit der hohen jüdischen Feiertage, berichtete die englisch-jüdische Presse über den völligen Mangel an koscheren Lebensmitteln in den Aufnahmegebieten. Einige Gemeinden richteten koschere Volksküchen mit warmem Mittagessen für jüdische Kinder ein, die sich zum Frühstück und Abendessen mit kaltem Gemüse und Brot begnügen mußten. Der Innenminister Sir John Anderson schlug vor, diese Maßnahme überall durchzusetzen, aber nur wenige Ortsbehörden sahen sich genötigt, sich derart zu engagieren.

Die besten Ergebnisse wurden dort erzielt, wo die Gastgeber den bei ihnen Einquartierten Zeit ließen, sich einzugewöhnen, und versuchten, kulturelle Unterschiede zu begreifen. Bei einer solchen Familie kamen zwei Schwestern unter:

> Wir sagten, bitte nehmt uns, niemand sonst will uns haben. Da gingen sie in die Küche und besprachen die Angelegenheit. Wir hatten wohl ihre Herzen erweicht, denn sie nahmen uns alle beide auf. Es war großartig von ihnen, vor allem, weil sie keine Ahnung vom »Judenproblem« hatten und ihre ganze Familie sich wunderte, warum sie ausgerechnet Deutsche aufnahmen. Aber das geschah nur am Anfang. Wir verbrachten ein sehr glückliches Weihnachtsfest bei den Eltern unserer Gastgeberin auf einer Farm in Hertford, und nach dem Krieg lernten sie meine Verwandten aus Holland kennen.

Kurt Weinburgs Evakuierung begann als Katastrophe, verlief dann aber dank eines Schuldirektors (der seine Feinfühligkeit schon dadurch bewiesen hatte, daß er Kurt am ersten Tag mit dem einzigen anderen jüdischen Jungen der Schule bekannt gemacht hatte) günstiger als erwartet.

> Alle Kinder vesammelten sich in der Schule, gingen zum Bahnhof und fuhren dann nach Burgess Hill. Wir wurden bei verschiedenen Familien einquartiert, und ich erinnere mich noch, daß die erste Familie, zu der man mich schickte, mich nicht nehmen wollte, weil ich aus Deutschland kam. So brachte mich der für die Einquartierung Verantwortliche im Nachbarhaus bei meinem Schuldirektor Herrn Crombie unter. Er war gerade im Begriff, eine Schule in Cornwall aufzumachen, und da ich keine Familie und schon gar kein Geld hatte, nahm er mich, den Schuldiener, zwei Hunde und einen anderen Jungen in seinem alten Auto nach London mit, und am nächsten Morgen fuhren wir in aller Frühe weiter nach Cornwall. Ich kam ins Internat, und Herr Crombie erließ mir das Schulgeld bis zu meinem Schlußexamen 1942.

Durch die Evakuierung mußte auch im *Bloomsbury House* die Arbeit unterbrochen werden. Die Registraturabteilung konnte nicht in London bleiben. Die Akten enthielten nicht nur die Personalien jedes Kindes, sondern auch Aufenthaltserlaubnisse, Pässe und andere Dokumente. In Hindhead, einem kleinen Kurort in Südengland, wurde ein Landhaus gemietet und die Fürsorgeabteilung zusammen mit den Akten und einer Belegschaft von 15 Angestellten dorthin verlegt. Drei Mädchen und zwei Jungen aus Deutschland halfen in Haus und Büro, ein anderer Junge arbeitete im Garten.

Flüchtlingskinder unter 16 Jahren wurden zumeist evakuiert. Für diejenigen über 16 bestand Internierungsgefahr.

Vom ersten Kriegstag an fürchtete der Sicherheitsdienst den unsichtbaren Feind: als Flüchtlinge vor der Naziverfolgung getarnt ins Land eingeschmuggelte Agenten und Provokateure. Es gab Stimmen, die die Verhaftung sämtlicher Ausländer befürworteten, aber die Regierung weigerte sich, nach dem Vorbild des Ersten Weltkriegs eine generelle Internierung anzuordnen. Man befürchtete, die öffentliche Meinung würde auf eine dermaßen drastische Maßnahme negativ reagieren. Statt dessen richtete man ein flächendeckendes Netzwerk von 120 Untersuchungs-Tribunalen ein. Die Vorsitzenden waren befugt, alle in ihrem Gerichtsbezirk lebenden erwachsenen Ausländer vorzuladen, um sie einer von drei vorgegebenen Kategorien zuzuordnen.

Eine kleine Anzahl wurde in Kategorie A eingestuft: Deutsche und Österreicher mit militärischen Spezialkenntnissen, mit deren Hilfe die britischen Kriegsvorbereitungen behindert werden konnten. Einer Einstufung in Kategorie A folgte die sofortige Internierung. Kategorie B schloß alle diejenigen ein, die schon längere Zeit in Großbritannien lebten und bei denen es keine greifbaren Anhaltspunkte für eine feindselige Haltung gab. Wer in diese Kategorie eingeteilt wurde, blieb auf freiem Fuß, durfte jedoch weder ein Auto, eine Kamera noch Landkarten in großem Maßstab besitzen und sich nicht weiter als fünf Meilen von seiner Wohnstätte entfernen. Wer Beweise für »Charakter, gesellschaftliche Beziehungen und Loyalität« erbringen konnte, wurde Kategorie C zugeordnet und vorläufig sich selbst überlassen. Laut Richtlinien des Innenministeriums besaßen von religiöser, rassischer und politischer Verfolgung bedrohte Flüchtlinge den höchsten Anspruch auf Registrierung in Kategorie C.

Die Tribunale tagten ab Oktober 1939. Da hinter verschlossenen Türen und ohne Bereitstellung einer Rechtsvertretung für die Betroffenen verhandelt wurde, hingen Entscheidungen größtenteils vom Fingerspitzengefühl der Vorsitzenden ab. Unter dieser Voraussetzung kann es kaum verwundern, daß die Urteile ein Bild grotesker Uneinheitlichkeit bieten. So bekamen in Leeds sämtliche Ausländer unabhängig von ihrer Vorgeschichte den Vermerk B, während sie in Manchester der Kategorie C zugeordnet wurden. Einige Gerichte stuften alle Arbeitslosen in Kategorie B ein und ließen ihnen die Möglichkeit offen, sich mit dem Nachweis eines Arbeitsplatzes um Aufnahme in Kategorie C zu bewerben. Bei einem Tribunal erhielten alle Frauen eine Beurteilung B, in der völlig irrigen Annahme, Hausangestellte seien die Hauptquellen von Unzuverlässigkeit. Erst nachdem das Innenministerium die Vorsitzenden zur Festlegung klarer Richtlinien zusammengerufen hatte, begann sich das zahlenmäßige Verhältnis zwischen B- und C-Einstufungen zugunsten der C-Kategorie zu verschieben. Dennoch mußte sich die *Kinder-Flüchtlingshilfe* damit abfinden, daß über 300 ihrer Jungen der B-Stempel aufgedrückt wurde. Man protestierte zwar in ihrem Namen, fand jedoch bald heraus, daß nur durch Selbsthilfe etwas bewirkt werden konnte, wie auch der Fall von Henry Toch beweist:

> Als der Krieg ausbrach, gingen mein Bruder und ich zum Verhör auf die Polizeistation in Kings Cross – mein Bruder an einem Morgen und ich am nächsten. Mein Bruder wurde als B (gefährlicher feindlicher Ausländer) klassifiziert. Ich fand das ungerecht und ging mit unseren Identitätskarten noch einmal allein zur Polizei, um ihnen mitzuteilen, sie hätten sich geirrt. Sie fragten mich, was ich damit meine, und ich sagte: »Ich bin der Gefährliche, und er ist der Freundliche.« Der Polizist, der einen ungewöhnlich kleinen Jungen von 16 Jahren vor sich sah, lachte und sagte: »Ich will sehen, was ich tun kann.« Er ging zu dem Richter, nahm beide Ausweise mit hinein und als der zurückkam, erklärte er: »Jetzt seid ihr beide freundlich.«

Nach ein paar Wochen relativer Ruhe während des sogenannten unechten Krieges ließ der deutsche Einfall in Norwegen den Chauvinismus erneut aufflackern. Weitere schlechte Nachrichten folgten: Mit der Kapitulation der Niederlande, Belgiens und Luxemburgs steigerten sich die fremdenfeindlichen Gefühle bis fast zum Verfolgungswahn. Alarmiert durch das Tempo der Ereignisse, eilte der frühere britische Botschafter, Sir Neville Bland, aus Den Haag zurück und warnte:

> Jeder deutsche oder österreichische Hausangestellte, wie charmant und loyal er auch immer wirken mag, ist eine echte und schwere Bedrohung. Sobald auf Hitlers Befehl hin das entsprechende Signal gegeben wird, werden überall im Land Anhänger dieses Scheusals aus der Versenkung auftauchen, um Sabotageakte und wahllose Angriffe sowohl auf Zivilisten als auch auf das Militär zu starten.

Allerdings hatten die Deutschen in Holland mit ihrer Fünften Kolonne nur begrenzt Erfolg. Es war ihnen zwar gelungen, in Den Haag Spione einzuschleusen, die den Auftrag erhielten, Fallschirmjäger zum Sitz der holländischen Regierung zu geleiten, das Unternehmen blieb jedoch erfolglos, da Königin Wilhelmine und ihre Regierung fliehen konnten. Außerdem waren jene Spione bestimmt nicht als Dienstmädchen verkleidet. Blands Schreckensvision verfehlte allerdings nicht ihre Wirkung auf die Regierungshaltung und die öffentliche Meinung: Jeder, der einen ausländischen Akzent hatte, war von nun an als potentieller Saboteur abgestempelt.

Die für *Bloomsbury House* charakteristische, von Elaine Blonds unbeschwerter Art geprägte politische Linie lautete, geringfügige Probleme nicht zu ernst zu nehmen. Es war Krieg. Mit Unannehmlichkeiten, nicht nur in bezug auf die Jugendlichen, mußte gerechnet werden. Lola Hahn-Warburg stellte auf ihren Reisen fest, daß ihr starker deutscher Akzent überall Schwierigkeiten verursachte. Als sie auf einer Inspektionsreise in Nordwales nach einem Weg fragte, wurde eine Polizeistreife auf sie aufmerksam und folgte ihr einige Meilen lang in sicherem Abstand.

Doch im Laufe des Krieges wurde der Sinn für Humor

merklich schwächer. Noch immer erzählt Ruth Michaelis mit dem Gefühl größten Erstaunens, durch welches Ausmaß menschlicher Dummheit ihr Bruder Martin durch seine Pflegeeltern in große Schwierigkeiten geriet:

> Sie entdeckten, daß er sich einen Kristalldetektor für sein Radio gebastelt hatte und nachts, wenn er glaubte, daß niemand mehr auf war, deutsche Sender hörte – er wollte nichts weiter als seine Muttersprache hören. Sie beschuldigten den 11jährigen Jungen, ein Spion zu sein, und holten die Polizei. Seitdem wurden Martin und ich regelmäßig von der Polizei verhört.

Einer der ersten Beschlüsse der Regierung Churchill war, die Sicherheitsmaßnahmen entlang der verwundbaren Abschnitte der Süd- und Ostküste zu verstärken. Vom 10. Mai an wurden in diesen Gegenden alle deutschen und österreichischen Männer der Kategorien B und C inhaftiert, darunter auch 16jährige Jugendliche, die man ohne weitere Erklärung von ihren Pflegeeltern oder Schulen abholte:

> Wir wurden nach Seaton in Süd-Devonshire in eine Feriensiedlung mit Bungalows, Tanzsälen und Schwimmbädern gebracht. Aber es herrschte keine angenehme Atmosphäre. Das Lager war von Stacheldraht, elektrischen Zäunen, bewaffneten Wachen und Wachtürmen umgeben und mit Zeltleinwand nach außen abgeschirmt. Wir wurden von Offizieren mit gezogenen Revolvern wie eine Herde zusammengetrieben. Wann immer die Sirene ging – was ziemlich häufig der Fall schien –, wurden wir durch laute Pfiffe in die Unterkünfte getrieben.

Der Aufenthalt in Seaton war nur von kurzer Dauer. Die nächste Station hieß Bury in Lancashire, wo eine ausgediente Baumwollspinnerei als Lager fungierte.

Leere lange Hallen mit gußeisernen Säulen als Stützen; überall Schmutz und Öl, und mittendrin unsere »Betten«: sehr dünne Strohsäcke mit Decken, die in langen Reihen entlang der Säulen lagen. Bei unserer Ankunft wurden unsere Koffer gründlich durchsucht, was zwar bereits in Seaton geschehen war, aber hier nahm man es noch genauer. Alles wurde auf den Boden ausgeleert; ein paar der notwendigsten Sachen gab man uns zurück; alles übrige wurde auf zwei Haufen gestapelt: einen für die Offiziere und einen für die Mannschaft. Besonders erpicht waren sie offenbar auf Toilettenartikel und Schreibwaren. Das war zwar typisch für diese Zeit, aber trotzdem nicht legal. Ein Jahr später wurde der Lagerkommandant wegen dieser Diebstähle zu einer Gefängnisstrafe verurteilt.

Der Innenminister, Sir John Anderson, warnte allerdings vor einer panischen Reaktion auf den Bland-Bericht. Er wies auf die riesigen Unterschiede zwischen den Niederlanden und Großbritannien hin, in erster Linie auf die nicht vorhandene gemeinsame Grenze mit Deutschland. Seit Menschengedenken gäbe es in Großbritannien bei der Einreise von Ausländern scharfe Kontrollen, wobei seit neun Monaten zwischen Deutschland und Großbritannien ohnehin kaum Kontakt bestanden habe. Darüber hinaus handle es sich bei der überwiegenden Mehrheit der 73000 in Großbritannien lebenden Deutschen und Österreicher um Flüchtlinge vor der Naziverfolgung. Es sei lächerlich, in ihnen ein Sicherheitsrisiko zu sehen.

Aber die Vorurteile siegten. Der Befehl zur Internierung aller Männer der Kategorie B wurde am 16. Mai erlassen. Eine Woche später wurde diese Maßnahme auf Frauen und Kinder ausgedehnt. Danach begann man, die Angehörigen der C-Klasse, die paradoxerweise als »freundliche Feind-Ausländer« bezeichnet wurden, zu versammeln. Bis Juli wurden mehr als 30000 Männer und Frauen interniert, darunter über 1000, die als Flüchtlingskinder registriert waren.

Elaine Blond vom *Bloomsbury House* schloß sich dem allgemeinen Protest an:

> Sie wurden in hastig errichtete Lager geschickt, von denen die größten in Huyton, in der Nähe von Liverpool, und auf der Isle of Man lagen. Das Leben dort war elend. Jung und alt wurden bunt zusammengewürfelt und mußten sich Zimmer und Bett teilen. Ein jüdischer Jugendlicher, der allen Grund hatte, den Nationalsozialismus zu hassen, fand sich in Gesellschaft eines glühenden Hitlerverehrers. Und niemand wußte, was vorging.
>
> Unsere Beschwerden wurden, obwohl energisch vorgetragen, zunächst nicht ernst genommen. Ich war nicht die einzige Mitarbeiterin der *Kinder-Flüchtlingshilfe*, der gegenüber Beamte des Innenministeriums die Internierung aller Flüchtlinge als Schutzmaßnahme darstellten: wie sonst konnte man sie vor wütenden Einheimischen schützen, die ihnen die Schuld am Krieg zuschoben? Wir versuchten, das Beste aus der Situation zu machen, indem wir Bücher schickten, Freiwillige als Lehrer engagierten (es gab Internierte, die sich auf das Abitur vorbereiteten) und den Aufsehern die Eigenheiten der koscheren Küche erklärten. Einigen Mitgliedern der Jugend-Alijah wurde gestattet, ihr eigenes Gemüse zu ziehen und selbst für sich zu kochen, eine Selbsthilfemaßnahme, die die Langeweile mindern half.

Die Flüchtlingsorganisationen befanden sich in einer schwierigen Lage. Wieder einmal wurden sie von Antragstellern belagert: verzweifelten Verwandten der Internierten, deren Fragen man beantworten und die man beruhigen mußte. Von offiziellen Stellen, wie dem Büro des Innenministeriums in Westminster, waren kaum Informationen zu erhalten. Schließlich eröffneten die Flüchtlingskomitees eine gemeinsame Zentralstelle zur Bewältigung der größten Probleme, die sich u.a. daraus ergaben, daß Flüchtlinge als Nazis behandelt wurden und in unmittelbarer Nachbarschaft von ihnen untergebracht waren, daß es an zumutbaren Unterkünften und ausreichender ärztlicher Versorgung mangelte und daß Familien voneinander getrennt wurden.

Die meisten der bei der Flüchtlingsorganisation registrierten Internierten wurden auf die Isle of Man in ein erst kurz zuvor auf die Liste des Kriegsministeriums gesetztes Lager verfrachtet. Die Hotelbesitzer von Ramsey waren von der Weisung, ihre Häuser innerhalb von sechs Tagen zu räumen und »Möbel, Bettzeug, Wäsche, Besteck, Geschirr und Gebrauchsgegenstände« zu hinterlassen, völlig überrascht worden. In Port Erin, wo ein Lager für Frauen errichtet wurde, hatte man Gastwirtinnen gefragt, ob sie bereit seien, für drei Schillinge pro Tag an Internierte zu vermieten. Da die Aussichten auf Touristenverkehr trübe schienen, nahmen sie das Angebot begeistert an.

Ein Internierter, der mit der ersten Gruppe nach Ramsey kam, wo ein Stacheldraht die Gefangenen von der übrigen Stadt trennte, empfand

> die ersten Tage als die deprimierendsten meines Lebens. Zum ersten – und bisher einzigen – Mal erlebte ich, was es heißt, eingesperrt zu sein. Mir wurde bewußt, wie völlig allein ich in der Welt stand. Die wenigen Freunde, die ich gefunden hatte, waren entweder in der gleichen Lage, oder sie konnten mir aus anderen Gründen nicht helfen. Es war das einzige Mal, daß ich so etwas wie »Heimweh« verspürte, ein Gefühl, das sich bald in Bitterkeit verwandelte, denn es gab ja kein Heim, nach dem ich mich hätte sehnen können.

Diese Stimmung ging jedoch schnell vorüber. Flüchtlingskinder hatten ihre Anpassungsfähigkeit bewiesen. Nachdem sie sich erst einmal zurechtgefunden hatten, entdeckten einige von ihnen sogar ein paar positive Begleitumstände der Internierung:

Abgesehen vom täglichen Appell waren wir völlig unseren eigenen in mancher Beziehung recht erstaunlichen Interessen überlassen. Die Anzahl der Akademiker, Künstler und Intellektuellen unter den Insassen war unverhältnismäßig groß und machte sich bald positiv bemerkbar. Für mich wurde dies eine Zeit geistiger Erweckung, oder besser gesagt, Wiedererweckung.

Walter Friedmann, Leiter eines Jugendwohnheims in London, dem es gelungen war, der Internierung zu entgehen, verdeutlicht:

Überraschenderweise war für die Jugendlichen das Leben hinter Stacheldraht mit allen dazugehörigen Nachteilen nicht so schlimm. Sie mußten lernen, mit Menschen verschiedenster Herkunft, die nur das gemeinsame Schicksal verband, zusammenzuleben. Immerhin gab es dort auch erwachsene, jüdische Flüchtlinge aus allen möglichen Gesellschaftsschichten. Viele junge Leute fanden dadurch zum ersten Mal seit ihrer Ankunft in England wieder Zugang zu geistesverwandten älteren Menschen.

In fast allen Internierungslagern wurden Vorträge gehalten und Schulunterricht erteilt. Jugendliche, die bisher auf Bauernhöfen und in Fabriken isoliert gewesen waren, konnten nun an sachkundigen Diskussionen über die verschiedensten Themen teilnehmen. Politik war dabei besonders beliebt. Fred Dunston erinnert sich an eine besonders hitzige Diskussion:

Ein sehr interessanter Mann rief ein paar junge Leute zusammen und fragte sie der Reihe nach, wie sie sich ihre persönliche Zukunft nach dem Krieg vorstellten. Da gab es überzeugte Kommunisten und Sozialisten, die glaubten, nach Österreich oder Deutschland zurückkehren zu können, Zionisten hofften, nach Palästina in einen Kibbuz zu gehen. Einige wollten in England bleiben. Ich hatte keine genaue Vorstellung, da ich die Zukunft für zu unsicher hielt. Dann sagte der Mann: »Angenommen, ganz Palästina versinkt durch ein schweres Erdbeben im Mittelmeer, was würdet ihr machen?« Es entstand ein Höllenlärm: »Das ist unmöglich! Das kann nicht passieren! Sie können nicht solche lächerlichen Vermutungen aufstellen!« Sie hatten offenbar nicht verstanden, worauf der Mann eigentlich hinauswollte, und die Versammlung wurde ergebnislos abgebrochen.

Als William Simpson im Auftrag der *Kinder-Flüchtlingshilfe* im November 1940 die Isle of Man besuchte, beeindruckte ihn, wie sehr man sich in den Lagern um die Schulbildung der Jugendlichen kümmerte; er war sehr darauf bedacht, daß der ›englische Einfluß‹ auf diese Weise bewahrt blieb. Häufig wurde nämlich der gesamte Unterricht von den Internierten selbst erteilt, selbst die Englischlehrer waren Flüchtlinge, die schon einige Jahre im Land lebten. So auch in Onchan:

Die Lageruniversität hält im Durchschnitt 30 Kurse pro Tag ab, die von über der Hälfte der insgesamt 1200 Internierten besucht werden. Bis zum 19. Oktober betrug die Gesamtzahl der Kurse, Vorträge und Einzelstunden 3900 mit insgesamt 78000 Teilnehmern. Für Jugendliche wurden außerdem Fortbildungskurse aus verschiedenen Bereichen wie Landwirtschaft, Handelslehre, Technik und Allgemeinbildung angeboten. In der technischen Abteilung werden sowohl Anfänger als auch Fortgeschrittene unterrichtet, während in der allgemeinen Abteilung die Studenten auf das Abschlußexamen der Höheren Schule vorbereitet werden.

Zur Zeit meines Besuches im Lager betrug die Zahl der Jugendlichen zwischen 16 und 21 Jahren 231, der durchschnittliche Schulbesuch lag bei ungefähr 100 Schülern. Man sagte mir, daß etwa 50 Jungen nicht am Unterricht teilnehmen können, weil sie arbeiten müssen, um sich ein Taschengeld zu verdienen.

Die Schule ist in einem ziemlich kleinen Haus ohne vorschriftsmäßige Abdunklungsvorkehrungen und ohne Möbel untergebracht. Die Schüler müssen ihre eigenen Stühle mitbringen, primitive Pulte wurden aus rohen Holzbrettern zusammengezimmert. Es gibt auch Schwierigkeiten mit dem Beheizen der Schule, weil die Inselbehörde Kohle nur für Wohnhäuser bewilligt und deshalb keine Zuteilung für ein Haus gibt, das ausschließlich kulturellen Zwecken dient.

Außer alltäglichen Problemen mit Heizung und Essen entstanden in manchen Lagern, wie dem in Port Erin, Gefühlsspannungen auf ganz anderem Gebiet. Ja'acov Friedler erinnert sich:

Im Hotel nebenan hatte man ein paar Dutzend wirklich feindliche Ausländer untergebracht, deutsche Frauen, die noch 1940 offen ihre Unterstützung für die siegreichen Nazis zur Schau getragen hatten.
Dank der Weisheit der Behörden brachte man in unmittelbarer Nachbarschaft dieser Gruppe überzeugter Nazis Frauen unter, die vor dem Nationalsozialismus geflüchtet waren und Nazis aus tiefstem Herzen haßten.
Solange Hitler seine leichten Siege in Europa errang, zeigten jene »Nachbarn« ständig ein höhnisches Grinsen. Manchmal, wenn sie uns kommen sahen, hoben sie demonstrativ den rechten Arm und begrüßten einander mit dem Hitlergruß. Während wir zähneknirschend für die Alliierten beteten, stolzierten sie erhobenen Hauptes am Strand entlang.

Der durch die Internierung ausgelöste psychische Druck auf die Flüchtlingskinder erhöhte sich bei einigen noch durch das Bekanntwerden von Regierungsplänen, denen zufolge alle »feindlichen Ausländer« nach Kanada und Australien verschifft werden sollten. In einer Kabinettssitzung vom 24. Mai hatte Premierminister Churchill beiläufig geäußert, er sei dafür, »alle Internierten aus dem Vereinigten Königreich zu entfernen«. Im Juni erklärten sich Kanada und Australien bereit, 6000 bis 7000 bzw. 10000 Kriegsgefangene und gefährliche Internierte zu übernehmen. Zusammengenommen waren diese beiden Gruppen nicht mehr als 4000 Mann stark. Selbst mit der blühendsten Phantasie konnte man die Mehrheit der Internierten nicht als gefährlich bezeichnen. Nichtsdestotrotz wurde beschlossen, die fehlende Anzahl durch Flüchtlinge der B- und C-Kategorie zu ergänzen.

Anfang Juni wurde der *Kinder-Flüchtlingshilfe* lakonisch mitgeteilt, die *Duchess of York* mit 2600 Passagieren, darunter einer Handvoll Jugendlicher aus Huyton, sei auf dem Wege nach Kanada. Ende des Monats stach die einstmals als »schönstes Kreuzfahrtschiff der Welt« angepriesene *Arandora Star* mit beinahe 1200 von 200 Soldaten bewachten Internierten an Bord in See. Das Schiff, auf dem sich 2 ½ mal so viele Passagiere wie zugelassen befanden, wurde am 22. Juli um 6 Uhr von einem deutschen U-Boot vor der Küste Irlands versenkt. Unter denen, die dabei ihr Leben verloren, waren 143 Deutsche und Österreicher und 470 Italiener; die Gesamtzahl der Opfer, zu denen auch Mitglieder der Besatzung und einige britische Soldaten gehörten, wurde jedoch niemals bekanntgegeben.

Die einzige Nachricht, die die Überlebenden per Postkarte verschicken durften, bestand aus einer Postkarte mit den Worten »ich bin in Sicherheit« – die die Empfänger verwirrte, da ihnen nichts von Deportationen bekannt war.

Bestürzte Verwandte, die nicht wußten, ob ihre Angehörigen in Großbritannien oder Kanada interniert waren oder auf See ihr Leben verloren hatten, wurden vom Innenministerium an das Kriegsministerium verwiesen und von dort an die Admiralität, die sie zurück zum Kriegsministerium schickte. Das »Amtsgeheimnis« oder die Verwirrung waren so groß, daß Wochen vergingen, ehe bestätigt wurde, daß keine bei der

Flüchtlingsorganisation registrierten Jugendlichen unter den Opfern waren.

Trotz der Tragödie wurden die Deportationen fortgesetzt. Am 10. Juli stach der 11000-Tonner *Dunera*, ein ehemaliger Truppen-Transporter, mit Ziel Australien in See. An Bord waren 2543 Männer, von denen 2100 der Kategorie C angehörten, darunter bei der Kinder-Flüchtlingshilfe registrierte Jugendliche und Mitglieder der Jugend-Alijah. Alfred Cooper war einer von ihnen:

> Ich war zuerst auf der *Arandora Star*, aber die wurde torpediert. Ich kann mich nicht mehr an viel erinnern – es war früh am Morgen. Ich weiß nicht, wie es mir gelang davonzukommen, denn ich kann nicht schwimmen. Ein Zerstörer der Marine fischte uns aus dem Wasser. Auf der *Arandora Star* waren nicht viele Juden, hauptsächlich Italiener und politische Flüchtlinge.
>
> Nur eine Woche nachdem wir torpediert worden waren, wurden wir in Liverpool auf die *Dunera* gebracht. Niemand sagte mir, daß die Reise nach Australien ging. Auf der *Dunera* waren wir vielen Schikanen ausgesetzt ... die Wachmannschaft urinierte ins Porridge; wir bekamen alle die Ruhr. Ich glaube, fünf Leute starben. Das Schiff war so überfüllt, daß einige Leute in Hängematten, andere auf den Eßtischen schliefen. Es gab keine richtigen Toiletten auf dem Schiff, nur ein langes Brett mit verschiedenen Löchern, das ständig von Wasser überflutet war, was die Ruhr natürlich noch verschlimmerte.
>
> Wir mußten die ganze Zeit über unter Deck bleiben, nur einmal am Tag führten sie uns hinter Stacheldraht spazieren. Ich sah den Tafelberg bei Kapstadt, jeder durfte eine Minute lang durch das Bullauge schauen. Wir durften nicht von Bord gehen, ehe wir Australien erreichten.
>
> Auf der *Dunera* war es sehr schlimm. Einige begingen Selbstmord. Ich sah, wie ein Mann vor mir entlangging und einfach über Bord sprang. Und einer wurde beim Kampf um eine Hängematte getötet.

Auf anderen Schiffen, die ebenfalls jugendliche Flüchtlinge an Bord hatten, waren die Zustände nicht besser, eher sogar noch schlechter. Als der Skandal in England an die Öffentlichkeit durchsickerte, schlug die allgemeine Stimmung von »Interniert sie alle!« in »Laßt sie jetzt frei!« um. Am 31. Juli veröffentlichte das Innenministerium ein Weißbuch mit einer Liste möglicher Voraussetzungen, unter denen Internierte auf freien Fuß gesetzt werden konnten. Entlassungsberechtigt waren danach zuerst die unter 16- und über 60jährigen sowie Jugendliche unter 18, die vor ihrer Internierung in britischen Familien oder in Erziehungsinstitutionen gelebt hatten. Hierzu gehörten natürlich viele junge Leute, die unter der Obhut der *Kinder-Flüchtlingshilfe* standen.

Während die Deportierten zwar eine Entschädigung für gestohlenes Eigentum erhielten, gab es keinerlei Ersatzleistung dafür, daß viele Jugendliche wegen der Internierung ihre Schul- bzw. Berufsausbildung abbrechen mußten und meist nicht wieder aufnehmen konnten. Und auch nach der Massenhysterie von 1940 herrschte allgemein die Meinung vor, Interessen von Individuen müßten denen der nationalen Sicherheit untergeordnet werden.

9. Kost und Logis

Eine Bemerkung bei der Eröffnung des Wohnheimes gab Anlaß zu der Vermutung, es handele sich um eine luxuriöse Unterkunft. Man verwies auf einen Palast, und der Garten wurde mit dem Paradies verglichen. Leider sind dies nur Redensarten und sollten nicht wörtlich genommen werden.

Zu einem Zeitpunkt, als Häuser eigentlich ausgesprochen schlecht zu verkaufen waren, sorgte der Zustrom von Flüchtlingen für einen Aufschwung in einem Teilbereich des Immobilienmarktes. Seit 1938 erschienen in den Kleinanzeigen der jüdischen Presse verlockende Angebote:

> Upper Clapton, großes, freistehendes Anwesen mit 24 Zimmern, geeignet zur Unterbringung von 50 Kindern. Preis 3 250 Pfund.

Überall in englischen Großstädten, hauptsächlich jedoch in London, Manchester und Leeds, entstanden Wohnheime für Flüchtlingskinder, die keine Pflegeeltern finden konnten oder zu alt waren, um sich leicht in eine neue Familie zu integrieren. Geleitet wurden diese Häuser von Mitgliedern der *Kinder-Flüchtlingshilfe* oder des Jüdischen Flüchtlingskomitees. Zur Deckung der Unterhaltskosten war man auf staatliche Zuschüsse und private Spenden angewiesen. Für Essen und Kleidung mußte pro Kind 1 Pfund in der Woche einkalkuliert werden. Ein Londoner Wohnheim für Jungen erhielt Matratzen von einer Schiffahrtsgesellschaft, Wolldecken von einer anderen Firma und Lebensmittel von einer Wohlfahrtseinrichtung für Bedürftige. Besonders großzügig zeigten sich die Geschäftsleute im Londoner East End.

Die Heimverwaltung lag zu einem großen Teil in Händen

ehrenamtlich arbeitender, ehemaliger Flüchtlinge. Obwohl sie Deutsch sprachen und die gleiche Vergangenheit wie ihre Schützlinge hatten, waren sie oft zu jung und unerfahren, um den Ansprüchen ihrer Arbeit gerecht werden zu können.

Harry Katz verbrachte mehrere Jahre in einem solchen Wohnheim in Leeds:

> Es hätte besser sein können. Daß dem nicht so war, lag meiner Meinung nach an den inkompetenten Verantwortlichen, die für ihre Aufgabe nicht ausgebildet waren. Die Kinder machten einfach, was sie wollten.

Lottie und Freddie Freedman, ein jungverheiratetes Ehepaar, waren 1939 mit einem Kindertransport aus Berlin über Hamburg nach England gekommen. Freddie hatte, während er in der Jugendabteilung der Jüdischen Gemeinde in der Rosenstraße beschäftigt war, viele Transporte organisiert und begleitet, bis er schließlich eines Tages gewarnt wurde: Entweder bleibst du in England, oder es ist Schluß mit dir.

Da die Freedmans eigentlich nach Amerika weiterreisen wollten und deshalb weder Unterkunft noch Arbeitserlaubnis besaßen, schickte *Bloomsbury House* sie als Aushilfskräfte in eines der Heime. Für Lottie war es ein Sprung ins kalte Wasser:

> Nach einer Woche lief die Köchin weg, und ich, die kaum ein weiches Ei zubereiten konnte, mußte für 40 Kinder kochen. Es war eine Katastrophe, aber ich lernte es schließlich. Das Komitee beschloß, mir ein Taschengeld und die Miete für unsere kleine Wohnung zu bezahlen; so standen wir eigentlich ganz gut da.

Nachdem sie als Hilfskräfte reichlich Erfahrung gesammelt hatten, wurden die Freedmans, die beide damals erst Anfang Zwanzig waren, vom Flüchtlingskomitee als Leiter eines in den Slums von Nord-Kensington gelegenen Heimes angestellt. Untergebracht waren dort 40 Jungen im Alter von 14 bis 18 Jahren. Und obwohl sich Lottie mit ihren 22 Jahren einer so viel Sensibilität erfordernden Aufgabe noch nicht gewachsen fühlte, tat sie doch ihr möglichstes für die desorientierten und häufig unglücklichen Jugendlichen:

> Die Kinder kamen aus den verschiedensten Schichten aus allen Teilen Deutschlands, Österreichs und der Tschechoslowakei. Sobald sie die Koffer aufmachten, konnte ich mir ein Bild von ihren Eltern machen und wußte, aus welchen Verhältnissen sie stammten. Ich war damals ziemlich naiv – heute weiß ich wesentlich mehr über Entwicklung und Psychologie. Damals hatte ich bloß gesunden Menschenverstand.

Kurz nach Kriegsausbruch wurden alle über 16jährigen Jungen aus dem Wohnheim der Freedmans abgeholt und interniert. Und obwohl Freddie selbst einmal von Nachbarn als Spion denunziert worden war, hatte das Ehepaar weniger Probleme mit überaufmerksamen Bürgern als mit der örtlichen Synagoge:

> Sie waren sehr besorgt, ob wir auch wirklich koscher kochten. Als mein Mann es vorzog, die Kinder lieber unkoscher zu ernähren, als Fleisch auf dem Schwarzmarkt zu kaufen, gab es einen Riesenskandal. Dies war unser Ende als Heimleiter.

Im allgemeinen wurden Kinder aus orthodoxen Familien in Heimen untergebracht, die unter der Kontrolle oder dem starken Einfluß des *Religiösen Notstandskomitees des Oberrabbinats* unter dem Vorsitz von Solomon Schonfeld standen. Zu denen, die Schonfeld um Hilfe bei der Unterbringung der von ihm aus Deutschland und Österreich geholten orthodoxen Kinder bat, gehörte Annie Wolfson. Sie kaufte zusammen mit ihrem Mann ein Haus in Victoria Park Road in Hackney (Nord-London) als Wohnheim für 20 Mädchen. Es war als Durchgangsstelle für Mädchen gedacht, für die zunächst keine dauerhafte Bleibe gefunden werden konnte. Das Heim wurde vom Hilfskomitee für Flüchtlingskinder in Hackney geführt, das eine Hausmutter und Personal aus den Reihen der arbeitslosen Flüchtlinge anstellte. Den lauten Protesten bei der Evakuierung der Mädchen nach Norfolk nach zu schließen, hatte das Heim den höchsten Erwartungen entsprochen. 1941 wurde es wiedereröffnet und bis Ende des Krieges weitergeführt.

Die Lebensbedingungen im Heim für jüdische Flüchtlingskinder in *The Avenue 5* in Nordwest-London waren weniger günstig. Das orthodox geführte Haus wurde im Dezember 1938 eröffnet, um Kinder aus Dovercourt aufzunehmen. Zu den ersten, die dort eintrafen, gehörte auch Zita Hirschhorn (Sonia Schmitzer):

> Jeden Sonntag war Tag der offenen Tür. Dann kamen Familien, um Kinder aufzulesen, die bei ihnen wohnen konnten. So schaffte man im Heim zusätzlichen Platz für die vielen Flüchtlingskinder, die noch herübergeholt werden sollten. Ich selbst kam zu zwei verschiedenen Familien, bat aber beide Male darum, wieder zurückgeschickt zu werden. Obwohl ich sehr gut behandelt wurde, sehnte ich mich nach meinen Freundinnen im Heim. 1940, als wir während der Evakuierung alle bei nichtjüdischen Familien einquartiert waren, durften wir über Pessach auf eigene Gefahr ins Heim zurück, um das Opferfest auf koschere Art feiern zu können.

Zita Hirschhorn blieb in dem Heim, bis es 1948 geschlossen wurde.

Weit unten auf der Beliebtheitsskala stand das Wohnheim *Cazenove Road* im Londoner East End. Obwohl Käthe Fischer spartanisches Leben bereits in einem Trainingslager für Palästina kennengelernt hatte, fand sie die Verhältnisse in diesem Heim ziemlich unerträglich:

> Es war ein furchteinflößendes, altes, dunkles Gebäude. Die meisten Mädchen, einschließlich der englischen Jüdinnen aus dem East End, stammten aus armen jüdischen Familien. Ihre einzige Beschäftigung bestand darin, in einer Kleiderfabrik Knöpfe anzunähen. Es wurde viel gebetet, aber keinerlei Bildung vermittelt. Ich vermute, alles dort zielte allein darauf ab, Ehemänner für die Mädchen zu finden.

Auch Claire Barrington erinnert sich an das Wohnheim:

> Die anderen Mädchen, englische Jüdinnen, hatten Arbeitsstellen und waren stolz auf ihre Frisur und ihre Kleidung, während wir Flüchtlinge glattes Haar trugen. Weil wir nicht so gepflegt aussahen, waren sie gegen uns voreingenommen; sie mochten uns nicht. Sie waren sehr religiös und fühlten sich uns überlegen. Ich war dort unglücklich.

Schwierige Bedingungen waren allerdings nicht unbedingt ein Hinderungsgrund, um sich in einem Heim trotzdem wohl zu fühlen, wie Martha Levy entdeckte:

> Ich war gerade 18 Jahre alt, als ich ins Heim kam – dort gab es ungefähr 30 bis 35 andere Mädchen in meinem Alter. Ich war sehr glücklich und fand viele Freundinnen. Ich hatte eine Arbeitsstelle, in der ich Knöpfe annähte.
> Dann verbesserte ich mich und wurde Maschinistin in einer Fabrik im Osten Londons. Der Manager war aus Wien und furchtbar, furchtbar streng. Alle anderen Arbeiter waren Engländer. Sie interessierten sich sehr für meine Vergangenheit und hatten Mitleid mit mir, aber ich verkehrte nicht mit ihnen; da gegenüber

unserem Mädchenwohnheim ein Heim für Jungen lag, hatte ich das auch gar nicht nötig.
Im Heim waren wir regelmäßig zur Hausarbeit eingeteilt. Jeden Morgen mußte ich um 5 Uhr 30 Uhr aufstehen, um eine billige Arbeiter-Fahrkarte lösen zu können, obwohl meine Arbeit erst um 8 Uhr begann. Das Essen im Heim war nicht besonders, so daß mein Chef eines Tages mit mir nach Hause kam und sich bitterlich beklagte: Die Mädchen sollten etwas Kräftigeres als nur Brote mit roten Rüben und Wasserkresse zu essen bekommen. Wie sollen sie sonst arbeiten können?
Das Heim wurde von einem englischen Ehepaar geleitet. Die Frau mochte mich sehr gern und weinte, als ich auszog und mit zwei anderen Mädchen zusammen zwei Privatzimmer mietete. Ich kannte damals meinen künftigen Mann schon und zog aus dem Heim aus, weil man dort nur bis 22 Uhr Ausgang hatte und ich mehr Freiheit haben wollte.

Das Essen gab den Mitarbeitern der *Kinder-Flüchtlingshilfe* bei ihren Besuchen in den Heimen ständigen Anlaß zur Klage:

Heinz war ziemlich nervös und zappelig und erzählte, er leide in letzter Zeit an Kopfschmerzen und gelegentlichem Nasenbluten. Es stellte sich heraus, daß er die Schulmahlzeiten nicht regelmäßig ißt und sich statt dessen von ein paar aus dem Heim mitgebrachten Butterbroten ernährt, die natürlich nicht nahrhaft genug sind. Er erklärt, es sich mit nur 24 Pennies Taschengeld pro Woche nicht leisten zu können, fünf Pennies täglich für das Schulessen auszugeben.

Walter Friedmann beschreibt die Schwierigkeiten junger Menschen, die um eine Aus- oder Weiterbildung kämpfen, während sie gleichzeitig versuchen müssen, mit dem Leben im Heim fertig zu werden und sich ihren Lebensunterhalt zu verdienen:

Nachdem sie sich im Heim eingelebt hatten, planten sie ihre Freizeit zunächst sehr sorgfältig, studierten schwierige Bücher, um ihre unabgeschlossene Bildung zu vervollkommnen, oder widmeten sich ihren Hobbys. Aber die Umstände waren gegen sie. Wenn sie von der Arbeit nach Hause kommen, gibt es Abendessen; anschließend sitzen sie, schon etwas müde, meist zusammen und unterhalten sich über dieses und jenes. Schließlich rafft sich einer von ihnen auf und sagt: »Ich muß jetzt auf mein Zimmer gehen, um mit meiner Lektüre weiterzukommen.« Doch dann fängt sein Zimmergenosse zu reden an, über seinen Arbeitstag, seinen Chef, die versprochene und wieder nicht erhaltene Lohnerhöhung. Sein Freund geht schließlich wieder hinunter, setzt sich in ein stilles Eckchen und beginnt zu lesen. Inzwischen ist es spät geworden, und er ist zu müde, um noch etwas aufnehmen zu können; also legt er das Buch hin und sagt sich: »Morgen ist auch noch ein Tag. Morgen lese ich das Kapitel zu Ende.« Am nächsten Abend passiert jedoch das gleiche, nur die Diskussion dreht sich vielleicht um ein anderes Thema. Man fühlt sich ständig müde und hätte dringend etwas Ruhe nötig, um sich konzentrieren zu können. Aber wo findet man in einem Haus voll junger Leute Ruhe und Frieden? Es herrscht ständiger Lärm! Nach einer Weile hören selbst die Bemühungen dieses eifrigen jungen Mannes um ein bißchen Eigenstudium auf, und er wird genau wie die anderen seine wertvolle Freizeit einfach vergeuden.

Im März 1939 zog eine Gruppe von 30 Jungen aus Frankfurt am Main in die ehemalige Privatklinik *The Cedars* in Waddesdon, dem Grundbesitz von James de Rothschild, ein. Fast alle waren in Deutschland auf dem Land aufgewachsen, aber, um dem Antisemitismus zu entgehen, nach *Philanthropia*, einer jüdischen Schule in Frankfurt, geschickt worden. Dort wohnten sie in einem von Hugo und Lilli Steinhardt geleiteten Heim, das in der »Kristallnacht« zerstört wurde. Nach einem verzweifelten Bittbrief an Lord Rothschild wurde den

Steinhardts *The Cedars* zur Verfügung gestellt. Unter denen, die Heime für die Kindertransporte gründeten, waren so bekannte Persönlichkeiten wie der Möbelhausbesitzer Jacobs, der 10 Kinder unter 5 Jahren aufnahm und für ihre Erziehung und Ausbildung bis zum 18. Lebensjahr bürgte. Während des Krieges siedelte er die Kinder in sein Anwesen in Surrey um. Ein Seitenflügel des Hauses wurde in einen Kindergarten umgewandelt, und zur Versorgung der Kinder stellte Jacobs eine Köchin, eine Kinderschwester und ein Hausmädchen an.

Lord Sainsbury, Besitzer der größten englischen Lebensmittelladenkette, nahm 25 Kinder auf, finanzierte ihre Ausbildung und blieb auch später mit ihnen in Kontakt. Die Hoteliersfamilien Salmon und Glückstein, Eigentümer des *Lyons' Imperiums*, beherbergten 23 Kinder im *The Haven*, in Nordwest-London.

Peter Morgan erzählt darüber:

> Es war neu. Es war prächtig und wie ein Hotel geführt. Schließlich waren die Besitzer ja auch Hoteliers – ihnen gehörte das Strand Palace, das Regent Palace und das Cumberland Hotel. Rückblickend scheint mir, daß wir ein Luxusleben führten.

Die Namen der Kinder wurden der englischen Sprache angeglichen, um den Assimilationsprozeß zu beschleunigen. So wurde aus Peter Morgenstern z.B. Peter Morgan. Aus dem gleichen Grund wurde die aus Deutschland mitgebrachte Kleidung stillschweigend ausgewechselt.

»Im Zug von Harwich nach London nahm man uns die Koffer weg, denn unsere Bürgen wollten uns nicht seltsam angezogen sehen«, erinnert sich ein Mädchen. »Obwohl ich erst 8 Jahre alt war, wußte ich, mit wieviel Liebe dieser Koffer gepackt war.« Geschenkte Stofftiere waren keine Entschädigung. Peter Morgan fand jedoch keinerlei Grund zur

Klage und arbeitete lange Zeit in den Hotels und Restaurants des Lyons Imperiums.

Die meisten der nicht unter jüdischer Trägerschaft stehenden Heime wurden von den Christadelphians betrieben. Wegen ihres auf jüdischem Gesetz basierenden Glaubens hatten sie ein traditionelles Interesse an gemeinsamen Unternehmen und beteiligten sich unter anderem großzügig an den Bemühungen, das jüdische Volk in Palästina anzusiedeln. Als der Exodus der Kinder aus Deutschland und Österreich begann, gehörten sie zu den ersten, die darauf reagierten.

Eine Flüchtlingsmutter und ihre beiden fast erwachsenen Söhne waren die ersten Bewohner des Christadelphia-Heims *Little Thorn* in Rugby. Die jüdischen Jungen, die anschließend hier ein Zuhause fanden, wurden zum Kürschner, Tischler oder Techniker ausgebildet. Das Heim entwickelte sich auch zu einem Zentrum, in dem sich viele Flüchtlinge am Wochenende zum geselligen Beisammensein trafen.

Ebenfalls in Mittelengland wurde im April 1940 das Wohnheim *Elpis Lodge* eröffnet. Die jüdische Gemeinde Birmingham war für die Führung des Hauses verantwortlich, während die Betriebskosten von den Christadelphianischen Kirchen Birmingham und Coventry getragen wurden.

Der ehemalige Schuldirektor Dr. Hirsch und seine Frau aus Frankfurt wurden als Herbergseltern verpflichtet. In dem orthodox geführten Haus fanden 20 Jugendliche Aufnahme. Außer auf die rein praktische Versorgung der jungen Leute legte man dort großen Wert auf geistige und seelische Erneuerung, um den jungen Männern einen »erfüllten und von der Hoffnung auf eine bessere Zukunft inspirierten« Neuanfang ohne Verbitterung über erlittene Mißhandlungen und Ungerechtigkeiten zu ermöglichen. Bis 1945 hatten 48 Jungen den Beruf des Holzschnitzers, Schneiders, Mechanikers oder ein anderes Handwerk erlernt, mit dem sie häufig an alte Familientraditionen anknüpften.

War Komfort schon in durchschnittlichen Wohnheimen Mangelware, so fehlte er oft aus prinzipiellen Gründen in den landwirtschaftlichen Trainingszentren völlig. Käthe Fischel, die den ganzen harten Winter 1939 auf der *David-Eder-Ausbildungsfarm* in Kent verbrachte, erinnert sich:

> Wir waren in Baracken untergebracht, deren Fußböden aus nichts weiter als festgestampfter Erde bestanden. Wir wuschen uns aus Krügen und Kannen, und das Wasser war immer gefroren. Wir krochen zueinander ins Bett, um uns zu wärmen. Das Essen war furchtbar – niemand konnte kochen. Die garen Kartoffeln standen einfach in riesigen Eimern auf dem Boden. Kam jemand in Gummistiefeln herein und trat in einen der Eimer, wurden diese Kartoffeln trotzdem aufgetragen. Es gab Berge von Datteln, die sie wohl sehr billig bekommen hatten, so strohtrocken, wie sie waren. Sie sahen aus wie Kamelfutter, wofür sie wahrscheinlich auch gedacht waren.

Diese Zentren wurden meistens von der Jugend-Alijah und der *Kinder-Flüchtlingshilfe* gemeinsam geleitet, mit Ausnahme einer bemerkenswerten Einrichtung, für die die Flüchtlingsorganisation die alleinige Verantwortung trug – und auch die ganze Schuld auf sich nehmen mußte:

Das etwas außerhalb von Ipswich, an der Grenze zwischen den Grafschaften Essex und Suffolk an der Ostküste gelegene *Barham House* wurde ursprünglich als »Auffanglager« für das überfüllte Dovercourt gegründet. Es konnte 200 Jungen aufnehmen.

Barham House ließ keinerlei Illusionen aufkommen. Während der viktorianischen Zeit als Armenhaus erbaut, wirkte es auf alle außer auf die Allerbedürftigsten grau, bedrohlich und abschreckend. Seine Mängel wurden noch unterstrichen durch seine unmittelbare Nachbarschaft zu Shrubland Park, einem prächtigen, palastartigen Herrenhaus, das von neuen Besuchern manchmal irrtümlich für das Gebäude der Flüchtlingsorganisation gehalten wurde. Sie wurden allerdings schnell eines Besseren belehrt. Den Eintragungen im Buch über die »Ereignisse des Tages« nach zu schließen, war das Leben in *Barham House* ein Muster häuslicher Harmonie:

Wir haben einen Kindergarten für die 18 Jungen, die 9 Jahre oder jünger sind. Die meisten von ihnen haben am Vormittag ein paar Stunden Unterricht, anschließend werden Spaziergänge und Spiele gemacht. Vom Aufstehen bis zum Schlafengehen werden die Kinder von kompetenten Mitarbeitern beaufsichtigt.
Die 10- bis 16jährigen Jungen haben den ganzen Vormittag über Schule. Hauptziel des Unterrichts ist das Erlernen der englischen Sprache, und die Einteilung in Gruppen erfolgt entsprechend den jeweiligen englischen Sprachkenntnissen. Ab einem Alter von 16 Jahren arbeiten die Jungen den ganzen Tag unter Anleitung eines ausgebildeten Landwirts auf den Feldern.
Mit Ausnahme des Kochens werden alle Hausarbeiten unter Aufsicht des Personals von den Kindern verrichtet.

Die Lagerleitung stand auf dem festen Standpunkt, junge Leute würden in frischer Luft, mit frühmorgendlichem Dauerlauf und kalten Duschen am besten gedeihen. Selbst wenn man dem grundsätzlich zustimmt, lassen die Erfahrungen einiger Insassen vermuten, daß man vielleicht doch etwas zuviel des Guten tat:

Unser Direktor, Mr. Percival, brachte an den Fenstern Vorrichtungen an, damit man sie nachts nicht mehr schließen konnte. Während des kalten Winters holte ich mir Ischias und konnte eines Morgens meine Beine nicht mehr bewegen.

Dies passierte Ernst Sicher. Andere erinnern sich an Rattenplagen und eine Krätze-Epidemie. Im Frühjahr verbesserten sich die Lebensbedingungen entscheidend. Die Feuchtigkeit an den Wänden ließ nach, die Gärten erwachten zu neuem Leben, und in der Küche gab es frische Lebensmittel. Aber die Beziehungen zwischen den jungen Menschen und ihren Aufsehern blieben unverändert schlecht. Eine Flut von Klagen beim *Bloomsbury House* führte zur Entlassung der unangenehmsten Scharfmacher. Einer von ihnen hielt eine Abschiedsrede: »Wer auch immer dahintersteckt, hat noch einmal Glück gehabt. Wenn jetzt Krieg wäre, würde ich ihn erschießen.«

In den ersten Kriegstagen veränderte sich der Führungsstil in *Barham House* noch einmal zum Schlechteren. Dank einer geheimnisvollen Logik, der die Mehrheit nicht folgen konnte, übernahm ein abgedankter Armeeoffizier die Leitung. Er verlangte von allen Ausländern im Lager unbedingten Gehorsam.

»Es ist Krieg, und ihr befindet euch alle in Feindesland«, verkündete er auf einer Generalversammlung. »Wer auch immer meine Autorität kritisiert, der übt Kritik an der Regierung und wird interniert.«

Wieder wurde *Bloomsbury House* mit Klagen überschwemmt. Als Konsequenz daraus versuchte man, die restlichen Bewohner von *Barham House* möglichst schnell anderweitig unterzubringen, ein Vorgang, der, wenn auch unabsichtlich, durch das Inkrafttreten der Internierungsgesetze beschleunigt wurde. So hatte man schließlich den bestmöglichen Grund gefunden, um *Barham House* aufzulösen.

Die Jugend-Alijah hätte nicht so leicht aufgegeben. Die Grundidee der Bewegung, nämlich in Palästina einzuwandern, um dort in landwirtschaftlichen Siedlungen zu leben, war ein leidenschaftlich verfochtenes, über allem anderen stehendes Ideal. Die Mitglieder der Bewegung wurden in zwei Altersgruppen eingeteilt: 14- bis 17jährige gehörten der Jugend-Alijah und alle übrigen der *Hechalutz* an. Jugendliche, die bereits 9 Schuljahre absolviert hatten, aber noch nicht alt genug für die Hechalutz-Ausbildung waren, arbeiteten nach einem Lehrplan, der Halbtagsunterricht mit landwirtschaftlicher Arbeit verband.

Das von der Jugend-Alijah heftig bekämpfte Prinzip, Flüchtlingskinder bei Pflegeeltern unterzubringen, war Anlaß für ernste Meinungsverschiedenheiten mit der *Kinder-Flüchtlingshilfe* und führte unter anderem zu heftigen Diskussionen zwischen Rebecca Sieff, der damaligen Vorsitzenden der Jugend-Alijah-Bewegung in England, und ihrer jüngeren Schwester Elaine Blond:

> Leute wie meine Schwester Becky vertraten die Meinung, daß Heime mit möglichst niedrigem Lebensstandard die beste Vorbereitung für das harte Pionierleben in Palästina seien. Ich hatte eine andere Auffassung von richtiger Erziehung.

Per öffentlichem Aufruf suchte die Jugend-Alijah kostengünstige oder mietfreie Höfe und Grundstücke, auf denen ihre Mitglieder leben, lernen und gemeinsam arbeiten konnten. Wenn sich dies nicht ermöglichen ließ, versuchte man, sie als »Handlanger« auf normalen Höfen unterzubringen, die nahe genug beieinanderliegen mußten, um sich abends zum kulturellen Austausch treffen zu können. Ein ehemaliger Mitarbeiter des Jugend-Alijah-Büros behauptet:

> Während die *Kinder-Flüchtlingshilfe* sich in der Hauptsache um das leibliche Wohl der Kinder kümmerte, pflegten wir auch ihre geistigen Werte und gaben ihnen einen Lebenszweck, ein Ziel, auf das sie hinarbeiten konnten.

Der Kontakt zwischen den verschiedenen Jugend-Alijah-Ausbildungszentren wurde hauptsächlich durch Rundbriefe vom Londoner Büro aufrechterhalten, aber einige Gruppen gaben auch eigene Schriften mit so hochtrabenden Titeln wie *Der Pflug*, *Samen* und *Unser Leben* heraus. Zuerst wurden sie noch auf deutsch oder hebräisch geschrieben, aber schon bald veröffentlichte man auch auf englisch. Innerhalb der Jugend-Alijah konkurrierten die verschiedensten Schattierungen des Zionismus miteinander, angefangen vom orthodoxen *Bachad* über die sozialistischen Gruppen bis zum gemäßigten *Maccabi Hazair*, der zionistischen Pfadfinderbewegung. Aber trotz aller Spaltungen vermittelte die Jugend-Alijah ein Gefühl kultureller Identität und Zusammengehörigkeit, das die *Kinder-Flüchtlingshilfe* nicht bieten konnte.

Zu Anfang des Krieges existierten in Großbritannien ungefähr 20 Ausbildungszentren zur Vorbereitung auf die Auswanderung nach Palästina. Das bekannteste war *Whittingham House*, 20 Kilometer von Edinburgh entfernt. Ein Besucher beschrieb es bewundernd als »ein kleines Jerusalem in Englands grünem heiteren Land«. Einst Wohnsitz von Lord Balfour, stellte es sein Sohn, Baron Taprain, zur Ausbildung in Landwirtschaft, Gartenbau und Forstwirtschaft für 200 Kinder zur Verfügung. Sowohl Schützlinge der Jugend-Alijah als auch der *Kinder-Flüchtlingshilfe* wurden dort untergebracht.

Zwischen der Jugend-Alijah und dem presbyterianischen Hausvorstand entstanden sofort Meinungsverschiedenheiten über grundsätzliche Werte der Erziehung. Die Leiterin des Schulinternats, selbst ein Flüchtling, mußte als Vermittlerin einspringen.

Lehrer waren damals knapp, und diejenigen, die sich zur Verfügung stellten, waren von der schottischen Erziehungstradition geprägt:

> Manchen waren diese ausländischen Kinder so fremd wie Wesen aus einer anderen Welt. Noch nie war ihnen ein solcher Mangel an Konformität begegnet; das lag zum einen daran, daß die Kinder aus den verschiedensten sozialen Schichten und allen Gegenden Mitteleuropas stammten, zum anderen, daß sie das nivellierende britische Erziehungssystem nicht durchlaufen hatten.

Der Versuch des ersten Direktors, aus Whittingham ein jüdisches Eton zu machen, wurde von den Kindern nicht akzeptiert. Der Jugend-Alijah-Mitarbeiter Erich Duchinsky führte die Kampagne zur Versetzung des Direktors:

> Ein alter Mann, dem jegliches Verständnis fehlte und der keine Ahnung hatte, worum es eigentlich ging. Ich überredete das Whittingham-Komitee, ihn zu entlassen.

Nach ihm übernahm einer der jungen Lehrer die Leitung. Nichtsdestoweniger ergab eine Nachfrage der Jugend-Alijah im Herbst 1940, daß die Zustände weiterhin unbefriedigend waren. Man verstand wohl, daß die meisten Mitglieder des Kollegiums keine Erfahrungen im Umgang mit jüdischen Kindern hatten, aber sie schienen sich auch nicht genügend um Kontakt zu bemühen. Der Unterricht nahm nur zwei Stunden am Tag in Anspruch, und die landwirtschaftliche Arbeit war schlecht organisiert. Aber es gab nicht nur Fehler auf der einen Seite:

> Unter den Kindern herrschten besonders im ersten Jahr ihrer Anwesenheit Faulheit und Gleichgültigkeit, wahrscheinlich mitverursacht durch die lange Wartezeit, fast ohne jede Arbeit, Unterricht oder Führung in den Aufnahmelagern. Häufig konnte man eine Gruppe von Jungen beim Fußballspielen beobachten, während sie eigentlich im Englisch- oder Rechenunterricht sitzen sollten; die praktische Arbeit wurde weniger geschwänzt.

Andere Ausbildungszentren kämpften mit ähnlichen Schwierigkeiten. Die zionistischen Jugendführer hatten zuviel praktische Arbeit zu leisten, um sich den Kindern und ihrer Erziehung zu widmen. Dieser Mangel an pädagogischem Einfluß trug wesentlich dazu bei, daß Unruhestifter, unter denen sich viele Kinder befanden, die unfreiwillig dorthin gebracht worden waren, tun und lassen konnten, was sie wollten.

Fred Dunston (Fritz Deutsch), ein Jugend-Alijah-Mitarbeiter und Pfadfinderführer aus Wien, erinnert sich noch heute daran, wie schwierig der Umgang mit den Kindern, die »uns graue Haare wachsen ließen« war:

> Viele der Jugendlichen verstanden überhaupt nicht, weshalb man sie zu uns gebracht hatte. Sie kamen keinesfalls mit der Erwartung, sich zwei Jahre lang für ein Leben im Kibbuz ausbilden zu lassen. Kein Wunder, daß sie sich unglücklich fühlten und nicht eingewöhnen wollten. Es war eine schwere Aufgabe für uns, sie zu beruhigen. Sie waren von der jüdischen Kultusgemeinde und nicht vom Palästina-Büro geschickt worden. Man hatte ihnen versprochen, sie bei Pflegeeltern unterzubringen. Wir wußten einfach nicht, was wir mit ihnen anfangen sollten.

Trotz all ihrer Verdienste um die Förderung des zionistischen Ideals und ihres starken Einflusses auf einzelne Schüler versagten die landwirtschaftlichen Zentren bei ihrer eigentlichen Aufgabe, das aufstrebende Palästina mit loyalen und enthusiastischen Arbeitskräften zu versorgen. Aber hätte man es besser machen können?

Im Juli 1939 ging eine Gruppe von 15 Kindern aus den Zentren *Engeham* und *Whittingham Farm* nach Palästina, aber sie blieben bis zum Ende des Krieges die einzigen. In der Zwischenzeit hatten die meisten, die auf eine Gelegenheit zur Abreise gewartet hatten, die obere Altersgrenze von 17 Jahren für ein Jugend-Alijah-Einreisevisum überschritten. Es war kein Wunder, daß sie nach der intensiven psychologischen Vorbereitung auf den großen Aufbruch, der niemals stattfand, die Bewegung enttäuscht verließen.

So kam es, daß immer mehr Ausbildungszentren der Jugend-Alijah geschlossen werden mußten. Die finanzielle

Seite war gleichfalls zum Problem geworden. Vor dem Krieg hatte man durch öffentliche Kampagnen genügend Gelder aufgetrieben, um die Jugend-Alijah über Wasser zu halten. Als jedoch deutlich wurde, daß eine große Anzahl von Kindern nicht so bald nach Palästina emigrieren würde, erhob sich die Frage, wer während ihres verlängerten Aufenthalts in Großbritannien für sie sorgen würde. Theoretisch konnten sich diejenigen, die auf Farmen arbeiteten, selbst versorgen. In der Praxis war diese Arbeit jedoch saisonabhängig und schlecht bezahlt. Gemeinsam mit dem Komitee für Deutsche Juden beantragten Lola Hahn-Warburg und Elaine Blond staatliche Unterstützung für die Jugend-Alijah. Sie hatten jedoch keinen Erfolg damit. Während der restlichen Kriegsjahre verließ sich die Jugend-Alijah auf ihre eigenen tapferen Bemühungen um finanzielle Selbständigkeit, und wenn diese scheiterten, auf Wohltätigkeitsaufrufe und Spenden der *Kinder-Flüchtlingshilfe*.

10. Kampf um Bildung

Nach meinem Berufswunsch gefragt, antwortete ich: »Arzt«. Die Frau, die das Formular ausfüllte, sagte: »Das kann ich nicht hinschreiben. Du darfst nicht vergessen, daß du Flüchtling bist.«

Kinder des deutsch-jüdischen Mittelstandes waren in dem Glauben erzogen, Bildung sei die Voraussetzung für Wohlstand und befriedigende Karriere. In Großbritannien mußten sie ihre diesbezüglichen Ansprüche zurückschrauben. Man erwartete von ihnen, daß sie mit 14 von der Schule abgehen, eine Stellung annehmen oder mit einer technischen Ausbildung beginnen würden. Schließlich waren dies auch die Zukunftsperspektiven für die Mehrheit der britischen Kinder. Warum sollten Flüchtlinge anders behandelt werden?

Auf einer Konferenz der *Kinder-Flüchtlingshilfe* im Oktober 1942 formulierte es ein hoher Beamter des Innenministeriums so: »Ein Flüchtling sollte genauso wie ein englisches Durchschnittskind freien Grundschulunterricht erhalten. Außer in Fällen besonders hoher Begabung kann jedoch kein weiterführender Schulbesuch gewährt werden.«

Alle Kinder hatten ein Recht auf kostenlosen Schulbesuch bis zum Alter von 14 Jahren. Danach bestand die Möglichkeit, auf höheren Schulen und Universitäten einen der wenigen, heftig umkämpften unentgeltlichen Plätze zu ergattern. Als Neulinge im britischen Erziehungssystem und mit Englisch als Fremdsprache waren die Flüchtlingskinder von Anfang an doppelt benachteiligt. Aber selbst wenn es ihnen gelang, diese Hürden zu überwinden und ihre »hohe Begabung« zweifelsfrei nachzuweisen, gab es da noch eine psychologische Hemmschwelle, die nur von den Zielstrebigsten überwunden wurde.

Dorothy Hardisty, Generalsekretärin der *Kinder-Flüchtlingshilfe*, riet angesichts der bekannten Probleme dazu, das Beste aus der Situation zu machen:

> Wir raten grundsätzlich allen jungen Leuten, im Alter von 16 Jahren eine Berufsausbildung zu beginnen, um für eine selbst unter den günstigsten Umständen schwierige Zukunft gerüstet zu sein. Wir sind uns darüber im klaren, daß nur wenige die Gelegenheit haben werden, hier oder in irgendeinem anderen Land einen akademischen Beruf zu ergreifen, und deshalb empfehlen wir ihnen, ihre Zukunftsaussichten realistisch einzuschätzen, obwohl dies für einige jüdische Kinder angesichts ihrer Eignung für eine intellektuelle Tätigkeit nur schwer zu akzeptieren ist.

Flüchtlingskinder, so begabt sie auch sein mochten, wurden ganz einfach nicht dazu ermutigt, in der ökonomischen und sozialen Hierarchie nach oben zu klettern. Nach allgemeiner Ansicht, die auch von einigen Mitgliedern der *Kinder-Flüchtlingshilfe* geteilt wurde, gehörten Flüchtlinge in die unteren Gesellschaftsschichten und konnten weder durch harte Arbeit noch durch intellektuelle Begabung etwas an dieser selbstverständlichen Zuordnung ändern. Dieses Vorurteil kam jenen Pflegeeltern entgegen, die pauschal gegen Schulbildung voreingenommen waren:

> Als Hauptgrund, warum sie Jean aus der Schule nehmen will, führt Frau Gross an, sie glaube nicht an Bildung. Ihre eigene Tochter sei Stenotypistin und habe auch kein Abitur. Also bestünde auch keine Veranlassung, Jean eine bessere Schulbildung zukommen zu lassen. Es sei im Gegenteil viel besser für das Mädchen, ebenfalls einen Stenographie- und Schreibmaschinen-Kursus zu machen, um so schnell wie möglich arbeiten gehen zu können.

Jeans Schuldirektorin und *Bloomsbury House* waren anderer Meinung. Durch ihr Angebot, die finanzielle Verantwortung für die Fortbildung des Mädchens zu übernehmen, gelang es der Flüchtlingsorganisation schließlich, Frau Gross umzustimmen. Jean blieb auf ihrer höheren Schule.

Als Hannah im Alter von fünf Jahren nach England kam, wurde sie als intelligentes, aber ungezogenes Kind beschrieben. Da sich ihr Wesen diesbezüglich während ihrer gesamten Schulzeit nicht änderte, schloß ihr Pflegevater daraus, jeder weitere Schulbesuch sei bei ihr nur Zeitverschwendung.

> Von Hannah begleitet, traf ich mich mit ihrem Pflegevater, um über die Zukunft des Mädchens zu sprechen. Herr Wolf besteht darauf, daß Hannah am Ende des Sommersemesters die Internatsschule *Stoatley Rough* verläßt. Er findet, es sei keine Schande für Hannah, daß sie keine größeren Fortschritte in der Schule gemacht habe, hält es jedoch für sinnlos, sie noch länger in die Schule zu schicken, und wünscht, sie solle statt dessen eine passende Lehrstelle antreten.

Was er nicht wußte, bevor der Flüchtlingshelfer dies aus Hannah herauslockte, war, daß sie Kunst studieren wollte.

> Nach einiger Diskussion willigte er ein, vorausgesetzt, die Kunsthochschule *Farnham* fand Hannahs Arbeit gut genug, um sie aufzunehmen.

Hannah erhielt schließlich einen Studienplatz in Farnham.

Sowohl die Evakuierung als auch die Vorliebe der Flüchtlingsorganisation für Pflegeeltern und Jugendheime in ländlicher Umgebung führten zur Isolierung vor allem der jüngeren Kinder, die in den kleinen Dorfschulen von Mitschülern und Lehrern als Kuriosum angesehen wurden. Viele entwickelten eine Art kollektives Schuldgefühl:

Ich wollte nicht als Ausländerin gelten, weil ich inzwischen so manches über die übliche englische Einstellung zu Ausländern gehört hatte, und ich sträubte mich ganz besonders dagegen, Deutsche genannt zu werden. Österreicherin war nicht so schlimm, schließlich war Österreich selbst Opfer der Nazis.

Ich genierte mich schrecklich, wenn ich gebeten wurde, etwas auf deutsch zu sagen, und weigerte mich jedesmal.

Oft wurden empfindliche Stellen getroffen. So fand Vera Coppard, Schülerin der St.-Christophorus-Schule in Letchworth, die ständigen Witze unerträglich, daß sie eine deutsche Spionin sei. Der an sich harmlose kindische Scherz, eine Stinkbombe in ihr Schließfach zu legen, bereitete Vera großen Kummer. War sie denn tatsächlich so verhaßt?

Für die intelligenteren Kinder, die sich genügend angepaßt und ihre Klassenkameraden bereits überflügelt hatten, kam noch ein weiteres Schuldgefühl hinzu:

Ich sagte nicht die Wahrheit über meine Herkunft, aber es war mir klar, daß ich anders war, und immer die Beste in der Klasse zu sein, machte es auch nicht gerade leichter.

Auch Lehrer waren keineswegs vorurteilsfrei. Selbst diejenigen, die auf ihre liberalen Ansichten stolz waren, konnten nicht umhin, ihre Spitzen gegen die Deutschen, inklusive der deutschen Flüchtlinge, loszulassen. »Britische Soldaten sind die besten der Welt«, erklärte ein Lehrer seiner Klasse, und an die Kindertransportschüler gerichtet, fügte er hinzu: »Ihr habt uns das ja nicht zugetraut.«

Ein natürlicher Instinkt veranlaßte die Kinder, sich möglichst unauffällig zu verhalten:

Ich ging einfach weiter in die Schule und versuchte, nicht aufzufallen. Manchmal erregte eine ganz nebensächliche, unbewußte

Geste Aufmerksamkeit. Ich erinnere mich an einen Vorfall: Als wir einmal in einen ziemlich kalten Raum gingen, begann ich zu zittern. Die Lehrerin sagte mit ihrer wunderbar durchdringenden Oberschicht-Stimme: »Engländer zittern nicht, wenn sie einen kalten Raum betreten. Es gibt nicht genügend Kohle, weil wir gegen die Deutschen kämpfen.«

Wahrscheinlich bereitete es der *Kinder-Flüchtlingshilfe* die größten Schwierigkeiten, die Bedürfnisse der älteren Kinder zu befriedigen, die bereits zu Hause in Deutschland oder Österreich eine höhere Schule abgeschlossen hatten. Von Rechts wegen waren diese jungen Leute für ein Universitäts- oder Fachhochschulstudium qualifiziert. Ein britischer Jugendlicher aus armer Familie besaß in einem solchen Fall wenigstens die Chance, Hochschulgebühren und Unterhaltskosten erstattet zu bekommen.

Junge Flüchtlinge hatten jedoch kein Anrecht auf staatliche Stipendien oder Zuschüsse. Somit waren sie vom Studium faktisch ausgeschlossen. Ihre einzige Hoffnung blieben von den Universitäten selbst ausgeschriebene Stipendien, und obwohl eine kleine Zahl von Flüchtlingen auf diese Weise einen Studienplatz erhielt, mußte die Mehrheit zur Weiterbildung Abendkurse besuchen oder sich für ein Fernstudium einschreiben. Im übrigen waren Klugheit und Zielstrebigkeit gar nicht immer geschätzt.

Klaus hatte ein gutes Abschlußzeugnis und suchte bei ICI (*Imperial Chemical Industries*) eine Stelle im chemisch-technischen Bereich. Sein Flüchtlingshelfer konnte eine bissige Bemerkung nicht unterdrücken: »Es ist höchst erstaunlich, daß ein 15jähriger Junge eine so hohe Meinung von seinen Fähigkeiten hat.«

Eine, die sich in dem Bewußtsein, daß es um viel mehr ging als ums nackte Überleben, unermüdlich für begabte Jugendliche einsetzte, war Greta Burkill. Als Vorsitzende des Cambridgeshire-Komitees, das für ganz Ostengland zuständig war, betreute sie durchschnittlich 800 junge Menschen, auf dem Höhepunkt der Evakuierungswelle bis zu 2000.

Sie ermöglichte einer Reihe von Jugendlichen ein Teilzeit-Studium, indem sie ihnen Halbtagsstellen als Küchenhilfen besorgte. Während eines einzigen Jahres beaufsichtigte sie 12 Studenten, von denen 11 mit Auszeichnung bestanden. Eine ihrer Helferinnen war Nina Liebermann:

> Ich lernte vieles von Greta Burkill, vor allem, ein einmal gestecktes Ziel niemals aufzugeben. So mancher Physiker, Mathematiker oder Jurist verdankt seine berufliche Chance Greta Burkills Hartnäckigkeit. Durchkreuzten Bürokraten ihre Pläne, konnte sie wie eine Löwin für ihre Jungen kämpfen.

In den ersten Kriegsmonaten zogen viele namhafte Institute – darunter die *London School of Economics* und das *Bedford College* – wegen der drohenden Luftangriffe von London nach Cambridge um. Man kann sich kaum eine anregendere Umgebung für intelligente Kinder, die unter anderen Umständen ihre Ausbildung vermutlich abgebrochen hätten, vorstellen. Aber leicht war das Leben für junge Flüchtlinge niemals, wie Greta Burkill später aufzeichnete:

> Im allgemeinen waren Flüchtlingskinder ehrgeizig und wissensdurstig. Nachdem ihnen in ihrem Heimatland regelmäßiger Schulbesuch versagt worden war, nahmen viele von ihnen nach ihrer Tagesarbeit an Abendkursen zur Vorbereitung auf die Mittlere Reife oder das Abitur teil. Heute würde man diese Kinder besonders begabt nennen und ihnen jede erdenkliche Hilfestellung bei der Überwindung ihrer Frustrationen gewähren, aber damals waren schwere Zeiten, und das Land stand unter starkem Druck. Eine Ganztagsstellung, so sorgsam sie auch ausgesucht sein mochte, und Examensvorbereitungen unter einen Hut zu brin-

gen, war sehr anstrengend, obwohl man nicht vergessen darf, daß auch viele britische Kinder hart zu kämpfen hatten, um die Hochschulreife zu erlangen, wenn auch nicht unter so isolierten Umständen.

Friedrich Bettelheim war einer der Jugendlichen, die von Greta Burkills Bemühungen profitierten. Er war als Zehnjähriger nach England gekommen, hatte mit 17 sein Abschlußexamen in Physik bestanden und hoffte, am *King's College* Medizin studieren zu können. Er war noch sehr jung für Cambridge, wurde aber angenommen und bestand sein Examen mit Auszeichnung. Greta Burkill kümmerte sich nicht nur um seine Ausbildung, sondern kämpfte auch mit Erfolg darum, ihm das damals für Juden fast unmöglich zu bekommende Besuchsvisum für Venezuela zu beschaffen, damit er den Sommer mit seinen Eltern verbringen konnte.

Trotz solcher Erfolge läßt Greta Burkills ständige Korrespondenz mit den Universitäten, dem Erziehungsministerium, dem Innenministerium und dem Internationalen Studentenbund (ISS) auf einen erschreckenden Mangel an Einsicht auf höherer Ebene schließen. So schrieb ihr der Sekretär des ISS im November 1943:

> Vielleicht bin ich zu vorsichtig, aber obwohl ich mit Ihnen darin vollkommen übereinstimme, daß außergewöhnlich begabte Flüchtlingskinder dieselben Bildungschancen wie britische Schüler bekommen sollten, bezweifle ich doch, ob die Mehrheit der englischen Bevölkerung bereits fortschrittlich genug ist, um der Gewährung staatlicher Stipendien für Flüchtlinge zuzustimmen. Nach meinem Dafürhalten sollten wir die Erziehungsbehörden der Grafschaften dazu drängen, über Anträge von Flüchtlingen, wann immer es möglich ist, wohlwollend zu entscheiden. Einige Grafschaften haben Flüchtlingen College-Stipendien von etwa 60 Pfund gewährt, und das entspricht, zusam-

men mit Universitäts- und Schulabgangsstipendien, ungefähr der Höchstsumme, die ein britisches Kind erhalten kann. Wenn Sie mir irgendwelche Kinder empfehlen möchten, will ich gern alles in meiner Macht Stehende tun, um ihnen Mittel aus anderen Quellen zu beschaffen, denn unsere eigenen Gelder sind, wie Sie wissen, in erster Linie für ältere Studenten gedacht.

In der Praxis beschränkten sich die Möglichkeiten, eine akademische Laufbahn einzuschlagen, auf Hochbegabte, die außerdem noch das Glück haben mußten, einen Gönner oder Lehrer zu finden, der ihre Fähigkeiten zur rechten Zeit erkannte und sich für sie einsetzte.

Zu denen gehörte George Alexander Gruen. Er wurde von einem der bekanntesten Internate Englands, der *Winchester School*, aufgenommen. Er bereitete sich gerade auf seine Aufnahmeprüfung für die Universität Cambridge vor, als er interniert und 1940 nach Kanada deportiert wurde. Greta kämpfte um seine Rehabilitierung. Als er 1941 zurückkehrte, wurde er von einem Pastor aus Trumpington aufgenommen, seine Schule gewährte ihm ein Stipendium, und von der *Kinder-Flüchtlingshilfe* wurden seine Unterhaltskosten finanziert. Sein Vordiplom bestand er am *Trinity College* in Cambridge mit Auszeichnung und studierte dann Geschichte, bis sein Studium von neuem unterbrochen wurde, als er zum militärischen Abschirmdienst verpflichtet wurde. Bei seiner Rückkehr nach Cambridge vollendete er sein Geschichtsstudium.

Ein anderes Beispiel für den erfolgreichen Kampf um Studiengelder ist Georg Kreisel, dem sein Gymnasium in Dudley 1941 ein Stipendium fürs *Trinity College* in Cambridge gewährte. Zur Deckung der Lebenshaltungskosten waren jedoch keine weiteren Gelder vorhanden. Als sein Heimleiter daraufhin einen Bittbrief an Lord Baldwin schrieb, erhielt Georg von diesem eine jährliche Unterstützung von zusätzlich 150 Pfund für seinen Unterhalt. Lord Baldwins Großzügigkeit wurde bestens belohnt, als Georg 1942 sein Staatsexamen in Mathematik mit Auszeichnung ablegte und in die Forschungsabteilung der Admiralität eintrat.

81 Flüchtlingskinder gingen nach *Bunce Court*, in jenes Landschulheim, das Anna Essinger von der Schwäbischen Alb in ein großes, von 12 ½ Hektar Land umgebenes Herrenhaus in der Grafschaft Kent im Süden Englands umgesiedelt hatte. *Bunce Court* war eine fortschrittliche Schule, in der großer Wert auf Selbständigkeit gelegt wurde und die Kinder die Freiheit hatten, eigenverantwortlich, ohne Einbindung in eine festgefügte Familienstruktur zu handeln. Kinder und Lehrer nannten sich beim Vornamen, eine Miss Clifton wurde mit »Cliffy« angesprochen, und aus Anna Essinger wurde, in Anlehnung an ihren deutschen Spitznamen »Tante Anna«, ganz einfach T.A. Die Kinder kümmerten sich zu einem großen Teil selbst um die Erhaltung der Schule, indem sie zum Beispiel Möbel herstellten, das Haus sauberhielten und Reparaturen ausführten. Aber im Gegensatz zu anderen fortschrittlichen Schulen war der Unterricht fest in jener deutschen Tradition verankert, in der Geisteswissenschaften höchste Priorität genießen. Intelligente, phantasiebegabte Kinder wie Leslie Brent kamen in *Bunce Court* gut zurecht:

> Zuerst teilte ich ein Schlafzimmer mit fünf oder sechs Jungen im Hauptgebäude der Schule. Die Schule lag auf einem herrlichen, von Wald umgebenen Gelände mit schönem Garten, einem großen Sportplatz und einem von den Kindern selbst gebauten Freilicht-Amphitheater, in dem Aufführungen stattfanden. Die Kinder verrichteten viele der anfallenden Arbeiten; es war ein wesentliches Element von Anna Essingers Pädagogik, Kinder in praktische Tätigkeiten miteinzubeziehen. Meine Pflichten pendelten zwischen Küche, Werkstatt und Garten. Nachmittags trieben wir Sport – leider gehörte Kricket nicht dazu; das kam viel

später. Wir spielten hauptsächlich Hockey und Fußball, und natürlich hatten wir Leichtathletik. Wir traten nicht gegen andere Schulen an; wir unterhielten kaum Kontakt zu ihnen, da wir geographisch ziemlich isoliert lagen. Der Tag begann mit Gymnastik, was viele der Kinder haßten. Ich hatte jedoch viel Freude an körperlicher Betätigung.
Ich gehörte zu den vielen Kindern, die sich sehr glücklich in *Bunce Court* fühlten. Dort fand ich einen sicheren Hafen, in dem ich mit Liebe und Respekt behandelt wurde, eine gute Schulerziehung genoß und Freunde fand. *Bunce Court* bot mir einen schützenden Rückhalt und, trotz des Fehlens von naturwissenschaftlichem Unterricht, ein ausgezeichnetes Sprungbrett fürs Leben. Obwohl ich dort nur von Anfang 1939 bis Ende 1942 lebte, hat *Bunce Court* einen Einfluß auf mich ausgeübt, der in keinem Verhältnis zur Kürze meines dortigen Aufenthalts steht.

Anna Essinger, die älteste von neun Geschwistern, war nicht nur von der Erscheinung her eine Führungspersönlichkeit. Eine ehemalige Lehrerin erinnert sich an sie als »sehr groß, beinahe massig«.

Sie war keine Schönheit. Wie alle Essingers hatte sie schlechte Augen und mußte daher immer eine Brille mit dicken Gläsern tragen. Sie war immer dunkel gekleidet und hatte glatte braune Haare. Obwohl ihr eine gewisse Wärme fehlte, lag ihr das Wohl der Kinder sehr am Herzen. Sie unterrichtete nicht, da sie die Verwaltungsarbeit völlig in Anspruch nahm. Zweimal täglich inspizierte sie das gesamte Schulgelände, einschließlich Küche und Garten, dem sie immer besondere Aufmerksamkeit widmete, da er die gesamte Schule mit Gemüse versorgte.

In *Bunce Court* vertrat man der Religion gegenüber eine sehr liberale Haltung. Nach Meinung von Leslie Brent war Anna Essinger »ganz unreligiös, zumindest agnostisch«.

Im Bibelunterricht ließ unser Lehrer die Heilige Schrift auf ganz ungewöhnliche Art und Weise lebendig werden. Einige Kinder stammten aus orthodoxen Familien; sie hielten in einer kleinen Gruppe Schabbat-Gottesdienste ab, die aber stark improvisiert waren.

An jüdischem Nationalismus war Anna Essinger auch nicht besonders interessiert. Sie hatte jedoch ein ausgeprägtes soziales Gewissen, das Lucie Kaye, eine ehemalige Mitarbeiterin, als Quäkermentalität beschreibt. Und ganz fraglos war sie eine sehr mutige Frau:

Als sie sich in Deutschland einmal weigerte, die Hakenkreuzfahne zu hissen, erhielt sie von den Nazis den ausdrücklichen Befehl dazu mit der Drohung, sie würden wiederkommen und nachsehen, ob sie ihnen gehorcht hätte. Als sie an Hitlers Geburtstag zur Kontrolle erschienen und keine Fahne wehte, erklärte sie ihnen: »Die Kinder sind alle auf einem Tagesausflug; es hat wenig Sinn, eine Fahne herauszuhängen, wenn niemand zu Hause ist.« Danach ließ man sie in Ruhe.

Wem es schwerfiel, sich in *Bunce Court* einzuleben, mußte selbst mit diesem Problem fertig werden. Man hatte auch wenig Verständnis für Faulpelze. Schüler und Mitarbeiter standen stets unter enormem Druck.

Harte Arbeit hieß die Devise. Die Lehrer hatten überhaupt keine Freizeit, unser Arbeitstag dauerte ungefähr 12 Stunden. Aber das kümmerte sie überhaupt nicht; je weniger Lohnkosten anfielen, um so mehr Kinder konnten wir aus Deutschland herüberbringen.

Bunce Court stand seit seiner Eröffnung Kindern von Opfern der Nazi-Verfolgung offen. Mindestens einem Dutzend wurde unter der Bedingung, daß die Eltern im Falle einer Verbesserung ihrer Lage für den Aufenthalt zahlten, das Schulgeld erlassen. (Einige, denen die Auswanderung nach Amerika gelang, vergaßen bequemerweise dieses Versprechen.) In Dovercourt, wo sie zusammen mit einer Gruppe ihrer Lehrer und älteren Schülern das dort herrschende Durcheinander in eine pädagogisch vertretbare Richtung zu steuern versuchte, überwarf sich Anna Essinger bald mit den für die Richtlinien der *Kinder-Flüchtlingshilfe* Verantwortlichen. Sie mißbilligte die willkürliche Auswahl von Pflegeeltern und hätte es vorgezogen, die Kinder in Wohnheimen nach dem Vorbild von *Bunce Court* unterzubringen. Da die Flüchtlingsorganisation nicht bereit war, ihre Linie aufzugeben, konzentrierte sich Anna Essinger darauf, sich aus der Kinderschar die herauszusuchen, die sie für besonders begabt hielt, und jene zu retten, die zu ungeeigneten Pflegeeltern verfrachtet worden waren. Eine ehemalige Schülerin erinnert sich:

> Anna wählte die Kinder, von denen sie glaubte, sie paßten nach *Bunce Court* und sie könne sie liebgewinnen und ihnen etwas bieten, rein nach dem Gefühl aus. Sie bevorzugte kleinere Kinder, die sie eine Weile behalten konnte. Einige 3- und 4jährige nahm sie auf, weil deren ältere Geschwister in ihrer Schule waren.

Private Spenden ermöglichten den Bau von zwei neuen Schlafsälen, die 30 Jüngsten konnten in einem alten Bauernhaus untergebracht werden. Die vorhandenen Gelder reichten jedoch nicht einmal fürs Nötigste. Es verging kaum eine Woche, ohne daß sich Anna Essinger zu einem Spendenfeldzug nach London aufmachte, von dem sie stets mit dem Versprechen für neue Kinderbürgschaften zurückkehrte. Die größten finanziellen Probleme entstanden Mitte 1939, als die Besitzerin von *Bunce Court* das Grundstück verkaufen wollte. Man hatte nur die Wahl, selbst zu kaufen oder zu räumen. Irgendwie gelang es, eine Hypothek aufzunehmen. Aber die Aufsplitterung der verfügbaren Mittel hinderte Anna Essinger daran, die Zahl der Neuaufnahmen zu erhöhen. Ihren Höhepunkt erreichten die finanziellen Schwierigkeiten im Mai 1940, als *Bunce Court* per Evakuierungsbefehl von Kent nach Shropshire umziehen mußte und zusätzlich einige der besten Lehrer interniert wurden. Die Schule nahm das Herrenhaus *Trench Hall*, das sieben Jahre lang leer gestanden hatte und alle Zeichen von Verwahrlosung trug, in Besitz. Jetzt bewährte sich Anna Essingers Philosophie der Selbsthilfe, nicht zuletzt dadurch, daß der augenscheinliche Dschungel in einen Garten verwandelt wurde, der die gesamte Schule ernährte.

Daß das Landschulheim *Bunce Court* den Krieg überstand, ist kaum vorstellbar, gelang aber nach Aussagen früherer Schüler mit fliegenden Fahnen. Die Schule vollbrachte die seltene Leistung, eine Institution zu einer Familie zu formen. Es herrschte dort größere Zufriedenheit als in durchschnittlichen Wohnheimen oder Pflegefamilien und ganz bestimmt ein stärkeres Gefühl persönlicher Erfüllung.

Ironischerweise schaffte es ausgerechnet *Bunce Court* nicht, den Krieg längere Zeit zu überleben. In den ersten Friedensjahren war Anna Essingers Engagement für Flüchtlingskinder durch die Ankunft von Jugendlichen, die die Konzentrationslager überlebt hatten, noch einmal gefragt. Aber nachdem auch diese Schüler abgegangen waren, verlor die Schule ihre Daseinsberechtigung. Es gab nicht viele Familien, die ihre Kinder auf eine Schule, die mit irgend etwas Deutschem assoziiert werden konnte, schicken wollten, so liberal diese auch sein mochte. Das Flüchtlingsetikett galt als weiteres abwertendes Kriterium in den Augen von Eltern, die vor der Wahl einer Privatschule standen. So mußte *Bunce Court* 1949 seine Tore schließen.

Zwischen der *Kinder-Flüchtlingshilfe* und dem Innenministerium bestand eine klare Vereinbarung, wonach diejenigen, die 1938/39 bereits als Jugendliche nach Großbritannien kamen, eine praktische Berufsausbildung beginnen sollten. Ehe aber eine Genehmigung hierfür erteilt wurde, mußten vier Voraussetzungen erfüllt werden, von denen zwei für die Flüchtlinge von Vorteil waren: Zum einen mußten ihre Arbeitsbedingungen mindestens so gut sein wie die ihrer britischen Kollegen, und zum anderen mußten die Arbeitgeber ihnen auch wirklich eine Ausbildung erteilen und sie nicht als billige Handlanger verwenden. Die weiteren Bedingungen erhielten scharfe Einschränkungen: Junge Flüchtlinge durften nicht mit ihren britischen Altersgenossen um einen Ausbildungsplatz konkurrieren, und die Stellen, die ihnen offenstanden, mußten eigens für sie geschaffen worden sein. Das hieß, daß landwirtschaftliche Arbeit als wahrscheinlichste Beschäftigung für Flüchtlingsjungen in Frage kam, obwohl die meisten aus städtischen Familien mit kaufmännischen oder freien Berufen stammten und eine ausgesprochene Abneigung gegen das Leben auf dem Land hatten. Aber die Nation mußte ernährt werden, und in diesem traditionell schlecht bezahlten Erwerbszweig herrschte ein Mangel an Arbeitskräften.

Im Februar 1941 wandte sich die *Kinder-Flüchtlingshilfe* mit einem Rundschreiben, das die Reize einer landwirtschaftlichen Laufbahn schilderte, an 1500 Vierzehnjährige:

> Als Landwirt hat man ein gutes Leben und übt eine sehr wichtige Tätigkeit aus, die allerdings erlernt werden muß. In der Ausbildung wirst Du alle Vorteile entdecken, die das Leben in frischer Luft mit sich bringt. Du kannst Schweine- und Geflügelzucht, Pflanzenpflege, Gemüsezucht und den Anbau von Mais, Weizen, Rüben, Kartoffeln und viele andere Dinge erlernen. Innerhalb eines Jahres wirst Du alle für Wachstum und Produktion notwendigen Vorgänge kennen und am Ende der Zeit mit Befriedigung die Früchte Deiner Arbeit ernten.

Natürlich erhältst Du zusätzlich zur Berufsausbildung im Freien auch Unterricht in Englisch und Religion. Du lernst und lebst gemeinsam mit anderen Flüchtlingsjungen und -mädchen, die den gleichen Ehrgeiz haben wie Du.
Denke ernsthaft über den Beruf des Landwirts nach und besprich es mit denen, die für Dich sorgen. Wenn Du danach das Gefühl hast, daß eine solche Ausbildung für Dich in Frage kommt, sag uns Bescheid. Wenn Du Dich dieser Ausbildung mit Leib und Seele verschreibst, wirst Du großen Nutzen daraus ziehen.

Das Schreiben erwähnte nicht, daß es kaum eine Möglichkeit zu einem Rückzieher gab, wenn man seine Wahl erst einmal getroffen hatte. Es gehörte zur Taktik der Arbeitsämter, Jungen, die ihre landwirtschaftliche Ausbildung abbrechen wollten, eine anderweitige Anstellung zu verweigern.

Clive Milton gehörte zu den wenigen, die dem Landleben positive Seiten abgewinnen konnten:

Wir lernten Kühe melken und Schweinehaltung. Die Bauernhöfe waren nicht groß, und unsere Ausbildung dauerte nur ungefähr 8 Wochen. Auf dem Hof gefiel es mir sehr gut, weil ich mehr Zeit für mich selbst als vorher bei meinem Vetter hatte. Auf der Farm gab es am Abend nicht viel zu tun; das gewährte mir Zeit zum Nachdenken. Mit 17 glaubte ich zwar, das Leben sei großartig, aber mir mißfiel, daß ich von Wohltätigkeit lebte.
Nach der Ausbildungszeit gingen wir zu Bauern, die Hilfskräfte brauchten. Der erste, zu dem ich kam, war Kleinbauer. Er benötigte einen Jungen, der ihm zur Hand ging, konnte sich mich aber nicht sehr lange leisten. Meine nächste Stelle war auf einem größeren Hof in Wiltshire. Zuerst war die Familie sehr freundlich zu mir, aber als sich meine unternehmerischen Instinkte zu regen begannen, kam es zu Spannungen. Ich hatte Ideen, wie man mit einem Bauernhof mehr Geld verdienen konnte, der Bauer aber wollte einen Stallburschen und keinen Jungen, der davon träumte,

selbst ein Grundstück zu pachten und seine eigenen Tiere zu züchten.

Ich arbeitete unentwegt, nebenher noch als Tischler und an den Abenden in Bars. Ich stand 7 Tage in der Woche um 5 Uhr auf und ging um 11 Uhr zu Bett. Als ich 19 war und 1000 Pfund gespart hatte, kaufte ich mir einen Traktor, um Kleinunternehmer zu werden, aber dann wurde ich zur Armee eingezogen.

Ein anderer Berufszweig, in dem während des Krieges dringend Arbeitskräfte benötigt wurden, war die Krankenpflege. Nachdem sich bereits über 200 Kindertransport-Mädchen freiwillig dazu gemeldet hatten, veröffentlichte die Flüchtlingsorganisation folgenden Bericht über den Beruf der Krankenschwester:

Natürlich eignen sich nicht alle für einen Pflegeberuf. Häufige Ursache von Versagen ist, daß die Mädchen noch zu jung für die Arbeit im Krankenhaus sind. Aufgrund des Kriegsbedarfs hat das Arbeitsministerium 17 1/2 Jahre als unteres Eintrittsalter festgelegt, wir sind jedoch nach wie vor der Meinung, daß Mädchen unter 18 Jahren das anstrengende und anspruchsvolle Leben einer Lernschwester weder psychisch noch physisch verkraften können. Die nach dem Schulabgang entstehende Lücke könnte am besten mit einem Kinderschwestern-Kursus geschlossen werden.

Die Krankenschwestern-Ausbildung hielt sich an streng formale Richtlinien; großer Wert wurde auf die äußere Erscheinung mit adretter gestärkter Uniform und die Einhaltung eines festen Stundenplanes gelegt. Mit ausführlichen Vermerken wurden im persönlichen Zeugnis Fragen allgemeiner Disziplin beurteilt.

Eine andere Chance, eine Ausbildung zu erhalten, boten für viele Mädchen, die bereits als Bürohilfen arbeiteten, Abendkurse in Stenographie und Schreibmaschine.

Am einfachsten war es, eine durch das örtliche Arbeitsamt oder die Flüchtlingsorganisation vermittelte Dienstbotenstelle zu bekommen, aber entgegen der Forderung des Innenministeriums nach »wirklicher« Ausbildung gab es in diesem Bereich keinerlei Zukunftsaussichten, und die Löhne lagen höchstens auf Niveau des Existenzminimums, wodurch die Flüchtlingsorganisation immer wieder mit Gesuchen nach kleinen Anleihen konfrontiert wurde. Viele Mädchen und Jungen wanderten von einer Stelle zur nächsten, so auch Rosina Domingo:

> Eine Freundin aus Wien und ich gingen in der Nähe von Brighton als Dienstmädchen in einen sehr großen Haushalt. Die anderen Angestellten dort waren gegen uns. »Die Ausländer kommen her und tun alles mögliche. Es gibt genug Engländer, die diese Arbeiten machen können.« Ich verdiente dort nicht mehr als 5 Schillinge. Danach wurde ich Kindermädchen, meine Freundin Küchenhilfe.
>
> 1940 kam ich mit dieser Freundin nach London, wo wir in einer jüdischen Kleiderfabrik in Tottenham Court Road Arbeit als Maschinistinnen fanden. Am Ende der Woche wurden wir entlassen, weil die anderen Mädchen nicht mit Deutschen zusammenarbeiten wollten. Die Arbeitgeber weinten darüber, denn sie wußten, was wir durchgemacht hatten.

Wenn einem *Bloomsbury House* oder eines der regionalen Komitees eine Stelle anbot, mußte man, ohne zu zögern, zugreifen; für Berufsberatung blieb keine Zeit. Claire Barrington arbeitete im Schneidergewerbe:

> Schneidern war saisonabhängig, was ich natürlich nicht wußte. Es bedeutete, von einem Tag auf den anderen seine Stelle verlieren zu können. Im Schneiderberuf arbeiteten mehr Männer als Frauen; ich kam mit ihnen gut aus. Sie waren netter als Frauen. Ich

arbeitete für private Schneider, die sehr teure Kleidung herstellten. Sie zahlten uns nicht sehr viel, aber sie kassierten viel. Sie schrien immer herum, aber das einzig wirklich Schlimme war die Unsicherheit, ob man am nächsten Tag arbeitslos sein würde oder nicht. Von der *Kinder-Flüchtlingshilfe* wurde ich alle Jubeljahre einmal besucht, aber solange man Arbeit und genug zu essen hatte, waren sie zufrieden. Andererseits hatten sie zu viele zu betreuen, um sich mit einzelnen besonders zu befassen. Ich kam mir völlig vergessen vor, niemand fragte danach, ob ich tot oder lebendig war. Ich hatte furchtbare Geschichten über Leute gehört, die als Hausangestellte wie der letzte Dreck behandelt wurden. Das konnte ich nicht auch noch durchmachen.

Nachdem Claire in Abendklassen Modezeichnen gelernt hatte, hoffte sie auf bessere Zeiten, wurde aber bald enttäuscht, als sie entdeckte, daß ihre Arbeitgeberin ihre Entwürfe benutzen wollte, ohne sie dafür zu bezahlen. Danach versuchte sie, in einem staatlichen Kurs Stenographie und Schreibmaschine zu lernen, aber da es ihr an Selbstvertrauen fehlte, wurde sie schließlich Bürogehilfin.

Ich fühlte mich so unsicher. Ich überarbeitete mich, um jedem gefällig zu sein. Schließlich hatte ich es über – es war genau wie beim Schneidern. Aber ich hatte mir den immer gleichen Ablauf selbst zuzuschreiben – das geborene Opfer! Wenn man sich seiner Fähigkeiten nicht sicher ist und kein Selbstvertrauen hat, ist man bereit, alles zu tun, und schließlich wächst es einem über den Kopf. Man ärgert sich und kündigt. Das war der Zyklus meines Lebens.

Philip Urbach fiel auf seine Füße, als er zufällig dem Lehrer einer Schule begegnete, die nach Wales evakuiert wurde. Jene Schule war *Summerhill*, ihr Leiter A. S. Neill, dessen revolutionäre Ansichten über Erziehung später einen beträchtlichen Einfluß auf moderne Unterrichtsmethoden ausübten. Philip wurde als eine Art Junglehrer angenommen, half bei der Arbeit mit den Kindern und setzte gleichzeitig seine eigenen Studien fort:

> A. S. Neill war ein großartiger Mann. Er zahlte mir nicht nur ein Pfund pro Woche; ich konnte auch am Unterricht teilnehmen, wann immer ich wollte. Er ließ mir reichlich Freiheit, so daß ich mit den Kindern anfangen konnte, was ich wollte. Es wurde erwartet, daß ich irgend etwas tat. Manchmal half ich einfach nur, den Heizkessel zu schüren. Ein andermal ging ich mit den Kindern spazieren, auf Entdeckungsreise oder zum Zelten. Im Rückblick erstaunt es mich, daß er mir solch ein Vertrauen entgegenbrachte, obwohl ich so jung und unerfahren war.

Die angespannte Lage während des Krieges konnte leicht Erbitterung gegen Flüchtlinge hervorrufen, da man annahm, daß sie bevorzugt behandelt würden. Salomea war im *Cadby*-Kindergarten beschäftigt, als einige der dort als Kindergärtnerinnen angestellten Flüchtlinge ohne Vorankündigung die Gelegenheit wahrnahmen, nach Amerika auszuwandern.

> Ende letzter Woche wurde Salomea zur Oberschwester bestellt. Man teilte ihr mit, daß bereits seit etwa vier Wochen ein Beschluß vorliege, Salomea zu kündigen, da das Direktorium der Meinung war, als Konsequenz aus der plötzlichen Abreise der anderen nach und nach alle Flüchtlinge zu entlassen. Die Oberschwester fügte hinzu, sie habe diese Kündigung eine Weile aufgeschoben, weil sie sie im Falle von Salomea, besonders da man ihre Arbeit so sehr schätze, ungerecht fand. Man versprach, ihr eine gute Referenz mitzugeben.

Als Salomea versuchte, eine andere Stelle zu finden, wurde sie abgewiesen, weil man ihr in der vorigen gekündigt hatte.

Daraufhin schrieb sie sich für einen Kursus in Sozialwissenschaften ein und machte später eine Ausbildung zur Krankenschwester.

Für Hilde war ihre Beförderung kein Anlaß zum Feiern.

Sie macht sich Sorgen über die feindliche Stimmung gegen Ausländer in der Fabrik. Sie sagt, sie habe keine Probleme mit Managern und Direktoren, aber die Arbeiter reagierten ablehnend. Hilde spürt immer eine unterschwellige Abneigung gegen sich; die Arbeiter wehren sich auf diese Weise dagegen, daß eine Ausländerin in eine Position aufgestiegen ist, in der sie Autorität ausüben kann. Hilde versteht diese Bitterkeit zwar, ist nichtsdestoweniger unglücklich darüber und versucht nach besten Kräften, dieses Gefühl zu bekämpfen.

Es gab auch Flüchtlinge, die sich körperlich gegen ihre Peiniger zur Wehr setzten. 1945 arbeitete die 23jährige Paula für die *Worcester-Messing-Gesellschaft* in Birmingham. Sie hatte keinerlei Hemmungen, sich zu verteidigen:

Paula hat ihre Stelle gewechselt. Nach eigener Aussage wurde sie von einer Kollegin »dreckiger Flüchtling« genannt und geschlagen, worauf Paula ihr eine Ohrfeige versetzte. Leider fiel die Dame dabei rücklings durch ein Glasfenster, und alle Parteien hielten es für das beste, wenn Paula ging. Außer jenem Vorfall hatte sie niemals Schwierigkeiten bei der Arbeit. Ein Manager der Firma erklärte, er verstünde Paulas Standpunkt völlig und sei mit ihr einer Meinung. Aber angesichts der Haltung seiner Angestellten mußte auch er einen Stellungswechsel befürworten.

In den an *Bloomsbury House* gerichteten Berichten über Problemkinder spielten, in mindestens 50 Prozent der Fälle Über- oder Unterforderung eine entscheidende Rolle.

Jugendliche, denen man eine Stelle besorgt und dann sich

selbst überlassen hatte, endeten meist einsam und frustriert. Sie unterschieden sich von den übrigen jungen Arbeitern, und dies ließ man sie nicht vergessen. Die Abneigung gegen Flüchtlinge und generell gegen alles Fremde, wie einen deutschen Akzent, war die Ursache für rätselhafte Erkrankungen und asoziales Verhalten.

Karl wurde als normaler, netter Junge geschildert, als er im Februar 1943 als Bürohilfe begann, aber sehr bald beklagte er sich, daß die Arbeit langweilig und sein Stundenlohn nicht hoch genug sei. Er war oft krank, obwohl der Arzt keine organische Ursache finden konnte. Er lieh sich ständig Geld, ohne es zurückzuzahlen, wollte nicht arbeiten und weigerte sich, seine Kleidung zu wechseln. Im Juli warf man ihn aus seinem Wohnheim hinaus, woraufhin er im ›provisorischen jüdischen Obdachlosenheim‹ in Londons East End landete. Von dort wurde er dem *Bloomsbury House* übergeben, in dem sich Elaine Blond zu einer einmaligen Zahlung bereit erklärte, um ihn für eine neue Stellung auszustatten. Diese »letzte Chance« bewirkte eine »wunderbare Verwandlung, sowohl was Karls Wesen als auch seine Sauberkeit betraf«, und sein Flüchtlingshelfer hatte »das Gefühl, daß er das in ihn gesetzte Vertrauen mehr als nur rechtfertigen würde«.

Aber innerhalb von zwei Wochen war Karl wieder auf dem Nullpunkt angelangt. Nachdem er wieder eine Stellung verloren hatte, stellte er sich bei einer Waffenfabrik in Feltham vor, wurde aber als ungeeignet abgelehnt mit der Begründung, er sei eingeschlafen, während er auf seine Unterweisung gewartet habe.

Darauf folgte eine Periode von über einem Jahr, in der Karl ziellos von einer Arbeit zur nächsten trieb. Dann kam ein Polizeibericht. Man hatte Karl ohne Fahrkarte in der U-Bahn erwischt. Durch Vermittlung von *Bloomsbury House* kam er mit einer Verwarnung davon, danach verlor sich der Kontakt zu Karl. Zum letzten Mal hörte man von ihm gegen Ende des Krieges, als er gerade als Kellner arbeitete.

Im Falle von hochbegabten Kindern, besonders wenn es sich um künstlerisch talentierte handelte, konnte es vorkommen, daß *Bloomsbury House* alle Hebel in Bewegung setzte, damit ein solcher Jugendlicher gefördert wurde. 1941 gewann der 16jährige Edgar ein Stipendium für das *Royal College of Music*. Vorher war er vom Britischen Kulturinstitut unterstützt worden, das den schwarzen Peter an *Bloomsbury House* weiterschoben hatte. Hier bot man Edgar eine Studienbeihilfe für ein halbes Jahr an; danach müsse er allein zurechtkommen. Während jener sechs Monate gelang es ihm, das *Royal College of Music* davon zu überzeugen, daß sein Talent es wert war, weiterhin gefördert zu werden. Sein Stipendium wurde verlängert, ohne daß er hiervon auch noch seinen Lebensunterhalt hätte bestreiten können, bis *Bloomsbury House* schließlich einen Sponsor für ihn fand. 1943 verfolgte er noch immer beharrlich seine Studien.

Waren überhaupt keine anderen Mittel vorhanden, konnte man sich darauf verlassen, daß wohlhabende Mitglieder der Flüchtlingsorganisation mit einer privaten Spende einsprangen. Peter, dem aufgrund seiner Leistungen die Studiengebühren für ein dreijähriges Musikstudium an der Universität Birmingham erlassen worden waren, besaß nicht das Nötigste an Kleidung und Büchern, bis Elaine Blond ihm 30 Pfund gab und ihm zu seinem Ferienjob im *Bloomsbury House* verhalf, in dem er sich das noch fehlende Geld dazuverdienen konnte.

Geldknappheit war jedoch nicht das einzige Fortbildungshindernis. Als Hannah den Wunsch äußerte, Lehrerin zu werden, antwortete *Bloomsbury House*, es sei zweifelhaft, ob sie von ihrer kriegswichtigen Arbeit freigestellt würde, um ein Vollstudium aufzunehmen. Hiervon unbeeindruckt schrieb Hannah sich zwei Monate später auf dem *University*

College, London, für ein Französischstudium ein, nachdem es ihr gelungen war, »aus medizinischen Gründen« aus der Kriegsarbeit entlassen zu werden.

Von allen Hindernissen, die den jungen Flüchtlingen, die einen wissenschaftlichen Beruf ergreifen wollten, in den Weg gelegt wurden, waren diejenigen am schwierigsten zu überwinden, die die Medizinische Fakultät errichtet hatte. Und selbst diejenigen, denen es gelang, die ersten Hürden Richtung Medizinstudium zu nehmen, wurden von *Bloomsbury House* nicht sonderlich unterstützt.

Vera war eine von mehreren sehr intelligenten Schwestern. Nachdem sie bereits mit 16 Jahren die Höhere Schule erfolgreich abgeschlossen hatte, bereitete sie sich auf ihr erstes medizinisches Examen vor. Angespornt von ihrem Bürgen, Mr. Lacey, der fest davon überzeugt war, daß Vera trotz ihres jugendlichen Alters an einer medizinischen Fakultät zugelassen werden würde, bewarb sie sich bei drei verschiedenen Universitätskliniken. *Bloomsbury House* reagierte skeptisch und richtete eine halbherzige Anfrage an das Innenministerium bezüglich dessen Haltung zur Zulassung von Flüchtlingen zum Medizinstudium. Nachdem Vera ein dem ersten medizinischen Staatsexamen vergleichbares Examen bestanden hatte, konnten die Universitäten sie nicht länger ablehnen, allerdings durfte sie ihr Studium nicht vor ihrem achtzehnten Geburtstag beginnen. Um die dazwischenliegenden Monate zu überbrücken, nahm sie eine Stelle in einem Hospital an.

Es gab aber auch traurige Fälle: Das waren üblicherweise solche, in denen kein noch so großer Aufwand an Erziehungsbeihilfe die Zukunftschancen verbessern konnte. Margot, zum Beispiel, lernte nur langsam, und es bestand wenig Aussicht auf Fortschritte. Man hoffte, sie würde eines Tages zusammen mit ihrer Schwester nach Palästina auswandern. Aber 1944 wurde der geistige Entwicklungsstand der damals

15jährigen als um mindestens vier Jahre zurückgeblieben eingeschätzt. Noch bestand jedoch Hoffnung:

> Der Arzt erklärt, daß sich ihre Drüsen im Alter zwischen 16 und 17 verändern und sich ihr Gesundheitszustand bessern werde.

Es sollte nicht dazu kommen. 1947 hieß es:

> Die Schuldirektorin berichtet, daß Margot, obwohl sie Fortschritte macht, das geistige Niveau einer 12jährigen hat. Sie besucht zwar eine altmodische Privatschule, diese Beurteilung wird ihrem speziellen Fall jedoch zweifellos gerecht.

Später im gleichen Jahr wird ein Bericht von *St. George's Hospital* zitiert:

> Mit ihrem geistigen Alter von ungefähr 10 Jahren befindet sich Margot an der untersten Grenze der Normalität. Ihre Leistungstests deuten an, daß ihre praktischen Fähigkeiten etwas höher liegen. Da sie anscheinend in ihrer jetzigen Schule glücklich und gut versorgt ist, rät der Arzt, sie dort zu lassen. Margot selbst ist sich ihrer geistigen Behinderung nicht bewußt und wird immer eine gesicherte und behütete Umgebung brauchen.

Als durch das Ausbildungsgesetz von 1945 die Eintrittsmöglichkeiten in Höhere Schulen und Universitäten erweitert wurden, konnte *Bloomsbury House* begabten Kindern leichter gerecht werden. Susanne war eine, die davon profitierte. Nachdem sie in ihrem Abgangszeugnis die besten Resultate der ganzen Schule erzielt hatte, besuchte sie eine weiterführende Schule, um ihr Abitur in naturwissenschaftlichen Fächern zu machen. Da sie sich dadurch für ein Stipendium der Grafschaft Norfolk qualifizierte, war es nicht mehr schwer, Susanne zu einem Universitätsstudium zu ermutigen.

Im Augenblick möchte sie noch eine 4jährige Ausbildung zur Lehrerin absolvieren, aber sie wird höchstwahrscheinlich ihre Meinung ändern, wenn sie erst einmal erkannt hat, welche Möglichkeiten ihr ein Universitätsstudium bietet.

Für die meisten blieben jedoch Hartnäckigkeit und Ausdauer die Vorbedingungen für Weiterbildung. Aber selbst damit gab es noch keine Erfolgsgarantie. Die 1927 in Berlin geborene Eva Maria führte einen langen, harten Kampf um ihre Ausbildung. Obwohl als »schwach und schwierig im Umgang« beschrieben, gelang es ihr, in die Höhere Schule in Oldham aufgenommen zu werden. Eva Maria wollte Lehrerin werden, und nach mehrjähriger Wartezeit bot man ihr schließlich einen Platz am St.-Katherinen-Seminar an. Trotz großer finanzieller Probleme bestand sie 1947 ihr Abschlußexamen. 1951 konnte sie mit Hilfe eines Stipendiums der Londoner Handelskammer ein Vollzeitstudium an der Universität London beginnen. Für Eva Maria hatten sich Hartnäckigkeit und Ausdauer gelohnt. Sie war eine der wenigen.

11. Kriegsdienst

Mehr als tausend Kindertransport-Flüchtlinge, darunter etwa 300 Mädchen, dienten in der Armee. 30 kamen ums Leben.

Als Peter Prager sich von seiner Familie am 23. Dezember 1938 trennte, hatte er nur einen Gedanken im Kopf:

> Ich war davon überzeugt, daß es zum Krieg kommen und daß Großbritannien, Amerika und Frankreich Deutschland besiegen würden, und ich wollte in der Besatzungsarmee sein.

Damals war er 15, sieben Jahre später wurde sein Traum Wirklichkeit. 1945 trat er als Zivilist in die Zensurabteilung der britischen Armee in Berlin ein.

Viele Flüchtlinge hatten als Halbwüchsige den gleichen Entschluß gefaßt; als sie sich jedoch für die Armee bewarben, mußten sie feststellen, daß Soldat werden nicht so einfach war, wie es die Werbeplakate glauben machten:

> Gert bewarb sich um Aufnahme in die Royal Air Force. Ich brachte ihn zu Hauptmann Davidson, der dem Jungen gegenüber meine Aussage bestätigte, daß in seinem Fall trotz überstandener Musterung mit einer Aufnahme in die Luftwaffe nicht zu rechnen sei. Gert will es trotzdem weiter versuchen. Hauptmann Davidson riet ihm, sich nach Erhalt der zu erwartenden Absage zu den Pionieren zu melden.

Hauptmann Bernard Davidson hatte unter Otto Schiff im Flüchtlingskomitee gearbeitet, bevor ihn das Kriegsministerium zum Rekrutierungsoffizier für Ausländer und Flüchtlinge ernannte. Zunächst gab es für ihn nicht viel zu tun. Es dauerte eine ganze Weile, bis sich das Kriegsministerium davon überzeugen ließ, daß diejenigen, die vor dem Feind geflohen waren, ihrem neuen Heimatland nützliche Dienste erweisen könnten. 1940 war es noch für jeden Flüchtling im Militäralter wahrscheinlicher, in ein Internierungslager abberufen als zur Armee einberufen zu werden. Aber als sich die Angst vor einer möglichen Invasion legte und der Skandal der *Arandora Star* und der *Dunera* herumsprach, stiegen die Flüchtlinge in der Gunst des Kriegsministeriums, wenn auch zunächst nur weit genug, um durch eine Verpflichtung zum Dienst im Hilfspionierkorps, dem späteren königlichen Pionierkorps, ihre Entlassung aus der Internierung erwirken zu können.

Das Pionierkorps war eine nichtkämpfende Einheit, die Freiwilligen mußten jedoch das Risiko akzeptieren, im Ernstfall »an jedem Kriegsschauplatz eingesetzt zu werden«. Es war der am wenigsten glanzvolle, für alle möglichen Arbeiten zuständige Truppenteil: Bauarbeiten, Sicherung der Versorgung hinter der Front, Latrinen graben. Briten, die zu alt oder aus anderen Gründen für den Dienst in einer kämpfenden Einheit ungeeignet waren, traten ins Pionierkorps ein. Ab 1940 gesellten sich zu ihnen Tausende von Flüchtlingen, die einerseits unbedingt in irgendeiner, noch so untergeordneten Position in der Armee dienen und so gleichzeitig der Internierung entrinnen wollten.

Das erste Ausbildungslager des Pionierkorps für Flüchtlingsrekruten war das *Kitchener Camp* in Richborough, Kent. Von dort gingen fünf Kompanien, je 300 Mann stark, Anfang 1940 nach Frankreich. Als das britische Expeditionskorps den Befehl zum Rückzug erhielt, wurden die Pioniere mit Maschinengewehren und Panzerabwehrgeschützen ausgerüstet, um als Nachhut den Abzug nach Dünkirchen zu decken. Alle fünf Kompanien kehrten unbeschadet zurück, und als die drohende Invasion greifbar nah schien, wurde das

Ausbildungslager von der Südküste weiter nach Westen verlegt, um ausländische Soldaten nicht der unmittelbaren Gefahr auszusetzen, von den einfallenden Deutschen als Verräter behandelt zu werden.

Die Furcht vor der Invasion spielte im Leben vieler Flüchtlinge eine gewaltige Rolle. Der mit seiner Schule nach Cornwall evakuierte Kurt Weinburg verbrachte als aktiver Pfadfinder einen großen Teil seiner Freizeit mit Aufräumarbeiten. Natürlich sah er sich nach einer aufregenderen Beschäftigung um:

> Als die Bürgerwehr gegründet wurde, trat ich ein, aber meinem Direktor, Herrn Crombie, wurde von der Polizei mitgeteilt, daß ich dort als feindlicher Ausländer unter keinen Umständen Mitglied sein dürfe. Also mußte ich wieder austreten.
> Herr Crombie ernannte mich zusammen mit einigen anderen Pfadfindern zum »Artilleriebeobachter«. Wir schliefen abwechselnd im örtlichen Pfarrhaus, weil es dort ein Telefon gab. Einmal wurde Invasionsalarm für ganz Westengland gegeben. Das werde ich nie vergessen. Es geschah während der Ferien, und der Direktor war in London. Ich war einer der wenigen älteren Jungen, die in der Schule geblieben waren.
> In dieser Nacht hatte ich keinen Dienst, aber gegen 2 Uhr morgens stürmte der Junge, der Telefonwache hatte, in mein Zimmer und schrie: »Kurt, Invasion, Invasion!« Dann rannte er fort, um die anderen zu warnen. Ich stand auf, nahm mein Gewehr mit, und wir verbarrikadierten die Haustür. Wir glaubten, die Fallschirmspringer würden jeden Augenblick landen, und warteten und warteten. Schließlich wagten wir uns nach draußen. Am nächsten Morgen begleitete ich mit geladenem Gewehr Jungen zum Milchholen auf einen benachbarten Bauernhof. Nachts hielten wir auf den Klippen Wache, um nach Booten Ausschau zu halten, die zu landen versuchten. Erst zwei Tage später erfuhren wir, daß es sich um einen blinden Alarm gehandelt hatte.

Kurt gelang es, zur Armee einberufen zu werden, ohne vorher die Demütigungen der Internierung ertragen zu müssen. Ältere, auf der Isle of Man oder in einem anderen Lager internierte Jungen wurden zunächst von Hauptmann Davidson interviewt. Mit nur einem Militärarzt am Ort dauerte es aber auch danach noch geraume Zeit, bis sie mit ihrer Entlassung aus dem Lager rechnen konnten. Einmal für tauglich befunden, wurden sie dazu angehalten, vor dem Ausfüllen ihrer Personalausweise und Soldatenbücher ihre Namen zu anglisieren. Die Warnung war deutlich: Falls sie ihre deutschen Namen behielten, würde man sie bei einer möglichen Gefangennahme als Verräter behandeln.

> Eins der komischsten Ereignisse nach dem Namenswechsel war der Soldappell, weil sich niemand seinen neuen Namen gemerkt hatte. Meier wurde zu Montgomery, aus Stürtzel wurde Stephens usw ... Aber um dem ganzen die Krone aufzusetzen, änderte derjenige, der beim wöchentlichen Zahltag immer als letzter drankam, weil er Zell hieß, seinen Namen in »Avent« um, um in Zukunft als erster seinen Lohn zu bekommen.

Viele Mitglieder der ausländischen Kompanien rieben sich an den Einschränkungen des Pionierdienstes. Sie wollten den kämpfenden Truppen angehören und genau wie britische Soldaten beförderungsberechtigt sein. Aber zu Anfang des Krieges wurden selbst die Begabtesten verschmäht.

Da gab es zum Beispiel den, seinen Briefen nach zu urteilen, hochintelligenten 18jährigen Fritz Braunthal. Er hatte, wie er Greta Burkill schrieb, vor, das Rekrutierungsbüro der Universität Cambridge zu überreden, ihn an einem Offiziersanwärterlehrgang teilnehmen zu lassen. »Das wäre die Erfüllung meiner kühnsten Träume. Ich hoffe, daß es klappt.«

Zwei Monate später bekam er Antwort von Oberst Murray vom Ausbildungskorps der Universität Cambridge:

Ich bedauere, Ihnen mitteilen zu müssen, daß es uns nicht gelungen ist, Sie in einer Kadettenausbildungseinheit unterzubringen. Nach Auskunft des Kriegsministeriums gibt es für Sie zur Zeit nur die Möglichkeit, im Pionierkorps zu dienen.

Fritz wandte sich wieder an Greta Burkill:

Das war ein gehöriger Schlag für mich, besonders weil bis zum letzten Augenblick alles so glattgegangen war. Glauben Sie, daß es irgendeinen Sinn hätte, wenn entweder ich selbst oder Sie (falls Sie so freundlich wären) noch einmal bei Oberst Murray nachhaken würden, oder halten Sie es für besser, wenn ich mich einfach gleich zum Pionierkorps melde?

Wie gewöhnlich war Greta Burkill bereit, die Herausforderung anzunehmen (»Wir können von hier aus Druck auf das Kriegsministerium ausüben«), dem kam jedoch ein Angebot von anderer Seite zuvor.

»Ich bin noch nicht ins Pionierkorps eingetreten«, schrieb Fritz am 15. November, »sondern habe eine Stelle als Radioreporter für die United Press von Amerika gefunden. Die Arbeit ist ungeheuer interessant und entspricht meinen Qualifikationen, da Sprachkenntnisse dabei wesentlich sind.« Er fügte hinzu: »Ich würde das jedoch sofort aufgeben, wenn ich zur Armee gehen könnte.«

Greta Burkill wagte einen weiteren Vorstoß bei der für Fritz zuständigen Dienststelle, der ihr jedoch nichts weiter als eine endgültige Abfuhr von der Universität einbrachte:

Ich habe, genau wie Sie, Verständnis für den Wunsch der Flüchtlingsstudenten, unmittelbar mit ihrer besonderen Ausbildung und ihren Interessen verknüpfte Aufgaben zu übernehmen. Es gibt für sie jedoch keine andere Möglichkeit, als dem Pionierkorps beizutreten.

Schließlich werden auch unsere eigenen jungen Männer ohne Rücksicht auf ihre mögliche Qualifikation zur Armee einberufen. Da kann man es wohl kaum als Härte bezeichnen, daß das Pionierkorps die einzige Einheit ist, die jungen Ausländern offensteht.

Diejenigen, die sich um keinen Preis mit den Pionieren abfinden wollten, hatten die Wahl, sich für kriegswichtige zivile Arbeiten ausbilden zu lassen. So landete Victor mit Abitur in Physik, Chemie, Mathematik und Deutsch schließlich in einem Seminar über Bergbau an der Technischen Hochschule in Chesterfield. Sein Krieg fand im Bolsover Bergwerk in Derbyshire statt. Andere Jugendliche wurden Landarbeiter.

Gegen Ende 1942 wurde das Armeeverbot für Flüchtlinge gelockert. In Erwartung eines langen Krieges war der unvermeidlich steigende Bedarf an männlichen Arbeitskräften zu einem kritischen Faktor geworden. Die Erkenntnis, daß die Flüchtlingsgemeinschaft nicht von Spionen und Angehörigen der Fünften Kolonne wimmelte, trug zusätzlich dazu bei, die harte offizielle Linie abzuschwächen. Zunächst wurden Freiwillige mit entsprechender Qualifikation für den technischen Dienst, das Ausrüstungs- und Versorgungskorps zugelassen. Die erste für Flüchtlinge offene Kampfeinheit war die Internationale Fallschirmjäger-Einheit. Wer sich dazu meldete, wußte genau, daß er wahrscheinlich hinter der Front abspringen mußte. Lord Mountbatten sagte über die Einheit:

Sie waren eine Gruppe Deutscher, die an Demokratie und Freiheit für ihr eigenes Land glaubten, und sie waren gute Soldaten. Keiner von ihnen ließ uns im Stich, und die Hälfte kam ums Leben.

Da die Flüchtlinge sich so gut bewährten, wurden die Argumente für die restlichen Beschränkungen entschieden entkräftet. Ab 1943 standen ihnen alle Armeeinheiten mit Ausnahme der Fernmeldetruppe offen; 800 Pioniere wechselten zu technischen Einheiten, 650 zu den kämpfenden Truppen der Infanterie- und Panzerdivisionen, 450 zum Nachrichtendienst, 300 zu den Fallschirmjägern, Luftlandetruppen und Sondereinheiten und über 100 zur Marine und Luftwaffe.

Leslie Brent, der wegen seines jugendlichen Alters trotz der Klassifizierung als »feindlicher Ausländer« der Internierung entgangen waren, wurde 1944 Soldat:

> Ich kam zur Infanterie, zum Königlichen Warwickshire-Regiment. Vorher wurde ich zur fünfwöchigen Grundausbildung nach Glasgow geschickt, wo ich zum erstenmal dem rauhen Leben begegnete, jungen Arbeitern, bei denen jedes dritte Wort aus einem groben Fluch bestand. Das hatte ich noch nie erlebt. Es war eine traumatische, aber sehr lehrreiche Erfahrung! Man hielt mich für einen Sonderling – ich hatte noch meinen deutschen Namen und einen leichten deutschen Akzent. Ich war Nichtraucher, und wenn wir eine Rauchpause einlegten, nahm ich mir meinen Band von Anna Karenina; natürlich fiel ich damit aus der Reihe.
>
> Nach Beendigung des Trainings wollte ich eigentlich ins Königliche Sanitätskorps eintreten, was darauf hindeutet, daß ich zwar meinen Teil zum Krieg beitragen, aber nicht unbedingt Deutsche töten wollte. Aber daraus wurde nichts: »Sie sind zu intelligent und zu fit. Wir wollen, daß Sie zur Infanterie gehen und später Offizier werden.« Und so setzte ich meine Ausbildung in Warwickshire fort und wurde Obergefreiter. Im Herbst 1944 kam ich schließlich für drei bis vier Monate in ein Trainingslager für Offiziersanwärter in Heysham, Lancashire. Danach verbrachte ich einige Zeit in Irland mit der Ausbildung von Soldaten. Bei der Mannschaft war ich beliebt, weil ich Verständnis für sie hatte und mein möglichstes für ihr Wohlergehen tat.
>
> Ich wurde als Leutnant zur 5. Division nach Triest in Norditalien geschickt und von da aus nach Deutschland – ein sehr eigenartiges Erlebnis für mich, als Offizier in ein vom Krieg zerstörtes Deutschland zurückzukommen.

Viele Flüchtlinge fanden sich in der gleichen Situation wieder. Mit dem Vormarsch der Alliierten entstand ein riesiger Bedarf an Dolmetschern und Vernehmungspersonal für die Verhöre deutscher und österreichischer Kriegsgefangener. Howard Franks verhörte deutsche Kriegsgefangene in England und Norwegen:

> Einige Kriegsgefangene der Marine und Luftwaffe hatten in Oxford studiert, ihr Englisch war mindestens so fließend wie meines, und sie fragten mich, woher ich so gut Deutsch spräche. Ich log dann immer. Ich erzählte ihnen, ich hätte in Innsbruck studiert, denn diese Leute waren intelligent genug, um meinen Wiener Akzent herauszuhören. Ich glaube jedoch, daß die besonders Klugen meine Vergangenheit errieten.

Auch Clive Milton arbeitete als Dolmetscher:

> Ich wurde mit einer 28 Mann starken Einheit nach Oslo geschickt, um das von den Deutschen hinterlassene Kriegsmaterial zu übernehmen. Wir beschäftigten jene Deutschen, die noch übriggeblieben waren – das war mein erster Kontakt mit Wehrmachtspersonal.

Später ging er zurück nach England, um in einem Kriegsgefangenenlager zu arbeiten:

> Die meisten englischen Arbeiter im Lager gehörten zum Pionierkorps – keine Flüchtlinge, sondern größtenteils Leute unterdurchschnittlicher Intelligenz. Sie waren ein ziemlich gemeiner Haufen, besonders die Unteroffiziere. Sie hätten nicht gezögert, einem Deutschen einen Fußtritt zu versetzen oder ihn zu unangenehmen Arbeiten zu zwingen. Glücklicherweise standen sie unter dem Befehl von Offizieren mit untadeligem Charakter. Sich selbst überlassen, hätten sie vermutlich Greueltaten verübt.
>
> Ich empfand keinen Haß, ich konnte nie einzelne Menschen has-

sen – daher konnte ich die Verhöre völlig leidenschaftslos führen. Ich bin davon überzeugt, sie wußten, daß ich jüdischer Herkunft war, aber ich hätte nie mit einem Gefangenen darüber gesprochen. Es war eine rein berufliche Beziehung. Sie pflegten mir Geschenke und allerhand Kleinigkeiten zu geben – sie hatten nichts zu tun und bastelten alles mögliche zusammen. Auch mein Büropersonal setzte sich aus Deutschen zusammen.

Einige, die beim Heer in Europa dienten, waren in Gegenden stationiert, in denen ihre Familien einst gelebt oder aus denen sie das letzte Lebenszeichen von Freunden oder Verwandten bekommen hatten. Manchmal konnten sie dem Zwang nicht widerstehen, sich auf Spurensuche zu begeben, so wie Alfred Cooper:

Ungefähr zur Zeit der Landung der Alliierten war ich mit dem Pionierkorps in Frankreich stationiert, wo wir einem kanadischen Waldarbeiterkorps zugeteilt waren. Sie fällten Holz, um Hütten zu bauen. Dann zogen wir nach Belgien weiter; dort verschwand ich für zwei Wochen, um meinen Bruder aufzuspüren, der nach Belgien geflohen war und sich als Bergmann in den Kohlegruben versteckt hatte. Ich wollte zunächst zum Jüdischen Komitee gehen, erhielt aber den Tip, mich nicht mit ihnen einzulassen, da sie vermutlich mit den Deutschen kooperierten. So ging ich zum Justizpalast, und nachdem ich dort die Hölle heiß gemacht hatte, gab man mir Auskunft. Also lief ich tatsächlich den ganzen Weg ab Brüssel immer entlang der Eisenbahnschienen. (Ich wurde zwar auch streckenweise von Autos mitgenommen, aber wegen der Militärpolizei mußte man damit sehr vorsichtig sein.) Und schließlich fand ich wirklich meinen Bruder; ich hatte ihn seit der »Kristallnacht« nicht mehr gesehen. Er war aus einem Lager in Frankreich entflohen (er sprach inzwischen fließend Französisch), in die Lager zurückgekehrt, wohin man vor dem Transport nach Auschwitz gebracht wurde, und hatte seine Frau und Tochter herausgeholt.

Gegen Ende des Krieges meldete sich Alfred zur Jüdischen Brigade. Soldaten für diese Einheit wurden hauptsächlich in Palästina rekrutiert, obwohl die Brigade zur britischen Armee gehörte und in Italien, Holland und Westdeutschland stationiert war.

Nach dem Krieg war Alfred mit der Brigade in Bielefeld in einer ehemaligen deutschen Kaserne stationiert, die die Briten übernommen hatten:

> Ich bat den Unteroffizier vergeblich um zwei Wochen Urlaub, um meine Schwester suchen zu können. Statt dessen fragte mich der Unteroffizier, wie lange ich bereits gedient hätte, und als ich ihm sagte »sechs Jahre«, meinte er: »Und du weißt nicht, was du machen mußt?« Also haute ich für zwei Wochen ab. Als ich zurückkam, mußte ich wegen unerlaubten Entfernens von der Truppe die Kasernenzäune streichen. Meine Schwester fand ich in Hamburg. Sie hatte viel durchgemacht. Mein Schwager war kein Jude, und die beiden mußten sich in den Feldern verstecken. Ihr zweites Kind gebar meine Schwester in einem Wald. Sie hatten nicht einmal Lebensmittel.

Die Jüdische Brigade setzte sich aus überzeugten Zionisten zusammen, die ihre Mission durch alle Lager für zwangsverschleppte Ausländer Europas trugen. Henry Schwartz war einer von denen, die sich in der Brigade zu Hause fühlten, obwohl es ihn überraschte, daß er nicht sofort akzeptiert wurde:

> Wir waren eine Gruppe von sieben Leuten, alles richtige Rowdytypen. Bei einem Tanzabend (das war in Holland) forderte einer der Jungs ein Mädchen zum Tanzen auf. Sie saß mit einem polnischen Soldaten zusammen und sagte, sie könne nicht tanzen. Als sie nach dem Grund dafür gefragt wurde, antwortete sie, ihr Freund habe ihr verboten, mit Juden zu tanzen. An dem Abend wurden 13 Leute ins

Hospital eingeliefert. Wir waren überall gefürchtet. Ich lernte einen Typ von Juden kennen, dem ich nie zuvor begegnet war.

In der Jüdischen Brigade herrschte eine in konventionellen Armeen unbekannte Art von Disziplin:

Ein Oberst entdeckte einen seiner untergeordneten Offiziere, einen Major, beim Schuhputzen, während sein Bursche danebensaß und sich mit ihm unterhielt. Der Oberst war außer sich und drohte dem Major mit einem Kriegsgerichtsverfahren. Der Major sagte: »Wissen Sie, was Ihrem Vorgänger passiert ist? Ich kann es Ihnen sagen. Als er eines Tages ins Munitionslager ging, waren keine Reservewaffen vorhanden. Als er auf die Frage nach deren Verbleib keine Antwort erhielt, bekam er einen Wutanfall und schrie: Alle Juden sind Betrüger und Lumpen! Daraufhin wurde eine Abordnung beim Kommandanten vorstellig und sagte: Entweder Sie versetzen ihn innerhalb von zwei Stunden, oder wir bringen ihn in einem Sarg zurück – was ist Ihnen lieber? Daraufhin wurde er versetzt.« An den Oberst gewandt, fuhr der Major, der Schuhe geputzt hatte, fort: »Dies ist die Jüdische Brigade – vergessen sie Ihre Disziplin. Wir kommen beide aus dem Kibbuz und haben beschlossen, daß einen Tag ich den Burschen spiele und einen er. Mischen Sie sich nicht ein. Im Kampf bin ich der Major und er der Bursche; aber beim Schuhputzen machen wir es so wie im Kibbuz. Entweder Sie akzeptieren dies, oder Sie verschwinden wie dieser andere Kerl; dies ist nämlich die Jüdische Brigade.«

Soldaten, die in anderen Einheiten der britischen Armee dienten, gerieten wegen ihrer jüdischen Identität leicht in Schwierigkeiten. Clive Milton berichtet:

Als die Deutschen kapitulierten, wurde ich als Dolmetscher eingesetzt und zum Stabsunteroffizier befördert. Unter den britischen Soldaten war Antisemitismus sehr verbreitet. Es gab viele

Berufssoldaten, die in Palästina gedient hatten und jeden haßten, der kein Engländer war. Als zwei britische Unteroffiziere als Vergeltungsmaßnahme für die Erhängung zweier jüdischer Terroristen gehängt wurden, kam es in unserer Kantine zu einer Schlägerei. Wir gingen sogar mit Messern aufeinander los.

Herman Rothman entdeckte, daß seine Religion und die Armee schlecht zusammenpaßten:

Es war sehr schwierig für mich, meinen koscheren Lebensstil zu wahren. Ich erhielt zwar das Lebensmittelpaket des Oberrabbiners, aber es war zwei Monate unterwegs. Am Sabbat mußte ich arbeiten. Ich nehme an, daß ich in der Armee unter einer Art Zwangsneurose litt. Die Leute bewunderten mich. Morgens legte ich den Gebetsriemen an und sprach meine Gebete. Das tat ich sogar an der Front.

Ungefähr 80 junge Flüchtlingsfrauen meldeten sich in den Jahren 1940/41 zum ATS (*Womens' Auxiliary Territorial Service* = Frauen-Hilfs-Korps). Lady Cohen wurde zur Kommandantin dieser Heeresgruppe ernannt und war für die Rekrutierung und das Wohlergehen der ausländischen Frauen verantwortlich. Andere Mädchen wurden Luftwaffenhelferinnen oder traten der Nationalen Feuerwehr bei. Noch viele mehr leisteten natürlich ihren Kriegsdienst als Krankenschwestern. Der mit seiner Schwester auf der Isle of Man internierte Ja'acov Friedler erinnert sich noch an die ersten Anzeichen einer Wende in der Haltung gegenüber feindlichen Ausländern:

Man teilte uns mit, alle internierten jungen Frauen seien in der Armee willkommen. Tatsächlich war sogar Prinzessin Elisabeth als Vorbild für die Mädchen in Großbritannien in den ATS eingetreten. Fotos, die sie bei ihrem Dienst zeigten, wurden überall publiziert.

Unsere Reihen lichteten sich, als die jungen Frauen, die akzeptiert worden waren, in die Militärlager abfuhren.

Lore Selo, die sich im Norden von London als Dienstmädchen ihre Hände wund arbeitete, war hellauf begeistert, als sie ihre Cousine in Uniform sah:

Sie fragte, ob ich nicht auch zur Armee gehen wollte, und obwohl mein Vater sehr an mir hing, war er doch der Ansicht, dies sei die ideale Lösung für mich, um der Schinderei als Hausangestellte zu entgehen. Ich wurde 1942 als 18jährige in den ATS aufgenommen. Ich hatte damals noch keine britische Staatsangehörigkeit, und Ausländern bot man nur untergeordnete Arbeiten an, vorzugsweise als Köchinnen oder Kantinenhelferinnen. Ich wählte das letztere, obwohl man mich mit allen Mitteln zum Kochen zu überreden versuchte. Ich mußte innerlich lachen, als der Interviewer sagte, seine Mannschaften würden wahrscheinlich meine kontinentalen Kochkünste sehr schätzen. Ich erhielt meine Grundausbildung in Lancaster und erinnere mich immer noch an den ersten Tag in dem riesigen Schlafsaal, nachdem wir alle geimpft worden waren. Die Nachwirkungen waren sehr deprimierend.

Lore war über die hygienischen Zustände entsetzt:

Viele Mädchen mußten entlaust und von anderem Ungeziefer befreit werden. Ich bemerkte das gleiche bei den männlichen Neulingen und entdeckte außerdem, daß viele der Männer Analphabeten waren und ein Kreuz neben ihren Namen setzten.

Nachdem sie eine Zeitlang als Ordonanz im Offizierskasino gearbeitet hatte, wurde Lore nach Nordwales geschickt.

Nach einer gewissen Zeit erkannten die Armeebehörden, daß viele in ungeeigneten Stellungen arbeiteten, und führten deshalb Intelligenztests durch. Obwohl ich in England nie eine Schule besucht hatte, bestand ich meinen Orthographietest mit hundert Prozent. In Mathematik war ich allerdings nicht so gut. Trotzdem war man anscheinend der Meinung, ich könne in einem Büro nützlichere Arbeit leisten.

Lore wurde Empfangsdame in einem Militärkrankenhaus in Abergele und war danach in Canterbury stationiert, wo sie in der Personalabteilung arbeitete.

Eine hochinteressante Stelle. Während ich in Canterbury lebte, wo es mir gefiel, erledigte ich alle möglichen Arbeiten. Ich hatte öfter einen Freund, aber ich hielt mich zurück. Viele nette Mädchen ließen sich mit Soldaten ein, die sich hinterher als verheiratet entpuppten. Einige Mädchen wurden schwanger und dann natürlich im Stich gelassen. Ich war vorsichtig und blieb auf diesem Gebiet unerfahren wie zuvor.
Zusammenfassend kann ich meine Erfahrungen beim Militär als eine angenehme Zeit meines Lebens bezeichnen. Erst im Rückblick ist mir klargeworden, daß es noch viel mehr war, daß ich nämlich damals eine Menge über die Kunst zu leben lernte .

Sechs ausländische Kompanien des Pionierkorps begleiteten die Invasion der Alliierten. Viele Flüchtlingssoldaten wurden ausgezeichnet, und viele opferten ihr Leben für ihr Adoptivland.

1943 gründeten als Invaliden entlassene Angehörige des Pionierkorps einen Club ehemaliger Soldaten und gaben ihm als Namen die Anfangsbuchstaben NB – nicht britisch. Der Club besteht noch heute, und die Mitglieder kommen alljährlich zu einem Treffen zusammen.

12. Verlierer

Bei so plötzlichen, elementaren Veränderungen kommen auch Fehlschläge vor, und es war nicht zu erwarten, daß es in den Akten der Bewegung keine Schattenseiten geben würde.

Kindern, die wie die große Mehrheit der britischen Jugendlichen mit 14 Jahren arbeiten gehen mußten, konnte man es kaum übelnehmen, daß sie sich berechtigt fühlten, so zu leben, wie sie wollten. In Wirklichkeit war ihre Freiheit jedoch äußerst begrenzt. Wer einer mehr oder weniger stabilen Familie entstammte, wurde im allgemeinen durch den elterlichen Einfluß an wilderen Ausschweifungen gehindert; ein Einfluß, der noch durch den wirtschaftlichen Vorteil, weiter zu Hause leben zu können, verstärkt wurde.

Bei Flüchtlingskindern allerdings spielten soziale Konventionen nur selten eine Rolle. Ein überfülltes Wohnheim war natürlich bestrebt, seine reiferen Bewohner loszuwerden, um für Neulinge Platz zu schaffen. Pflegeeltern waren, wie der Name schon sagt, nur zeitweilige Eltern, die kurzfristige Sicherheit statt langfristiger Unsicherheit boten. Von wenigen Ausnahmen abgesehen, erwartete man von Flüchtlingskindern, daß sie ihr Zuhause verließen, sobald sie auf eigenen Füßen stehen konnten. Da ihnen auf die Dauer nur das Personal vom *Bloomsbury House* und seiner regionalen Büros mit Rat und bescheidener praktischer Unterstützung zur Seite stand, ist es nicht überraschend, daß ungefähr zehn Prozent der ehemaligen Kindertransport-Teilnehmer mit der Polizei oder anderen Festungen sozialer Ordnung in Konflikt kamen.

Die Personalakten der *Kinder-Flüchtlingshilfe* enthüllen eine ganze Reihe trauriger Fälle von jungen Menschen, die ihre Probleme durch kleine kriminelle Verstöße zu lösen versuchten. Ein typisches Beispiel hierfür war Gert, ein komplizierter Junge, der die Flüchtlingshelfer vom *Bloomsbury House* in Verwirrung brachte. Dem einen erschien er als »hochintelligent, mit schöpferischer Begabung«, für einen anderen war seine »Intelligenz nicht überdurchschnittlich«; »ein Angeber, der eine übertrieben hohe Meinung von seinem Alter und seiner Wichtigkeit hat«. Beide Beobachter verunsicherte Gerts Lachen, in dem »ein hysterischer Ton mitklingt«. Kurz vor seinem 15. Geburtstag unternahm Gert einen Selbstmordversuch, indem er sich die Pulsadern aufschnitt und aus einem Fenster im dritten Stock sprang. Er war dabei ertappt worden, wie er einen Freund bestahl, und hatte »hysterisch« auf den unvermeidlichen Verweis reagiert. Darauf folgte eine Reihe kleinerer Vergehen, meist gegen junge Leute, mit denen er zusammenwohnte. In Gerts Akten findet sich kein Hinweis auf eine medizinische oder psychologische Behandlung, wohl aber darauf, daß man alles Erdenkliche unternahm, um ihn dazu zu überreden, seine Schulden aus seinem Verdienst als Packer zu bezahlen.

Im August 1941, als 16jähriger, hatte er noch einen Abend- und Wochenendjob als Hilfskellner in *Lyons Piccadilly Brasserie* angefangen. Was auch immer er mit seinem zusätzlichen Verdienst machte, seine Schulden bei denen, die er betrogen hatte, beglich er damit nicht. Die Polizei mußte schließlich eingeschaltet werden. Man hatte Gert angezeigt, weil er Taschenlampenbatterien verkauft hatte, von denen er behauptete, sie von seinem Chef erhalten zu haben. Man billigte ihm eine zweijährige Bewährungsfrist zu. Das letzte Mal hörte man von Gert, als er sich 1943 erfolglos bei der Luftwaffe bewarb, woraufhin *Bloomsbury House* ihn drängte, sich mit dem Pionierkorps zu begnügen.

Aus dem heutigen Abstand heraus kann man unmöglich beurteilen, ob Gert mehr aus seiner Jugendzeit hätte machen können, wenn man ihm die Chance gegeben hätte, seine von einem seiner Helfer damals entdeckte schöpferische Begabung auszunutzen. Man kann jedoch davon ausgehen, daß viele junge Flüchtlinge mit den Behörden zusammenstießen, weil sie von ihrer anspruchslosen und langweiligen Arbeit, die ihnen meist nur das Existenzminimum sicherte, frustriert waren.

Im Fall von Otto, der von seiner Wirtin und seinem Chef Geld gestohlen hatte, verhinderte das Eingreifen von *Bloomsbury House* eine wahrscheinliche Gefängnisstrafe. Was diesen von anderen Fällen unterscheidet, ist das Motiv für die Diebstähle: Der Junge investierte die gesamte Beute in Eintrittskarten für Theatervorstellungen im Londoner West End, wo er jeden freien Abend verbrachte. Wahrscheinlich wollte er unbedingt Schauspieler werden, aber als sich ihm die Chance bot, in Übersee seinen Traum zu verwirklichen, verweigerte ihm das Innenministerium aus irgendeinem Grund die Ausreise. 1945 erlaubte man ihm schließlich, in die amerikanische Armee einzutreten.

Weil es schwer für sie war, anständig bezahlte Stellen zu finden, machten junge Flüchtlinge häufig Schulden. Wer mehr Selbstbewußsein und Phantasie hatte, konnte seinen regulären Wochenlohn auch auf ehrliche Weise ergänzen.

Margaret und ihre Freundinnen sammelten zum Beispiel alte Kleider und verarbeiteten sie zu Staubtüchern, die sie aus einem Koffer heraus auf dem *Camden Market* oder an Altkleiderhändler verkauften. Andere pumpten sich so lange Geld, bis sie damit kein Glück mehr hatten oder ihnen die Vorwände ausgingen.

Ärgerliche wie auch kummervolle Anfragen, wie man mit einem Jugendlichen, der einem Geld schuldet, umgehen solle, trafen täglich in *Bloomsbury House* ein.

Manches Mitglied der Flüchtlingsorganisation bedauerte, daß die Polizei oft nicht einmal in Fällen von Diebstahl eingeschaltet wurde. Dies war jedoch weniger herzlos, als es scheinen mag. Vor Inkrafttreten des Vormundschaftsgesetzes von 1943 besaß die *Kinder-Flüchtlingshilfe* nämlich so gut wie keine Autorität, um Jugendliche, die über die Stränge schlugen, in ihre Schranken zu weisen. Die Polizei und die Bewährungshelfer andererseits konnten Druck ausüben.

Am Beginn einer Auflehnung gegen jede Autorität stand häufig der Streit mit Arbeitgebern oder Zimmerwirtinnen. Nur allzu verbreitet war die Meinung, daß man Flüchtlingskindern mit Arbeit, egal um welche es sich handelte, eine große Gnade erwies, für die man als Gegenleistung selbstverständlich Opferbereitschaft erwarten durfte. Heinz war Stahlarbeiter. Im Januar 1945 führte er Schweißarbeiten an einem Tank aus, der neun Liter Paraffin enthielt. Die beim Schweißen entstandene Hitze verdichtete die Luft im Tank, was dann in Verbindung mit der Azetylenflamme eine Explosion auslöste. Von der aus dem Tank austretenden Stichflamme zog sich Heinz Verbrennungen zu. Es stellte sich heraus, daß der Vorarbeiter Heinz nicht nur nicht davor gewarnt hatte, daß das Paraffin explodieren könne, sondern sogar kategorisch geleugnet hatte, daß irgendeine Gefahr bestünde. Möglicherweise wußte er es nicht besser, aber wenn man in Heinz' Akte zwischen den Zeilen liest, gewinnt man eher den Eindruck, als ob der Vorarbeiter gegen seinen jungen Helfer voreingenommen war, weil dieser »sehr intelligent und überheblich« war. Diese beiden Charakterbeschreibungen findet man in den Berichten der Flüchtlingsorganisation häufig nebeneinander; die vermeintliche »Überheblichkeit« wird als Rechtfertigung für das Mißtrauen gegenüber der Klugheit benutzt. Heinz war jedenfalls zwei Monate arbeitsunfähig, bevor er auf der Rangliste untergeordneter Arbeiten immer tiefer sank und schließlich als Küchenputzhilfe endete. 1948 wurde Heinz vor Gericht wegen Einbruchs schuldig gesprochen und trotz Einspruchs der *Kinder-Flüchtlingshilfe* nach

Deutschland abgeschoben. Dies war zwar, wie ein Flüchtlingshelfer es ausdrückte, der »einfachste Ausweg«, aber keine Lösung.

Das erste, was einen Flüchtlingshelfer auf Bennos Schwierigkeiten aufmerksam machte, war eine Notiz im *Evening Standard*. Benno war vor dem Untersuchungsgericht in Bow Street angeklagt, sich als russischer Luftwaffenoffizier ausgegeben zu haben und im Besitz von elf Schachteln Gewehrmunition gewesen zu sein, ohne einen Waffenschein zu haben. Da der Fall vertagt worden war, hatte Dorothy Hardisty gerade noch genug Zeit einzugreifen. Sie erklärte dem Gericht, daß sie den 18jährigen Benno seit drei Jahren kenne, daß er, seit 1941 eine Bombe seine Unterkunft zerstört habe, nicht mehr sprechen könne und in der Phantasie lebe, Offizier der Luftwaffe zu werden. Benno bekam eine Geldstrafe von fünf Pfund und den gutgemeinten Rat, sich eine seinen Fähigkeiten besser entsprechende Arbeit zu suchen.

Obwohl *Bloomsbury House* vernünftigerweise für die Behandlung von problematischen Fällen keine allgemeinen Regeln aufstellte, gab es doch einen Leitfaden für den Feldzug gegen das Verbrechen. »Unter allen Umständen«, schrieb Dorothy Hardisty in einem Bericht, »müssen wir versuchen, unsere Jungen und Mädchen von dem Glauben abzubringen, London sei die Erfüllung all ihrer Wünsche.« Ihre Besorgnis war völlig verständlich. Die Großstadt übte eine gewaltige Anziehungskraft auf junge Menschen aus, die eine Gelegenheit suchten, um ihre Lage zu verbessern. Im Frühjahr 1943 gab es beinahe 2200 bei der Flüchtlingsorganisation registrierte Kinder in London, ein Drittel mehr als im Vorjahr. Durch den vom steigenden Armeebedarf verursachten Arbeitskräftemangel gab es plötzlich offene Stellen, und zwar mit höheren Gehältern als anderswo im Land. Aber in London war man zu einer Zeit, als alle Ausländer verdächtig waren und die Polizei gewöhnlich erst verhaftete und dann Fragen stellte, auch größeren Gefahren ausgesetzt. Überschreiten der Polizeistunde war das häufigste Vergehen, Ausländer durften nach 23 Uhr nicht mehr auf der Straße sein. Selten geschah ein Verstoß gegen diese Vorschrift mit böser Absicht, Rechtfertigungen jedoch, so zutreffend sie auch sein mochten, wurden von der Polizei als »verdächtiges Benehmen« notiert. Als Philip Urbach verhaftet wurde, war er gerade auf Entdeckungstour durch das Londoner East End:

> Da waren diese furchtbaren Luftangriffe auf das jüdische Viertel gewesen, und ich wollte sehen, was passiert war. Es war vielleicht dumm, aber ich ging aus Sorge und lief wie im Traum zwischen den ausgebombten Häusern herum, als mich jemand fragte, was ich da mache. Als sie meinen ausländischen Akzent hörten, riefen sie die Polizei.

Die Strafe für geringfügige Vergehen konnte bei weitem über eine Moralpredigt vom Untersuchungsrichter oder eine Geldbuße hinausgehen. Als Charlotte, »eine zarte und tüchtige junge Person«, in der Untergrundbahn ohne Fahrschein erwischt wurde, regte sie sich nicht so sehr über die kleine Geldstrafe auf, sondern über die Androhung des Untersuchungsrichters, ihr Gesuch auf Einbürgerung abzuweisen.

Wiederum griff *Bloomsbury House* zur rechten Zeit ein, wie es oft geschah, wenn die *Kinder-Flüchtlingshilfe* überzeugt war, daß der Missetäter im Grunde seines Herzens ein guter Mensch war. Nach den Akten zu urteilen, war ein lückenloses Geständnis, verbunden mit einer guten Portion Selbsterniedrigung, die sicherste Methode, einen günstigen Eindruck zu hinterlassen. Nissi zum Beispiel, die »sehr bescheiden und kleinlaut auftrat«, wurde freigesprochen, nachdem man sie auf frischer Tat beim Diebstahl von Zigaretten aus einem ausgebombten Tabakladen ertappt hatte.

Weniger Glück hatte der 20jährige Leo, der sich Anfang

1944 als freier Photograph niederließ, ohne vorher beim Innenminsterium die erforderliche Lizenz beantragt zu haben. Die Flüchtlingsorganisation verweigerte ihm jede Hilfe, nicht etwa, weil er bürokratische Spitzfindigkeiten mißachtet hatte, sondern weil man ihn für einen »charakterschwachen, überheblichen, unsympathischen jungen Mann« hielt, der »Aufrufe zur Beteiligung an den Kriegsvorbereitungen ignoriert« habe. (Hätte er etwa seine Kamera gegen Spaten und Schaufel eintauschen sollen?) Als Leo wenig später bei Gericht die für Minderjährige erforderliche Heiratserlaubnis beantragte, wurde sie ihm mit der Begründung verweigert, er gehöre »nicht zu den für eine Ehe mit einer Engländerin geeigneten Ausländern«. Die *Kinder-Flüchtlingshilfe* sah sich außerstande, in diesem Fall zu intervenieren. Das Verhältnis zwischen Leo und seinem Adoptivland erreichte seinen Tiefpunkt, als vom Gericht nach einer Verurteilung zu sechs Monaten Haft seine Ausweisung beantragt wurde. Da Leo inzwischen volljährig war, heiratete er sofort seine englische Verlobte, was seine Abschiebung nach Deutschland jedoch nicht verhinderte. Im Juli 1947 kehrte er illegal nach England zurück und wandte sich hilfesuchend an die Flüchtingsorganisation, deren Verantwortlicher ihm jedoch nur den Rat erteilte, »es aufzugeben«. In Leos Akte erscheint als kurzer Abschlußkommentar: »Für das Komitee ist es sinnlos, zu intervenieren.« Leo wurde wieder nach Deutschland zurückgeschickt.

Wenn Jungen auf dem einfachsten Weg zu Geld zu kommen versuchten, verkauften sie meist fremdes Eigentum. Mädchen in ähnlicher Versuchung neigten eher dazu, sich selbst zu verkaufen. Eine von ihnen war die 16jährige Anita. Ungeachtet aller Warnungen von Polizei und Flüchtlingshelfern trieb sie sich häufig nachmittags und abends im Londoner West End herum und suchte den Umgang mit amerikanischen und kanadischen Soldaten. Gutes Zureden und strenge Verweise blieben erfolglos, selbst nachdem sie sich nach nur zweitägiger Bekanntschaft mit einem Mann verlobt hatte, der sich als verheirateter Deserteur entpuppte und schließlich verhaftet wurde. Nach einer letzten Unterhaltung mit Anita kam Dorothy Hardisty zu der Überzeugung, daß sie nur ihre Zeit verschwendete:

> Anita weiß genau, daß sie tun und lassen kann, was sie will, und daß wir keinerlei gesetzliche Macht über sie haben.

In den folgenden drei Jahren verzeichnet Anitas Akte ständige Wohnungs- und Arbeitswechsel. Sie schließt 1946 mit Anitas Auswanderung in die Vereinigten Staaten als Frau eines amerikanischen Leutnants.

Es gab Mädchen, die ständig erst nachts nach Hause kamen, andere, die in schlechter Gesellschaft verkehrten, und wieder andere, die zuviel tranken. Zweifellos machten viel mehr Jungen die gleichen Erfahrungen, aber nach vorherrschender Ansicht waren sie besser imstande, auf sich aufzupassen. Daher gibt es in ihren Akten wenige Eintragungen über schlechtes Benehmen, während sie in denen der Mädchen ganze Seiten füllen. Das war auch das Pech von Helga, die sich in Gesellschaft eines amerikanischen Soldaten betrank und dafür einen Aktenvermerk erhielt, und das von Hildegard, die aufs Polizeirevier gebracht wurde, weil sie bei der Unterhaltung mit einem ehemaligen Sträfling beobachtet wurde. Martin hingegen, der ein gutes Geschäft damit machte, daß er um Geld Karten spielte, wurde günstiger beurteilt: »Im großen und ganzen tut er nichts Schlimmeres als jeder andere gleichaltrige Junge in seiner besonderen Lage.«

In Fällen tatsächlicher Kriminalität verfuhren die Gerichte und nach dem Krieg auch das Innenministerium energisch. Theo, der seine kriminelle Karriere bereits im Alter von 18 Jahren als Schwarzmarkthändler begonnen hatte, wurde 1947 zu vier Monaten Zwangsarbeit verurteilt. Merkwürdigerweise wurde in seinem Fall keine Ausweisung verfügt, eine Strafe, zu der in den ersten beiden Nachkriegsjahren mindestens 50 ehemalige Kindertransport-Teilnehmer verurteilt wurden. Wenn der Landesverweis erst einmal beantragt war, versuchte die *Kinder-Flüchtlingshilfe* nur selten, ihn wieder rückgängig zu machen, obwohl den Flüchlingshelfern die darin liegende Ironie, daß man Jugendliche ausgerechnet zur Stätte ihrer unglücklichsten Erinnerungen zurückschickte, keineswegs entgangen sein konnte. Es muß wohl die Ansicht vorgeherrscht haben, daß der Landesverweis als letztes Mittel gerechtfertigt war, wenn das Opfer alle Warnungen hartnäckig ignoriert hatte und man nichts weiter für seine Rehabilitierung tun konnte. Aber eine Ausweisung war auch die Gelegenheit, um die Verantwortung auf andere abzuschieben. Im Fall von Jugendlichen, die, oft nicht einmal durch eigene Schuld, gescheitert waren und ihre Verbitterung zeigten, war die Versuchung, den Weg des geringsten Widerstandes zu gehen, beinahe unwiderstehlich.

Wie vorauszusehen war, mußten die Flüchtlingshelfer einen großen Teil ihrer Zeit in die Beratung von Jugendlichen investieren, die einen körperlichen oder seelischen Zusammenbruch erlitten hatten. Teilnehmer eines Kindertransports zu sein war an sich schon ein traumatisches Erlebnis, das auch bei sonst ausgeglichenen und gesunden Kindern seine Spuren hinterließ. Aber dann folgten pausenlos neue Erschütterungen der alten Ordnung: Eine fremde Sprache, eine neue Kultur, mangelnde Sensibilität seitens der Pflegeeltern, Lehrer und Heimverwalter; die Grausamkeiten mancher Kinder und Erwachsener, die alles Deutsche mit Nazis gleichsetzten, das Sichabfindenmüssen mit der langfristigen oder endgültigen Trennung von Eltern und Freunden und die schmerzliche Erkenntnis, daß Flüchtlinge als Bürger zweiter Klasse behandelt wurden – um nur einige der üblichen Ursachen von Krankheit und Depression zu nennen.

Die in diesem Bereich von Lola Hahn-Warburg geleiteten Flüchtlingshelfer von *Bloomsbury House* taten ihr möglichstes. Alle waren ehrenamtliche Mitarbeiter und besaßen nur elementare psychologische Kenntnisse und vielleicht eigene Erfahrung als Eltern. Befassen mußten sie sich jedoch mit Problemen, die die Fachkenntnisse der besten Ärzte und Psychiater verlangt hätten.

Die 21jährige Renate, die mit deutschen Freunden zusammen am Fließband einer Radiofabrik arbeitete, wirkte trotz ihrer wenig interessanten Stelle zufrieden und schien sich eingewöhnt zu haben. Sie war Gewerkschaftsmitglied und inzwischen zur Betriebsrätin gewählt worden. Dann, im Februar 1944, wurde ihr Gesicht von roten Flecken entstellt, und ihre Haut begann sich zu schälen. Der Arzt teilte ihr mit, daß sie Dermatitis habe, und empfahl ein Mittel, das aber wirkungslos blieb. Als sie *Bloomsbury House* zu einem der regelmäßigen Routinegespräche besuchte, verzeichnete ihre Beraterin, daß sie »sehr schmutzig und vernachlässigt aussehe und überhaupt nicht auf ihr Äußeres achte«. Innerhalb eines Monats verlor Renate ihre Stelle mit der Begründung, sie sei zu langsam, woraufhin sich ihr Gesundheitszustand entscheidend verschlechterte. Sie litt unter chronischem Katarrh, nervöser Erschöpfung und Kopfhautekzemen.

Es dauerte mehr als ein Jahr, bis Beratung und Behandlung Renate wieder zu einem halbwegs normalen Leben befähigten. Erst dann konnte sie damit beginnen, eine Tatsache zu verarbeiten, die sie seit Februar 1944 zu verdrängen versucht hatte: daß nämlich alle Mitglieder ihrer Familie im Konzentrationslager umgekommen waren.

Berichte über krankhafte Störungen und Depressionen tauchen in den Akten immer wieder auf. In 90 Prozent der Fälle bedurfte es keines professionellen Analytikers, um die Ursache des Problems zu entdecken, was jedoch nicht hieß, daß man auch eine entsprechende Therapie dafür wußte. Was ließ sich zum Beispiel für Liselotte tun, bei der seit ihrem fünften Lebensjahr ernsthafte Anzeichen einer psychischen Störung auftraten? Ende 1943, kurz vor ihrem siebten Geburtstag hatte sie es sich angewöhnt, ständig den Kopf anzustoßen – ein Symptom, über das sich ihre Pflegemutter mehr sorgte als ihr Arzt, der »sich nicht überzeugen ließ, die Sache sehr ernst zu nehmen«. Erst 1946 wurde ein Psychiater hinzugezogen. Sein Aktenvermerk beschreibt Liselotte als »lebhaftes, aber geistig zurückgebliebenes Kind«. Nach der Analyse ihrer geistigen Entwicklung fügte er hinzu: »Lotte hat sich mit ihrer lebhaften Phantasie eine eigene Traumwelt aufgebaut. Das Kopfanstoßen bedeutet eine Art von kindlicher Onanie. Lotte ist ein verängstigtes Kind, das viel Liebe braucht.«

Das war eine oft empfohlene, aber nur selten angewandte Arznei. Pflegeeltern waren oft nicht einmal in der Lage, mit den Launen ihrer eigenen Kinder fertig zu werden, geschweige denn mit denen Außenstehender. Gastfreundschaft war *ein* Kapitel, ein ganz anderes, die Grenzen liberaler Toleranz auf plötzliche Depressionen und Wutanfälle ausdehnen zu können, selbst dann, wenn man sich der schrecklichen Erfahrungen der Kinder bewußt war.

Solange die Kinder klein waren, konnte man sich noch einigermaßen durchmogeln: mit dem Jungen, der absichtlich Englisch und Deutsch verwechselte, um sich eine eigene Sprache zu erfinden, mit dem Mädchen, das sich seine Zehennägel abriß, dem Jungen, der sich tagelang weigerte zu sprechen, und dem Mädchen, das alle seine Sachen versteckte und schwor, daß andere sie gestohlen hätten. Sie alle wurden wie viele andere zwar als schwierig klassifiziert, ließen sich aber doch noch bändigen. Erst mit zunehmendem Alter fingen die wirklichen Probleme an.

Da war zum Beispiel der Teenager Max, der sich darüber beklagte, keine Freunde zu haben:

Er wurde in verschiedene Jugendclubs eingeladen, verließ sie aber kurz darauf immer wieder, weil er sich fehl am Platz fühlte.

Man vermutete, daß er an irgendeiner Neurose litt, aus der er aber von selbst herauswachsen würde. Ein Jahr nach seinem ersten Interview im *Bloomsbury House* suchte er noch immer »einen engen Freund, der sich ganz besonders für ihn interessierte«. Inzwischen sollte es allerdings eine Freundin sein. Er muß sich sehr darum bemüht haben, denn bald darauf wird in den Akten von seiner Verlobung berichtet. Diese ging jedoch sehr schnell auseinander, und Max »fühlte sich sehr vereinsamt«. Daran änderte sich nichts bis zum Dezember 1946, als Max im Hyde Park verhaftet wurde. Er wurde angeklagt, eine Frau überfallen zu haben. Plötzlich hatte seine Unfähigkeit, Freunde zu finden, eine neue Dimension bekommen. Ein Psychiater wurde zugezogen, und Max erhielt endlich die notwendige Therapie, allerdings erst, nachdem er einen Monat im Gefängnis von Brixton gesessen hatte.

Die offensichtliche Tendenz, daß psychische Störungen mit zunehmendem Alter der Betroffenen dramatischere Formen annahmen, trug dazu bei, den Beratungsschwerpunkt zu verschieben. Im Laufe des Krieges legte die *Kinder-Flüchtlingshilfe* immer größeren Wert auf professionellen Rat, eine Entwicklung, die mit der Niederlage Deutschlands noch einmal beschleunigt wurde.

Norbert war einer von den vielen, denen die Leiden der Eltern auf den eigenen Schultern lasteten. Wegen häufiger Zusammenstöße mit der Polizei wurde er bei keiner Arbeitsstelle länger als ein paar Wochen behalten. Er sprach fortwährend von seinen Schuldgefühlen. Schließlich ließ er sich freiwillig als Patient ins Napsbury-Krankenhaus einliefern, in dem man ihn als schizophren diagnostizierte. Dort blieb er bis 1949. Ein Mitarbeiter von *Bloomsbury House* berichtete anläßlich eines Krankenbesuchs:

> Er sieht sehr gut aus, er ist in einer offenen Abteilung untergebracht und hat eine ganze Menge Freiheiten. Er sagte, er empfinge mich nur, weil er wisse, daß ich ihm ein Geschenk mitbringe.

Norbert wurde in die »reale« Welt entlassen, aber nach nur wenigen Wochen erneut als »behindert« eingestuft und in die Klinik eingewiesen. Man erwog, bei ihm eine Lobotomie vorzunehmen, eine als letzte Maßnahme zur Heilung von Schizophrenie durchzuführende Operation, bei der Gewebe aus dem Bereich der vorderen Gehirnlappen entfernt wird. Aus unbekannten Gründen entschied man sich in Norberts Fall jedoch gegen eine solche Operation und brachte den Jungen statt dessen unter Aufsicht einer Pflegerin in einem Wohnheim unter. Seine Akte schließt mit den Worten:

> Norbert meldet sich zwar regelmäßig beim Arbeitsamt, hat aber keinerlei Absicht zu arbeiten. Der Umgang mit ihm im Wohnheim ist nicht einfach, und es ist möglich, daß er wieder in die Klinik eingewiesen werden muß, obwohl er im Moment zurechnungsfähig ist.

Die Frage einer Lobotomie wurde in allen Fällen, in denen die Diagnose »Schizophrenie« lautete, diskutiert. Trotz einiger bemerkenswerter Erfolge ließ der ungewisse Ausgang der Operation keine überstürzten Entscheidungen zu.

Im Fall von Alfred, der nach Ausbruch seiner Krankheit im Jahre 1943 entmündigt und in eine Heilanstalt eingewiesen wurde, zog man eine Lobotomie mindestens zweimal in Erwägung, verweigerte jedoch die Durchführung unter Hinweis auf eine mit der Zeit mögliche Stabilisierung seines Zustandes. Erst 1949 revidierte man diese Entscheidung und entschloß sich zur Lobotomie, ohne daß die Operation allerdings den gewünschten Erfolg zeigte.

Die Fälle von Norbert und Alfred stehen hier für die von

insgesamt 36 jungen Flüchtlingen, die 1945 in Heilanstalten untergebracht waren. Bis zum Ende des Jahrzehnts kam noch einmal ein Dutzend dazu. Da die Akten jedoch keine eindeutigen Rückschlüsse auf den Grad des Behandlungserfolges zulassen, ist eine präzise Angabe zur genauen Zahl der wirklich ernsten Fälle unmöglich. Sicher ist, daß Erfolge erzielt wurden, unter ihnen mindestens eine Lobotomie:

> Max reagierte ausgesprochen positiv auf die Operation und wurde schon zwei Tage nach dem Eingriff als »so gut wie normal« beurteilt. Seine Sinnestäuschungen sind verschwunden, er besitzt ein sehr gutes Erinnerungsvermögen, ist ruhig und fühlt sich sicher.

Typischer allerdings waren Fälle partieller Heilung, bei denen eine einzelne Behandlungsmaßnahme nach Meinung der Ärzte durchaus erfolgreich war, aber keine sichere Zukunftsprognose gestellt werden konnte.

Bis zum Ende des Krieges hatte *Bloomsbury House* zur Betreuung der chronisch Kranken eine kleine Abteilung mit Sozialarbeitern aufgebaut. Ihr Aufgabengebiet erstreckte sich sowohl auf psychologische Fälle als auch auf solche, die eine schwere physische Erkrankung zu längerem Krankenhausaufenthalt zwang, wie bei den 19 Fällen von Tuberkulose, die es allein 1945 gab. Lola Hahn-Warburg, selbst eine unermüdliche Krankenhausbesucherin, stand an der Spitze der freiwilligen Helfer, unterstützt von einem eindrucksvollen Team medizinischer Berater, die ihre Expertisen kostenlos erstellten. Lola Hahn konnte sich ständig auf die Dienste eines Neurologen, »der uns jeden zweiten Donnerstag einen ganzen Nachmittag widmet«, eines Psychologen und zweier Psychotherapeuten verlassen. Sieben weitere Spezialisten konnten im Bedarfsfall zur Konsultation herangezogen werden.

Als Leiterin der Sozialabteilung hatte Lola Hahn eine weitreichende Verantwortung. Einige der schwierigsten Fälle landeten in ihrem Büro, in dem sie ohne professionelle Hilfe zurechtkommen mußte:

> Ein etwa 19jähriger besuchte mich. Niemand im *Bloomsbury House* wollte ihn haben. Er war aggressiv und undiszipliniert. Ich bat ihn zu mir herein. Als ich hinter meinem Schreibtisch saß, sprang er plötzlich auf, nahm ein Messer heraus und zerschnitt das Telefonkabel. Dann machte er das Fenster auf und begann auf das Fenstersims zu klettern. Ich bemühte mich, sehr ruhig zu bleiben. Ich sagte zu ihm: »Ich bin nicht sehr gesund. Ich habe ein schweres Nierenleiden. Bei offenem Fenster ist es hier sehr kalt. Würden Sie bitte zurück ins Büro kommen?«
> Er kam zurück. Wir unterhielten uns lange. Schließlich überredete ich ihn, mit mir ins Krankenhaus zu gehen. Ich machte ihm klar, ein mir bekannter Arzt könne ihm helfen und ihn in ein spezielles Heim bringen. Ich durfte ihn in meinem Auto hinfahren, und er machte keine weiteren Schwierigkeiten.

Lola hielt sich auf dem laufenden über die Patienten, deren Persönlichkeit genauso wechselhaft wie das Wetter war. (»Eine Minute sagt Paul, daß er seine Frau verlassen will, und in der nächsten hat er seine Meinung wieder geändert«); sie hörte sich ihre Beschwerden an (»Joseph glaubt, dazu imstande zu sein, wieder zu arbeiten und für sich selbst zu sorgen; er sagt, er würde wie ein Gefangener behandelt..., aber er ist sehr verwirrt und phantasiert«). Aber das Wertvollste war ihre bloße Gegenwart: ihre Fähigkeit, einfach am Bett zu sitzen und mehr zuzuhören als zu reden, ihre Geduld, auf ungereimte und plötzliche Stimmungswechsel einzugehen, und ihre Bereitschaft, Woche für Woche wiederzukommen.

Nicht immer zeigten diese Krankenhausbesuche jedoch einen sichtbaren Erfolg:

Ich besuchte Edda nur kurz. Körperlich sah sie gut und sehr gepflegt aus. Sie fing an zu wimmern, als ich mit ihr sprach. Plötzlich sprang sie auf, schrie hysterisch und rannte fort. Die Schwester sagte, sie neige aufgrund schlechter Erfahrungen mit Erwachsenen dazu, Menschen ins Gesicht zu schlagen. Edda ist schizophren, und trotz der intensiven Behandlung hat sich ihr Zustand verschlechtert; zur Zeit ist sie völlig unzugänglich. Die Prognose ist nicht günstig.

Wieviel Geduld tatsächlich notwendig war, geht aus Elaine Blonds Geschichte über ihre Freundin und enge Mitarbeiterin hervor:

Lola erzählte mir einmal von einem Mädchen, das sie in einer psychiatrischen Klinik regelmäßig besuchte. Lola brachte jedesmal einen Blumenstrauß mit, den das Mädchen an sich nahm und eine Stunde oder noch länger festhielt. Während dieser Zeit wurde kein einziges Wort gesprochen. Selbst als nach Aussage der Ärzte Besserung in Sicht war, sprachen Lola und das Mädchen niemals miteinander. Aber Jahre später erhielt Lola Besuch von der inzwischen jungen Frau. Sie begrüßte Lola mit dem Geständnis: »Ich werde Ihre Besuche damals nie vergessen.«

Fälle, die ein trauriges Ende nahmen, waren den Sozialarbeitern jedoch vertrauter. Als der 13jährige, in Köln geborene Pole Moritz im Juni 1939 ankam, war er ein lächelndes, hübsches Kind. Er verbrachte zwei Jahre auf einer Schule in Cardiff, wo er Englisch lernte, und fing dann eine Elektrikerlehre an. Ungefähr zur gleichen Zeit begann er, von der Vorstellung besessen zu sein, seine Eltern nie wiederzusehen; er fürchtete, sie seien schon tot. Wahrscheinlich hatte er recht. Für die Tragödie machte er alle Autoritäten, ganz egal welche, verantwortlich. Moritz überwarf sich mit seinem Chef, der ihm sofort kündigte, und verweigerte jede Hilfe von seinen

Freunden. 1942 überrredete man ihn, ins Krankenhaus zu gehen, in dem man Schizophrenie feststellte. Ein Jahr später wurde er offiziell als geistesgestört eingestuft und in eine geschlossene Anstalt eingeliefert, da niemand wußte, wie man seine Krankheit behandeln sollte und er zu einem Risiko für sich selbst und andere Patienten geworden war. Im April 1946 verschlimmerte sich sein Zustand. Er zog sich in sich selbst, oder vielmehr in seine Vergangenheit zurück. »Er hatte große Schwierigkeiten, irgend etwas zu sagen, obwohl er sich offensichtlich sehr bemühte… Kurz vor seinem Tod sprach er noch ein paar Sätze auf deutsch.«

Moritz starb im November 1949. Als eigentliche Todesursache stellte man Tuberkulose fest. Nach Elaine Blonds Beobachtungen hatte er stufenweise Selbstmord begangen. Auffällig oft tauchen in den Akten Selbstmorde – allerdings der mehr konventionellen Art – als Spätfolge der Kindertransporte auf.

Es gab viele Flüchtlingskinder, die von der Entwurzelung und dem seelischen Schmerz erst allmählich überwältigt wurden. Kaum fähig, mit dem täglichen Leben fertig zu werden, war es, wenn die Kraft zu Ende ging, oft nur ein kleiner Schritt bis zum Zusammenbruch, von dem sich nur wenige wieder erholten.

13. Nachkriegsjahre

> *Ich kam im Alter von 3 1/2 Jahren herüber. Ich weiß noch immer nicht, wo ich hingehöre. Ich wuchs in den Midlands auf. Ich ging in eine christliche Schule. Ich galt nicht mehr als Deutscher. Ich wurde nicht als Engländer angesehen. Mit Sicherheit war ich kein Jude mehr – meine jüdische Vergangenheit war nicht genährt worden. Ich bin weder Deutscher noch Engländer, noch Jude. Ich möchte gerne wissen: wer bin ich eigentlich?*

Es gab kein Zurück. Selbst die wenigen Kindertransportteilnehmer, die mit ihren Eltern wieder vereint wurden, empfanden eine natürliche Abneigung dagegen, an die Stätten ihrer frühen Kindheit zurückzukehren. Zum einen hatten sie den Wunsch, traurige Erinnerungen zu verdrängen, zum anderen waren Entwicklungsjahre in Großbritannien auch eine schlechte Voraussetzung, um seinen Lebensunterhalt in Deutschland zu verdienen. Viele konnten nicht einmal mehr deutsch sprechen.

Was wurde also aus den Zehntausend? Die Personalakten der *Kinder-Flüchtlingshilfe* sind enttäuschend unvollständig. Man hatte versäumt, mit denen in Kontakt zu bleiben, die sich entweder aus Altersgründen oder wegen einer Heirat dem Geltungsbereich des Vormundschaftsgesetzes entzogen hatten. Die Schlußeintragungen über die Kinder lassen den Leser mit dem Wunsch zurück, mehr zu erfahren als nur Zukunftspläne wie »dieses Mädchen *denkt* daran, nach Israel auszuwandern« oder »jener Junge *hofft*, Ingenieur zu werden«.

Die *Kinder-Flüchtlingshilfe* kam einer Antwort auf die Frage, was aus ihren Schützlingen nach der Pubertät geworden war, im März 1950 am nächsten, als man im Rahmen einer

Abschlußstudie bei hundert jungen Menschen Stichproben durchführte (die jeweils ersten zehn Personalakten der ersten zehn Buchstaben des Alphabets). Ein überraschend hoher Prozentsatz (16 Prozent) davon waren Christen; ob durch Geburt oder Übertritt, bleibt allerdings unklar. Interessanter ist, daß nur dreißig Teilnehmer der Stichprobe wieder ausgewandert waren; 15 nach Amerika, sieben nach Israel, vier nach Australien und weitere vier in andere Länder. Bedenkt man, daß die Zehntausend ursprünglich nur unter der Bedingung hereingelassen wurden, daß sie in weniger dicht bevölkerte Länder weiterwandern würden, ist die Auswanderungsquote überraschend niedrig. Aber die Regierungspolitik hatte sich während des Krieges gewandelt. Statt der erwarteten Arbeitslosigkeit stand nun zu befürchten, daß die vielen offenen Stellen von den vorhandenen Arbeitskräften nicht besetzt werden konnten. Der Bedarf der Wirtschaft ließ den Anspruch der Flüchtlinge auf Gleichbehandlung in einem neuen Licht erscheinen. Der Durchbruch kam 1946 mit einem direkten Angebot des Innenministeriums:

> Normalerweise werden Ausländer in Großbritannien nicht vor ihrem 21. Lebensjahr eingebürgert, aber da viele der aus ihrer Heimat vertriebenen jungen Menschen, die jetzt im Vereinigten Königreich leben, weder Vater noch Mutter haben, hat der Innenminister entschieden, daß diejenigen Jugendlichen, deren Eltern nicht mehr leben, sich um die Einbürgerung bewerben können, vorausgesetzt, sie sind zwischen 15 und 21 Jahre alt und seit mindestens fünf Jahren in Großbritannien.

Dennoch wurde vor einer unbedachten Entscheidung gewarnt:

> Überlegt Euch genau, ob Ihr britische Untertanen werden wollt. Es ist ein ernster Schritt, und Ihr solltet ihn nur dann unternehmen, wenn Euch der englische Lebensstil zusagt und Ihr sicher seid,

daß Ihr auf britischem Boden leben und treue Untertanen des Königs werden wollt.

Der Aufruf fand einen begeisterten Widerhall bei den jugendlichen Flüchtlingen, die zum Beispiel dadurch Wurzeln geschlagen hatten, daß sie sich gut eingearbeitet oder geheiratet hatten und dabei waren, eigene Familien zu gründen. Frühe Heirat war damals bei den von der *Kinder-Flüchtlingshilfe* betreuten Mädchen eine verbreitete Methode, um das alte Einbürgerungsgesetz zu umgehen.

Die Heirat eines Flüchtlings unter einundzwanzig Jahren hing theoretisch von der Einwilligung von *Bloomsbury House* ab. Dort verfuhr man nach dem Prinzip, eine Verbindung dann zu verhindern, wenn sie nicht den Konventionen entsprach. Dies war jedoch nicht immer möglich.

Mary sagte mir, daß sie den Vater ihres Kindes heiraten werde. Er besucht sie regelmäßig und trifft Vorkehrungen für Mary ...

Obwohl *Bloomsbury House* sein Einverständnis gab, waren Mary und ihr Freund ein Jahr später immer noch nicht verheiratet.

Mary nimmt den Vater ihres Kindes sehr in Schutz; sie beschreibt ihn als großzügig und fürsorglich, er sei nur gegen jede Einmischung des Komitees und gegen legale Schritte. Mary hat ein ansprechendes Wesen, ist aber sehr schwach mit recht unklaren Begriffen davon, wie man am besten mit dem Leben fertig wird. Die Beziehung hat keinerlei solide Basis.

Ein trauriges Ende nahmen oft auch die unvermeidlichen Liebesaffären mit amerikanischen und kanadischen Soldaten. Ruth hatte 1946 ein uneheliches Kind bekommen, hoffte, das Baby bei sich behalten zu können, und plante gleichzeitig, einen Amerikaner zu heiraten, den sie nie zuvor getroffen hatte und nur aus einer viermonatigen Korrespondenz kannte. Einige Monate später war dieser geheimnisvolle Amerikaner von der Bildfläche verschwunden. Ruth ließ ihr Baby von einem Ehepaar in Pinner adoptieren. »Sie vermißt es sehr, erkennt jedoch, daß es nur zu seinem Besten ist, wenn es ein festes Zuhause hat.«

Aber es gab auch glückliche Fügungen für Mütter von unehelichen Kindern:

Regina besuchte uns mit ihrem Sohn Uri und informierte uns über ihre bevorstehende Heirat mit Gerhard, den sie bereits seit vielen Jahren kennt. Gerhard und Regina haben sich um Stellen in der Bunce-Court-Schule beworben. Gerhard war dort als Schüler, und Regina kennt den Direktor Dr. Friedmann sehr gut.

Viele junge Menschen fühlten sich zu Schicksalsgenossen hingezogen. Rosa Domingo lebte in der Nähe eines Wohnheims für Flüchtlinge des Spanischen Bürgerkrieges.

Viele von uns heirateten Spanier. Es gab zwar Sprachschwierigkeiten, aber auch viele Gemeinsamkeiten. Mein Mann hatte eine furchtbare Zeit hinter sich. Nachdem er im Bürgerkrieg gekämpft hatte, floh er nach Frankreich und kam den Winter über in ein Lager. Dann trat er in die Fremdenlegion ein (das war die einzige Chance, um dem Tod durch Erfrieren zu entgehen), und als der Krieg begann, nahm er am Norwegen-Feldzug teil. Als Norwegen fiel, kam er nach Frankreich zurück und wurde aus Dünkirchen evakuiert. Die einzige Stelle, die er in London finden konnte, waren Abbrucharbeiten; er hatte keine Arbeitserlaubnis.

Manche, wie Thea Rudzinski, gingen noch einen Schritt weiter und heirateten Opfer der Konzentrationslager:

Er war ein Überlebender. Sie waren acht Kinder in der Familie gewesen, und nur er und eine Schwester hatten überlebt ... Er hat mir eine ganze Menge darüber erzählt. Die Erinnerung daran wird ihn nie verlassen. Ich bin erstaunt, daß er überhaupt normal leben kann. Ich fürchte, daß im Alter vielleicht doch noch alles aus ihm herausbricht. Irgendwann muß es ja zum Vorschein kommen.

Auch Margaret Olmer heiratete einen Überlebenden:

Mein Mann ist von den Lagern schwer gezeichnet. Er mußte Bomben mit Schwefel füllen. Für mich, die all dem entkommen ist, war es schwer, neben jemandem zu schlafen, der furchtbare Alpträume hat. Ich glaubte, das Schicksal habe mich eingeholt und ich würde nun für mein Entkommen bestraft. Ich hätte niemanden aus dem Lager heiraten müssen. Er war nicht der einzige Junge, der mir einen Antrag machte. Ich glaube, es war mein eigenes Schuldgefühl.

Durch die Änderung der Einbürgerungsgesetze sank die Anzahl der voreiligen und unüberlegten Heiraten. Was andere Schwierigkeiten betraf, war ein britischer Paß nicht unbedingt das erwartete Allheilmittel. In einem Land zu leben, in dem sogar eingebürgerte ehemalige Flüchtlinge nicht als Einheimische angesehen wurden, blieb ein großes Problem.

In der harten Nachkriegszeit waren die Lebensbedingungen häufig eingeengt und ärmlich. Kleidung und Haushaltsgegenstände waren knapp bemessen und Lebensmittel rationiert. Interessante und gutbezahlte Stellen waren schwer zu finden. Die meisten jungen Flüchtlinge arbeiteten in Fabriken, als Bürohilfen oder als Hausangestellte. Es existiert ein Berg von Akten über junge Männer und Frauen, die sich nach einem befriedigenderen Leben sehnten, vielleicht auf der Bühne oder als Musiker.

In den meisten Fällen blieben diese Wunschträume unerfüllt. Besser waren die Aussichten für diejenigen, die den Beweis wirklicher Begabung erbracht hatten, wenn auch Leslie Brent, einer der wenigen mit einer höchst erfolgreichen Karriere, offen zugibt, daß Glück eine große Rolle in seinem Leben gespielt hat. Es begann in Dovercourt, als Anna Essinger in ihm einen künftigen Musterschüler witterte und ihn nach *Bunce Court* mitnahm. Nach seinem Armeedienst studierte er Zoologie in Birmingham, was ihn auf seinen zweiten Glückstreffer vorbereitete. Er sollte am *University College* in London unter Peter »Medawar«, einer internationalen Kapazität auf dem Gebiet der Immunologie, als Doktorand aufgenommen werden. Er blieb dort als Mitglied eines Forschungsteams, für dessen Arbeit über die Geheimnisse des Immunsystems Medawar den Nobelpreis erhielt. 1965 wurde Leslie Brent zum Professor der Zoologie in Southampton ernannt.

Alf Dubs, aus der tschechoslowakischen Gruppe der Flüchtlingskinder, wurde Parlamentsabgeordneter der Labour-Partei und ist jetzt Direktor des Britischen Flüchtlingsrates. Sein Erfolg resultiert aus seinem frühen radikalpolitischen Engagement:

> Meine Altersgenossen auf der höheren Schule in Manchester waren nicht an Politik interessiert. Ich dagegen nahm leidenschaftlichen Anteil an den Wahlen von 1945. Zu dieser Zeit verbrachte ich mit meiner Mutter einen einwöchigen Urlaub in einer Pension in St. Annes-on-Sea. Die ersten Wahlresultate kamen mittags durch. Es gab einen Lautsprecher auf dem Marktplatz, und Leute aus dem Hotel schickten mich dorthin, um das Wahlergebnis zu bekommen. Da ich Labour-Anhänger war, war ich begeistert, ihnen verkünden zu können, daß wir 120 Sitze gegenüber nur 30 der Konservativen geholt hatten. Ich weiß noch, wie jemand stöhnte: O mein Gott, das ist das Ende von England!

Nach Beendigung seines Militärdienstes ging Alfred Dubs auf die *London School of Economics*. 1979 wurde er ins Parlament gewählt.

Einzelne waren in der Lage, auf Fertigkeiten zurückzugreifen, die sie vor ihrer Entwurzelung erlernt hatten. Die erfolgreiche Malerin Käthe Fischel, bekannt geworden hauptsächlich und vielleicht nicht zufällig durch ihre Darstellungen verlassener Städte, hatte zum Beispiel bereits Malerei studiert, bevor sie die Tschechoslowakei verlassen mußte.

Andere, wie Clive Milton, mußten ganz von vorn anfangen. Schon als junger Landarbeiter hatte er Geld gespart und aus verschiedenen eigenen landwirtschaftlichen Geschäften Gewinn erwirtschaftet. Die Gründung der bekannten Konditoreienkette Sheraton-Patisserien war die Krönung seiner Arbeit.

Freddy Durst erlernte das Handwerk des Juweliers von der Pike auf. Zusammen mit seinem Freund John Najmann besuchte er zusätzlich Abendkurse in der *Central School for Arts and Crafts* (Zentralakademie für Kunst und Handwerk).

> Im Laufe des Krieges brachte man uns die Herstellung militärischer Geräte wie Bomben- und Gewehrzielvorrichtungen für die Königliche Luftwaffe bei. Wir arbeiteten drei Jahre lang bis zu zehn Stunden täglich und sparten, was wir konnten. Es war unser Ziel, 100 Pfund zusammenzubekommen, um uns selbständig machen zu können. Nach dem Krieg richteten wir uns eine eigene kleine Werkstatt ein. Als John nach Deutschland ging, um seine Mutter wiederzufinden, die Auschwitz überlebt hatte, war ich eine Zeitlang allein. Damals kaufte ich meine ersten kleinen Stücke Gold. Ich feilte sie zurecht und machte ein paar Ringe, die ich äußerst erfolgreich an Läden in der Oxford Street verkaufte. Das Problem war: ich wußte nicht, daß man nach einem Verkauf einen Monat auf die Bezahlung warten mußte. Ich erhielt mehr und mehr Aufträge und mußte bei den Goldbarren-Händlern, die

mich noch aus meiner Laufburschenzeit kannten, Kredit aufnehmen. Ich verdiente bald über acht Pfund in der Woche, bedeutend mehr, als ich als Vorarbeiter von dreißig oder vierzig Leuten, die Zielvorrichtungen für Bomben machten, bekam.

Es war der Beginn einer Karriere, die zur Gründung der größten Juwelenmanufaktur Großbritanniens führte.

Mit ihrem besonderen Interesse für die akademisch begabten Kinder richtete Greta Burkill ein wachsames Auge auf die Entwicklung ihrer Schützlinge. Man verdanke der *Kinder-Flüchtlingshilfe*, so schrieb sie 1978 und bezog dabei das gesamte Land ein, einen Universitäts-Vizekanzler, neun Professoren, vier Universitäts-Dozenten, vier medizinische Spezialisten, einen Direktor der Shell-AG, einen Rechtsberater der Internationalen Arbeiterorganisation, zwei Richter, einen Kronanwalt und einen Verwaltungsrat der BBC, nicht zu vergessen den bekannten Filmproduzenten Karel Reisz und etliche Journalisten, von denen die bekanntesten Fritz Spiegl und Hella Pick sind.

In den ersten Nachkriegsmonaten konzentrierte sich das Interesse an Deutschland auf die Hoffnungen, überlebende Verwandte zu finden. Die Flüchtlingsorganisation arbeitete an einer Flut von Anfragen von Kindern, die verzweifelt auf Nachricht warteten:

Ilse brachte ihre Formulare für das Suchbüro zurück. Sie informierte uns, sie habe von einem Augenzeugen gehört, sieben ihrer nächsten Verwandten seien in Lublin ermordet worden. Sie hat Nachforschungsanträge für diejenigen ausgefüllt, über deren Schicksal sie noch nichts Genaues weiß.

Ilse erfuhr ein paar Monate später, daß ihre Eltern in einem Lager umgekommen waren. Von ihrer ganzen Familie war nur ein Vetter übriggeblieben.

Für die Glücklichen, deren Eltern überlebt hatten, wurde die Freude über das bevorstehende Wiedersehen dadurch getrübt, daß es große Probleme mit der Kontaktaufnahme gab. Die *Kinder-Flüchtlingshilfe* mußte zugeben:

> Bisher sahen wir uns noch nicht einmal in der Lage, den Eltern in den befreiten Ländern wenigstens zu schreiben, denn wir haben keine Antwort auf ihre Frage: »Wann und wo kann ich mein Kind sehen?«

Es gab einfach keine Möglichkeit, eine Reise nach Deutschland zu arrangieren.

> Es ist auch für Verwandte noch nicht möglich, von England nach Deutschland zu fahren. Die einzige praktikable Lösung wäre, wenn Eltern versuchten, sich ein Besuchsvisum für Holland oder Belgien zu besorgen, um ihr Kind zu treffen.

Wenn ein Wiedersehen dann endlich stattfand, war es nicht immer das freudige Ereignis, das beide Seiten erwartet hatten. Die Kinder waren dazu erzogen worden, an ihre eigene Zukunft zu denken, statt über die Vergangenheit nachzugrübeln. Der Gegensatz zwischen ihren Erfahrungen und denen ihrer Eltern hätte größer nicht sein können, und wenn man sich traf, war man einander fremd. Sogar die Sprache war eine andere. Und dies war erst der Beginn emotionaler Spannungen. Die Erkenntnis, daß dieselben Eltern, an deren Zuversicht und Stärke man sich liebevoll erinnerte, nun selbst Trost brauchten und sich verzweifelt nach Liebe sehnten, war ein furchtbarer Schock. Wenige junge Menschen waren reif genug, um damit fertig zu werden, wie Liesl Silverstone erkannte:

> Schließlich hörte ich, daß meine Mutter überlebt hatte. Sie wurde in der Leichenhalle des Lagers Mauthausen gefunden. Sie muß sich wohl bemerkbar gemacht haben, als das Lager befreit wurde – so

kehrte sie von den Toten zurück. Sie war schwerkrank. Zuerst kam sie nach Prag. Keiner von all den Menschen, mit denen ich aufgewachsen bin, hatte überlebt.
Als es ihr besserging, kam sie hierher. Ich hatte sie das letzte Mal gesehen, als ich zwölf war, nun war ich 18. Es war eine ungeheure Kluft zwischen uns. Eines der ersten Dinge, die sie zu mir sagte, war, daß ich ihr als einzige geblieben sei, um ihr Leben wieder in Ordnung zu bringen. Das konnte ich nicht. Es gab keine Mutter-und-Tochter-Beziehung mehr. Ich durfte sie nicht aufregen. Wie geht man mit einer Mutter um, die Auschwitz überlebt hat? Erst später wurde mir klar, daß ich nach dem Krieg eine andere Mutter zurückbekam. Es war alles zu verwirrend und furchtbar. Wir waren nicht so weit, einander das zu sagen, was gesagt hätte werden müssen. Sie starb, bevor es geschehen konnte. Sie hat niemals geweint nach dem Krieg. Sie versuchte einfach, irgendwie zurechtzukommen, genau wie ich. So leugneten wir beide die Wirklichkeit: Zwei verschiedene Menschen und zwischen ihnen die Hölle des Krieges. Wir überlebten, so gut wir konnten.

Liesl und ihre Mutter kehrten in die Tschechoslowakei zurück. Von den einst 60000 Mitgliedern der Jüdischen Gemeinde ihrer Heimatstadt hatte Liesl als einzige ihrer Altersgruppe überlebt. Als die Russen 1948 die Macht übernahmen, ging sie nach England zurück.

Ruth Michaelis lebte bei ihren dritten Pflegeeltern, als ihre Mutter kam, um sie abzuholen:

Ich hatte mich endlich eingelebt, nachdem ich aus meinem Heimatland hinausgeworfen und dann von Pflegeeltern zu Pflegeeltern abgeschoben worden war. Ich wollte nicht schon wieder entwurzelt werden, und meine Pflegefamilie wollte mich behalten; so kam es zu einer heftigen Auseinandersetzung zwischen meiner Pflegemutter und meiner Mutter, die schließlich per Gerichtsbeschluß meine Rückführung in die »Heimat« durchsetzte.

Mein Bruder wurde ungerechterweise nicht repatriiert. Meine Eltern wollten ihm die Chance geben, in Cambridge zu studieren. Während des Krieges war ich sehr stark von meinem Bruder abhängig gewesen. Er war immer derjenige, der mir erklärt hatte, was vorging. Meine Eltern merkten gar nicht, was sie mir mit der Trennung von meinem Bruder antaten. Wäre meine Mutter sofort nach dem Krieg gekommen und hätte uns beide mit zurückgenommen, hätte ich mich niemals gesträubt.

Meine Eltern stritten sich ständig. Mein Vater arbeitete in Mainz, meine Mutter lebte am Bodensee, ein paar hundert Kilometer entfernt. Mein Vater kam nur jedes zweite Wochenende, aber dann gab es die ganze Zeit Streit.

Ich war damals 14 und ein sehr rebellischer Teenager. Ich weigerte mich, irgend etwas zu tun. Ich weigerte mich, Deutsch zu lernen. Ich hatte alles vergessen und weigerte mich strikt, noch einmal damit zu beginnen. Als sie mich in die Schule schicken wollten, sagte ich einfach nein und war äußerst überrascht, daß sie mich nicht einfach am Kragen packten und dort ablieferten. Ich blieb sechs Monate in Deutschland, ehe sie nachgaben und mich nach England zurückließen.

Meine Eltern brachten mich in Mainz zum Bahnhof. Es war ein schwieriger Abschied, nicht etwa, weil mir der Abschied schwergefallen wäre, sondern weil ich vermeiden wollte, meinen Eltern auf Wiedersehen sagen zu müssen. Ich hätte es damals auch nicht ertragen, mich von meiner Mutter umarmen und küssen zu lassen. Ich hielt mir meine Mutter auf Armeslänge vom Leibe, was für sie eine Qual gewesen sein muß.

Ruth kehrte zu ihren Pflegeeltern und in die Schule in England zurück. Sie erhielt einen Studienplatz an der Universität Reading, aber bevor sie ihr Studium begann, fuhr sie noch einmal zu ihren Eltern nach Deutschland. Der Aufenthalt dauerte nicht lange:

Eines Tages glaubte ich, daß meine Eltern sich stritten, obwohl sie in Wirklichkeit nur sehr aufgeregt über einen Fall meines Vaters diskutierten, aber mir reichte es. Ich nahm meinen Paß und verschwand nach England. Das war scheußlich von mir, aber ich hatte Angst davor, in Deutschland in einer Falle zu sitzen.

Es gab nach dem Krieg eine Tendenz, alte Familiengeheimnisse auszukramen. Es war zwar ein verständlicher Zeitpunkt für Bekenntnisse, jedoch öffneten sich dadurch neue Gräben, die eine Versöhnung immer schwieriger machten. So waren es zum Beispiel Mitteilungen über die Großmutter, die Elli Adler so sehr verstörten:

Jahre nachdem meine Mutter nach dem Krieg herübergekommen war, erzählte sie mir, daß meine Großmutter, die sehr antisemitisch war und die Heirat ihrer Tochter mißbilligt hatte, zum Büro gegangen war, nachdem sie den Auswanderungsantrag meiner Mutter entdeckt hatte, und gesagt hatte: »Ich bin eine arme, alte Frau und habe sonst niemanden.« Daraufhin wurde der Name meiner Mutter von der Auswanderungsliste gestrichen. Meine Mutter fand dies erst viel später heraus, und es gab ihr den Rest. Sie hatte ihre Mutter nie leiden können, weil sie von ihr sehr schlecht behandelt worden war, aber es ging über ihr Fassungsvermögen hinaus, daß jemand so etwas tun konnte.

Elli holte ihre Mutter in London am Bahnhof ab.

Es war ein sehr eigenartiges Erlebnis. Ich war als kleines Mädchen fortgegangen und war nun eine Frau mit einem Baby. Obwohl es August war, trug meine Mutter einen Pelzmantel, den sie unbedingt mitbringen wollte. Sie war eine Fremde für mich; es war furchtbar. Es wurde nicht leichter; es blieb immer schwierig.

Angela Carpos verübelte es ihrer Mutter, daß sie eine neue Beziehung begonnen hatte:

> Meine Mutter hatte einen Griechen geheiratet, weil die Deutschen sie nach Deutschland zurückschicken wollten, sie aber in Griechenland bleiben wollte. Sie traf sich oft mit britischen Soldaten und bat sie, mich in London aufzusuchen und seidene Strümpfe oder einen Kuchen für mich mitzunehmen. Als mir per Telefonanruf in London mitgeteilt wurde, daß sie angekommen sei und ich sie besuchen solle, waren meine Gefühle nach elf Jahren gemischt. Es war sehr schwer, die Beziehung wieder aufzunehmen. Sie versuchte, elf verlorene Jahre der Bemutterung nachzuholen, und ich versuchte, nur das zu tun, was ich wollte. Wirklich nahe kam ich ihr erst, nachdem ich verheiratet war.

Ja'acov Friedlers Mutter war krank und verwirrt nach der Zeit in den Lagern. Wegen einer Kleinigkeit durfte sie offiziell nicht einreisen. Ya'acov wandte sich direkt an die höchste Instanz und schrieb einen vier Seiten langen Brief an die Königin.

> Ich kann mich nicht an alles erinnern, was ich in meinem Brief schrieb, aber ich war überzeugt, wenn die Königin beim Lesen auch nur einen Bruchteil der Rührung empfand wie ich beim Schreiben, würde sie uns in unserer Not helfen.

Tatsächlich kam ein Brief vom Innenministerium, in dem Ja'acov mitgeteilt wurde, daß auf Befehl Ihrer Majestät der Antrag von neuem erwogen worden war und seiner Mutter das Einreisevisum gewährt sei. 1947 reiste Ya'acov nach Holland, um sie zu holen:

> Unser Wiedersehen war nicht tränenreich. Ich war zu überwältigt, und meine Mutter empfing mich wie selbstverständlich, als

ob die sieben Jahre Trennung und der Holocaust nicht gewesen wären. Sie stellte ein paar Fragen nach meiner Schwester und meinem Bruder und wollte wissen, ob wir regelmäßig Post vom Vater bekamen; dann fiel sie in ihre Seelenqualen zurück. Ihre Sätze wurden zusammenhanglos. Es war viel schlimmer, als wir befürchtet hatten. Wie konnte ich meine Mutter in diesem Zustand durch die englische Einwanderungskontrolle bringen?
Ich hatte schreckliche Angst, daß Mutter eine Szene machen und trotz ihres Visums vom Immigrationsbeamten nicht hereingelassen würde. Aber meine Angst erwies sich als unberechtigt. Vielleicht hatte sie etwas von meiner Nervosität gemerkt, und Gefahr war das einzige, womit sie umgehen konnte. Wir kamen ohne Probleme durch die Grenzkontrolle auf dem Flughafen Croydon.

Später, in Palästina, traf Ya'acov seinen Vater wieder:

Schließlich klopfte ich an Vaters Tür. Unser Wiedersehen war peinlich. Das Bild von Vater, das ich in den letzten zehn Jahren im Herzen getragen hatte, war das eines selbstbewußten, kräftigen Mannes mittleren Alters, der Erfolg ausstrahlte. Nun umarmte ich einen verhutzelten Greis, klein und schmächtig und gebeugt von Körperschäden und den Jahren seelischen Leidens. Er hatte sich einen Spitzbart wachsen lassen, der genau wie die ihm verbliebenen spärlichen Haare ganz weiß war. Ich bin selbst klein, aber ich hatte das Gefühl, daß ich meinen Vater überragte.

Die meisten, deren Familien im Holocaust ausgelöscht worden waren, dachten bei ihren Gefühlen für Deutschland als erstes an Vergeltung. Aber die Gelegenheit dazu bot sich nur denen, die, wie Johnny Blunt, mit den Besatzungstruppen zufällig durch ihre Heimatstadt kamen.

Ich ging zum Marktplatz und zündete mir eine Zigarette an, und die erste Person, die mir entgegenkam, war mein alter Lehrer, der mich immer »Judenjunge« genannt und ständig jene Geschichte erzählt hatte, in der ein jüdischer Hausierer an seine Tür klopft, woraufhin er ihm in den Hintern tritt und sagt: »Ich will mich nicht von einem jüdischen Bastard betrügen lassen!« Er kam auf mich zu und erkannte mich nicht, weil ich eine Nickelbrille aufhatte. Ich sah eben genau so aus wie jeder andere britische Soldat. Er sagte in sehr schlechtem Englisch: »Can I help you, Sir?« Ich nahm die Brille ab und schob sie auf den Helm. Er starrte mich mit offenem Mund an. »Sie sind doch Johnny Eichwald, nicht wahr? Es freut mich sehr, daß Sie den Krieg überlebt haben.« Ich sah ihn nur an; ich sagte gar nichts.

Später erzählte man Johnny, daß der ehemalige Ortsgruppenleiter der Nazipartei ihn treffen wolle. Johnny willigte ein.

Er kam auf mich zu, offenbar, um mir die Hand zu schütteln. Ich behielt die Hände in den Hosentaschen. Ich bot ihm keinen Platz an. Er fragte mich, ob ich mich daran erinnere, daß er immer ein guter Freund meines Vaters gewesen sei. Ich blickte ihn nur an. Er redete und redete. Schließlich kam er zur Sache: Es gab da für ihn ein kleines Problem beim Ausfüllen seiner Entnazifizierungspapiere, und er wollte wissen, ob ich mich für ihn verwenden könne. Ich hatte kein einziges Wort gesprochen. Meine Lippen waren fest versiegelt. Ich hatte weder ja noch nein gesagt, ich hörte bloß zu. Nach etwa fünf Minuten hörte er auf zu reden. »Sonst noch etwas, Herr Burrose?« fragte ich. »Ich glaube nicht, mir fällt nichts weiter ein«, antwortete er. Ich zog einen kleinen Revolver aus der Tasche, sah dem Mann direkt ins Gesicht und sagte: »Herr Burrose, ich zähle bis drei, wenn ich Sie dann immer noch vor mir sehe, werden Sie durch Ihren Magen atmen. Eins ...«, und bevor ich Zwei sagen konnte, war er verschwunden.

Einige Kinder, die mit der linksgerichteten Freien Deutschen und der Freien Österreichischen Jugendbewegung in Verbindung standen, wollten unbedingt zurück und mit dem Wiederaufbau ihrer zerstörten Länder anfangen. Miriam heiratete einen türkischen Musiker aus Wien und kehrte 1946 als Mitglied der Freien Deutschen Bewegung mit einer ersten Gruppe von 300 Leuten nach Berlin zurück.

> Marta und Inge besuchten uns. Beide Mädchen bestehen offenbar darauf, nach Österreich zurückzukehren, und sind sehr verärgert über die Hindernisse, die wir ihnen ihrer Meinung nach in den Weg legen. Wir deuteten an, daß möglicherweise ihre eigene Haltung Ursprung dieser Hindernisse sei, und daß die Bewegung nicht den leisesten Wunsch habe, ihre endgültige Rückwanderung zu verhindern. Es sei allerdings eine Frage des geeigneten Zeitpunktes.

Vier Monate später, im März 1947:

> Marta rief an und teilte mit, Inge und sie hätten die Frage der Rückwanderung noch einmal ernsthaft durchdacht. Sie hatten von Freunden in Österreich über die Schwierigkeiten bei der Arbeitssuche und über die dort herrschenden Zustände gehört. Sie sieht jetzt ein, daß wir recht hatten, die Rückkehr hinauszuschieben.

Dann gab es Fälle wie den von Max Hutton, der zurückging, es aber später bereute.

> Ursprünglich wollte ich in England bleiben; ich konnte mir nicht vorstellen, je nach Deutschland zurückzugehen. Meine Schwester war bei meiner Mutter gewesen und schlug mir vor, sie doch auch zu besuchen. Damals war es nicht einfach, nach Deutschland zu fahren; man brauchte eine Genehmigung der Militärbehörden. Ich kam 1949 in Deutschland an; man kann sich gar nicht vorstellen, wie es dort aussah. Es war einfach entsetzlich und

so eintönig: keine Farbe an den Häusern, und alle Leute hatten graue, abgetragene Sachen an. Aber für mich war es ein großes Erlebnis, meine Mutter wiederzusehen, und es bewegte mich mehr, als ich erwartet hatte. Die Zeit verging schnell, und ich beschloß, etwas länger zu bleiben. Daraus wurden dann viele Jahre. Ich fing an zu arbeiten (meine Stelle in London war nicht sehr einträglich), und nach zwei Jahren hatte ich mir meine eigene Firma aufgebaut und verdiente recht gut.

Zuerst hatte ich Schwierigkeiten. Man sah sich jemanden an und überlegte sich, was er wohl während des Krieges getan hatte. Selbst jetzt habe ich noch oft meine Zweifel über Menschen. Die Deutschen sind eigenartig. Sie wollen über das, was geschehen ist, nicht nachdenken und nichts hören. Sie schieben es von sich weg, als ob es nie passiert wäre. Sie können sich nicht mit den Tatsachen auseinandersetzen.

Ich wohnte bei meiner Mutter. Sie hatte wieder geheiratet. Ihr Mann betrieb, wie schon vor dem Krieg, einen Großhandel, und ich begann, für ihn als Agent zu arbeiten, und verkaufte seine Schuhe an den Einzelhandel. Er war ein alter Mann und brauchte Hilfe. Schließlich übernahm ich die Firma und stellte sie völlig um. Nach einer Weile merkte ich, daß meine Mutter Sachen erfand und mir Lügen erzählte. Ich konnte nichts von dem, was sie sagte, für bare Münze nehmen. Sie erzählte mir Geschichten über andere Leute, die mich auf Distanz zu ihnen gehen ließen, und hinterher entdeckte ich, daß sie nicht wahr waren. Sie erzählte mir Dinge über meinen Vater, die so nicht gestimmt haben konnten.

Manchmal habe ich ein schlechtes Gewissen wegen meiner Rückkehr; ich glaube, ich hätte aus moralischen Gründen nicht zurückkommen sollen. Ich habe es aus egoistischen Gründen getan, weil ich eine bessere Chance für einen höheren Lebensstandard sah. Wenn meine Mutter nicht hiergewesen wäre, hätte ich nie daran gedacht.

Es war eine typische Reaktion auf den Verlust aller familiären Bindungen, die alte Heimat, die Vergangenheit zu verdrängen, indem man zum Beispiel krampfhaft versuchte, sich eine neue Identität zuzulegen und britischer zu werden als die Briten. Ein junger Mann antwortete auf die Frage nach seiner Nationalität: »Ich bin genauso britisch wie Sie. Ich bin es sogar noch mehr, weil ich es mir ausgesucht habe. Ich bin doppelt britisch.«

Aber soviel Mühe sie sich auch gaben, ein Schatten der Vergangenheit blieb bis zum heutigen Tag haften. Manchmal zeigt sich das anhand von Kleinigkeiten, wie bei Claire Barringtons Furcht vor Reisen:

> Ich habe diese Angst mein ganzes Leben lang gespürt; ich treffe niemals Urlaubsvorbereitungen. Ich mag keine Ferien. Ich mag keine Koffer, keine Bahnhöfe und kein Fahrkartenlösen. Ich habe immer Angst, den Zug zu versäumen. Ich bin jedesmal stundenlang vorher da, wenn ich irgendwo hinfahren muß.

Oder da ist Angela Carpos' Abneigung gegen Kartenspiele:

> Als ich noch bei meiner Großmutter in Deutschland lebte, gab es dort einen 82 Jahre alten Juden, der mir Kartenspielen beibrachte. Eines Tages schleppten sie ihn einfach weg. Ich kann bis heute nicht mehr Karten spielen. Meine Freunde können nicht verstehen, warum ich nicht mitspielen will.

Margaret Olmer ist immer eine Sammlerin gewesen:

> Als meine Tochter acht Jahre alt war, sagte sie: »Du hast dieses ganze Porzellan – bist du vielleicht habgierig?« Aber ich habe mir das selbst so erklärt, daß ich alle Sachen zu ersetzen suchte, die mir andere Menschen weggenommen haben. Ich habe auch vier Kinder. Ich hatte den Drang, mir, der Gesellschaft und meinem

Volk etwas zurückzuerstatten. Ich habe nie den Wunsch nach gewalttätiger Rache verspürt, sondern nur das starke Bedürfnis, es hier zu etwas zu bringen. Ich beobachte das bei vielen Leuten. Sie haben das, was ihnen weggenommen wurde, zehnfach ersetzt. Sie mußten so große Entbehrungen ertragen und kamen mit nichts hier an.

Und dann gibt es Menschen wie Harry Katz, die sich von einer Welt zurückgezogen haben, der man nicht mehr vertrauen kann:

Nach dem Krieg versuchte ich durch das Rote Kreuz, unsere Eltern und unsere Schwester aufzuspüren. Vielleicht waren sie durch ein Wunder noch irgendwo am Leben. Aber da sie im Warschauer Ghetto gewesen waren, lebte natürlich keiner mehr von ihnen. Nur mein Bruder und ich waren noch da. Nachdem er aus der Armee entlassen worden war, begann der Krieg in Palästina, und er meldete sich als Freiwilliger. Ich hatte fest damit gerechnet, daß wir nach seinem Militärdienst etwas zusammen unternehmen würden, vielleicht eine gemeinsame Wohnung nehmen oder eine kleine Werkstatt aufmachen. Aber er ging sofort nach Palästina, so daß ich fast keinen Kontakt zu ihm hatte. Praktisch bin ich mein ganzes Leben allein gewesen. Mir fällt es schwer, andere Menschen kennenzulernen, vielleicht weil ich bis heute meine Kindheit nicht vergessen kann. Ich bin immer noch Junggeselle, und meine einzigen Freunde sind die, die ich schon als Kind vor 50 Jahren kannte. Ich bin nicht gesellig, unter anderem, weil mir wegen eines Sprachfehlers das Reden schwerfällt, deshalb bin ich Zusammenkünften auch immer ferngeblieben. Ich hatte dieses Handikap mein ganzes Leben lang, aber vielleicht habe ich es auch nur als eine Ausrede benutzt.

Mit den Jahren nahm die Haltung gegenüber Deutschland gemäßigtere Formen an. Als Peter Prager nach Berlin zurückkam, merkte er, daß er seine persönlichen Erfahrungen plötzlich in einem größeren Zusammenhang sah:

> Ich empfand keinen Haß; als Junge hatte ich es oft bedauert, daß ich Jude war und nicht so sein konnte wie die anderen. Vielleicht hätte ich mich dann genauso benommen wie die anderen, wie meine Klassenkameraden. Wer die Deutschen haßt, muß sich überlegen, wie er sich an ihrer Stelle selbst verhalten hätte. Das entschuldigt die Deutschen nicht, aber es bedeutet, daß man auch bedenken muß, wie die Nazis an die Macht kamen. Die Alliierten sind durch die Art und Weise, wie sie Deutschland nach dem Ersten Weltkrieg behandelten, nicht völlig schuldlos daran.

Wann immer Leslie Brent Deutschland oder Österreich besucht, neigt er dazu, alle Menschen über 60 mit einem gewissen Mißtrauen zu behandeln:

> Man kann unmöglich wissen, wie jemand während der Nazizeit gedacht oder gehandelt hat. Aber ich habe gelernt, einen Unterschied zwischen den Deutschen dieser Altersgruppe und den jungen Deutschen, die ich getroffen habe, zu machen. Natürlich hat die junge deutsche Generation unter der Vergangenheit zu leiden. Sie muß sich mit dem, was ihre Eltern getan oder unterlassen haben, auseinandersetzen. Ich habe viel Mitgefühl mit den jungen Menschen, denn sie haben ein schweres Kreuz zu tragen.

Die eigenen Wurzeln wiederzuentdecken war für die meisten Flüchtlingskinder eine schmerzliche Erfahrung. Als ein Mädchen nach dem Krieg seine Verwandten aus Berlin wiedersah, merkte es, daß es kein einziges deutsches Wort über die Lippen bringen konnte:

> Es dauerte eine Weile, bis ich meine Fassung wiederfand. Aber dann wurde mir klar, daß es richtig war, diese Reise zu unterneh-

men. Meine Schwester mußte alles übersetzen. Daß die Sprache doch noch wiederkam, nämlich als ich 1951 noch einmal nach Deutschland ging, brachte mich in große Verwirrung.

Kurt Weinburg kehrte 1950 in das Dorf Werther und zu der Zigarrenfabrik seines Vaters zurück. Die Kunst der Kontaktaufnahme erlernte er jedoch nie wieder ganz:

> Ich konnte nicht mit einem Haufen Deutscher zusammensein. Ich konnte kein Restaurant oder Hotel betreten. Wenn ich in Südwestdeutschland Tabak einkaufen und dort übernachten mußte, ging ich ins kleinstmögliche Hotel, um die Gesellschaft anderer zu vermeiden. Aber dann mußte ich zuhören, wie eine ganze Gruppe Deutscher aus vollem Halse sang. Ich hatte Alpträume. Ich konnte es nicht abwarten, in mein Privatzimmer in unserem früheren Haus oder nach England zurückzukommen. Es war mir einfach unerträglich. Ich besuchte allerdings Leute, von denen ich wußte, daß sie Gewerkschaftler oder wirklich ehrliche Freunde von jüdischen Familien gewesen waren. Aber all die anderen Deutschen, denen ich begegnete, erzählten mir immer sofort, wie sehr sie während des Krieges gelitten hatten und wie mutig sie gewesen waren. Die Zahl der wirklich mutigen Familien, die meinen Verwandten Essen gebracht hatten, konnte man dagegen an den Fingern einer Hand abzählen.

Bis vor kurzem gestattete ein arbeitsreiches und fesselndes Berufsleben Professor Leslie Brent den Luxus, nicht zu gründlich über die Frage: »Warum gerade ich?« nachzudenken. Er hatte »ganz irrational«, wie er erklärt, eine Art Schuldgefühl, weil er der einzige Überlebende seiner Familie war: »Aber ich hatte oder nahm mir keine Zeit zum Nachdenken, oder ich war vielleicht einfach noch nicht bereit dazu.«

Die Gelegenheit zur Reflexion ergab sich, als er von der *Polnischen Akademie der Wissenschaften* zu einer Vortragsreise eingeladen wurde. Auf einer Autofahrt von Krakow nach Wrocław wandte sich sein Gastgeber an ihn:

»Übrigens werden wir auf unserer Fahrt in der Nähe von Auschwitz vorbeikommen. Es ist jetzt eine Erinnerungsstätte. Vielleicht möchten Sie sie besuchen.« Ich war ganz bestürzt, denn für mich war es immer das Lager gewesen, in dem meine Familie starb. Ich antwortete, daß ich nicht dorthin zurück wolle, und erklärte ihm den Grund dafür. Dann, als wir uns dem Lager näherten, fühlte ich einen eigentümlichen Zwang, es zu sehen.
Von Auschwitz ist genug übriggeblieben, um einem ein ziemlich klares Bild davon zu geben, wie es gewesen sein muß. Der Zaun, die Wachtürme und das Tor, über dem unglaublicherweise geschrieben steht: ARBEIT MACHT FREI; alles ist noch vorhanden. Von den Hütten ist nichts übriggeblieben, außer den Ziegel-Grundmauern und der Schornsteine. So sieht man also Reihen um Reihen von Schornsteinen. Ich ließ ein paar Blumen da. Es war das erste Mal, daß ich in Trauer über meine Familie unbeherrscht weinte.

Leslie Brent hat seine Vergangenheit verarbeitet, soweit dies möglich ist. Begleitet von Frau und Sohn, besuchte er kürzlich seine Geburtsstadt, die jetzt in Polen liegt:

Es gibt Augenblicke, in denen mich der Kummer überwältigt, wenn ich über all dies nachdenke. Aber mit der Zeit ist es erträglicher geworden. Ich kann jetzt mit größerer innerer Ruhe zurückschauen.

Andere, die dazu nicht in der Lage sind, grübeln noch immer über ihre wahre Identität nach. Als ehemalige Kindertransportteilnehmer im Juni 1989 zu einem Treffen zusammenkamen, konnten sie ihr schweres Los zwar teilen, bewältigen konnten sie es nicht.

Als die *Kinder-Flüchtlingshilfe* im Dezember 1948 ihre Akten schloß, war dies – wie wir gesehen haben – noch lange nicht das Ende der Geschichte. Und sogar heute, 50 Jahre später, ist noch nicht abzusehen, wann das letzte Kapitel geschrieben werden kann.

Erteilen wir zum Schluß, stellvertretend für die Zehntausend, Herta Stanton aus Wien das Wort:

Ich mache dort Ferien. Mein Mann liebt es, aber ich spreche nie darüber, wer oder was ich bin. Ich bin Britin. Ich komme aus England und bin auf Urlaub da, Schluß! Aber es zieht mich noch immer nach Wien; da ist irgend etwas, was ich nicht erklären kann, ein merkwürdiges Gefühl. Wenn wir nach Österreich reisen und die Berge auftauchen, schnürt sich mir die Kehle zu. Gleichzeitig habe ich Angst hinzufahren. Ich fürchte mich vor dem, was man zu mir sagen könnte und was ich darauf antworten müßte. Ich könnte nicht schweigen.

Letztes Jahr fuhr ein Freund nach Wien. Seine Familie besaß früher einen großen Spielzeugladen in der Innenstadt, daneben war ein Ledergeschäft. Das Ledergeschäft gibt es noch. Mein Freund erkannte den Inhaber wieder und sprach ihn an: »Kennst du mich nicht? Ich bin Gustav.« Der Mann starrte ihn an: »Was, du lebst noch? Sie hätten euch alle umbringen sollen!« Das war sein Empfang. Er wird nie wieder nach Wien zurückkehren.

In einem anderen Jahr war mein ältester Bruder in Wien und ging in dasselbe Café, in dem mein Vater immer gesessen hatte. Ein alter Kellner kam an seinen Tisch und fragte: »Schwarzer Kaffee mit Sahne?« Mein Bruder antwortete: »Ja, aber woher wissen Sie das?« »Ach, sind Sie nicht der Herr Pollak?« Mein Bruder erklärte ihm, er sei Herrn Pollaks Sohn. Es war derselbe Kellner, der meinen Vater jeden Tag bedient hatte. Der alte Mann weinte. Wien ist ein eigenartiger Ort mit viel Licht und Schatten, mit unglaublichen Gegensätzen, und ich bin, glaube ich, immer noch davon beeinflußt. Ich bin sein Produkt.

Inhalt

Hellmut Stern

Saitensprünge

Erinnerungen eines
Kosmopoliten wider Willen

304 Seiten
Band 1684
ISBN 3-7466-1684-0

Als 1938 mit seiner Flucht nach China für Hellmut Stern eine lebenslange Odyssee begann, nahm der damals Zehnjährige auch seine Geige mit. Sie wird für die Familie schon bald wichtigstes Mittel zum Lebensunterhalt im Exil. Mit musikalischen Gelegenheitsjobs bringt Hellmut Stern sich und seine Eltern über die Zeit bitterer Armut in der Mandschurei und legt – aus der Not eine Tugend machend – zugleich die Grundlagen für eine glänzende Musikerkarriere. Über Stationen in Tel Aviv, St. Louis und New York kehrt Stern 1961 als Erster Geiger des Berliner Philharmonischen Orchesters in seine Heimat zurück.

»Diesen Rahmen eines abenteuerlichen Lebenslaufs füllt Stern prall mit gefährlichen, beglückenden oder rührenden Ereignissen.«

FAZ

AtV
Aufbau Taschenbuch Verlag

Ernest Heppner

Fluchtort Shanghai

Erinnerungen 1938-1948

Aus dem Amerikanischen von Roberto de Hollanda

274 Seiten
Band 1724
ISBN 3-7466-1724-3

Als Ernest Heppner und seine Mutter sich 1939 zur Flucht aus Deutschland entschlossen, war die Wahl des Exilortes nicht der Abenteuerlust geschuldet: Shanghai verlangte als einziger Ort der Welt kein Einreisevisum. Doch die Heimatlosigkeit wog für die Shanghai-Flüchtlinge, die zum größten Teil in bitterster Armut im Ghetto Hongkew leben mußten, besonders schwer.

Heppners Bericht gehört zu den leisen, unspektakulären Versuchen, dieses Kapitel der Exilgeschichte aufzuarbeiten, und weist durch seine chronistische Genauigkeit weit über die persönliche Geschichte hinaus: ein einzigartiges und spannendes Zeugnis des Überlebens unter widrigsten Umständen in einer völlig fremden Welt.

»Fluchtort Shanghai ist eine ›sine ira et studio‹ verfaßte und daher um so lesenswertere Chronik des bislang wenig beachteten und daher wenig bekannten jüdischen Exilorts an der chinesischen Pazifikküste.«

Süddeutsche Zeitung

AtV

Aufbau Taschenbuch Verlag

Konrad Merz
Ein Mensch fällt
aus Deutschland

199 Seiten
Band 1391
ISBN 3-7466-1391-4

Das Los hat entschieden: Der sanfteste der Gruppe wird den Diktator töten. Dann aber, von der Gestapo steckbrieflich gesucht, erschießt er sich selbst. Sein bester Freund, der Jurastudent Winter, entkommt in die Niederlande. Der Sprache nicht mächtig, mittellos, arbeitslos, allein auf sich gestellt. Heimlich wird er unter dem Bett eines Freundes kampieren, wird auf seinen besten Feind, Sturmführer Dietrich, treffen, der immer noch die Hacken zusammenknallt, wird neue Freunde gewinnen und lernen, was er für den Kampf ums Überleben braucht. Einmal fährt er an die Grenze. Mit den Beinen steht er in den Niederlanden, mit den Händen greift er hinüber nach Deutschland: Ja, es ist noch da, das Land, aus dem er gefallen ist, in dem er zurücklassen mußte, was er liebt.

AtV
Aufbau Taschenbuch Verlag

Bruno Apitz

Nackt unter Wölfen

Roman

427 Seiten
Band 1420
ISBN 3-7466-1420-1

Ein Kind im Konzentrationslager Buchenwald, ein dreijähriger Junge, eingeschleust von einem Neuzugang aus Auschwitz. Wenn die SS davon erfährt, ist ihm der Tod gewiß. Und auch denjenigen, die sein Leben bewahrten. Mehr noch: Die SS könnte auf die Spur des geheimen internationalen Lager-Komitees gebracht werden, das durch einen Aufstand der Liquidierung aller zuvorkommen will. Denn das ist der Plan der Lagerleitung: Die näherrückenden Amerikaner sollen in Buchenwald keine lebende Seele vorfinden. Dennoch – nirgendwo kann man das Kind besser schützen als hier. Aller Vernunft zum Trotz verbergen die Häftlinge den Jungen bis zu dem Tag, an dem sie das Lagertor stürmen.

Dieser bewegende Roman, für den Bruno Apitz authentische Ereignisse verarbeitete, wurde zum Welterfolg in 30 Sprachen.